中华
近思
学术

覆巢
之下

一位江南士绅的
日常生活
与明清鼎革

朱亦灵
著

中华书局

图书在版编目(CIP)数据

　　覆巢之下:一位江南士绅的日常生活与明清鼎革/朱亦灵著. —北京:中华书局,2025.6. —(中华学术·近思). —ISBN 978-7-101-17144-0

　　Ⅰ. K827＝48

中国国家版本馆 CIP 数据核字第 2025CM4121 号

书　　名	覆巢之下:一位江南士绅的日常生活与明清鼎革	
著　　者	朱亦灵	
丛 书 名	中华学术·近思	
统筹策划	孟庆媛	
责任编辑	孟庆媛	
文字编辑	孟　鑫	
装帧设计	周伟伟	
责任印制	陈丽娜	
出版发行	中华书局	
	(北京市丰台区太平桥西里 38 号　100073)	
	http://www.zhbc.com.cn	
	E-mail:zhbc@zhbc.com.cn	
印　　刷	北京盛通印刷股份有限公司	
版　　次	2025 年 6 月第 1 版	
	2025 年 6 月第 1 次印刷	
规　　格	开本/880×1230 毫米　1/32	
	印张 12⅝　插页 2　字数 221 千字	
印　　数	1-5000 册	
国际书号	ISBN 978-7-101-17144-0	
定　　价	76.00 元	

嘉定紫隄侯氏世系简图

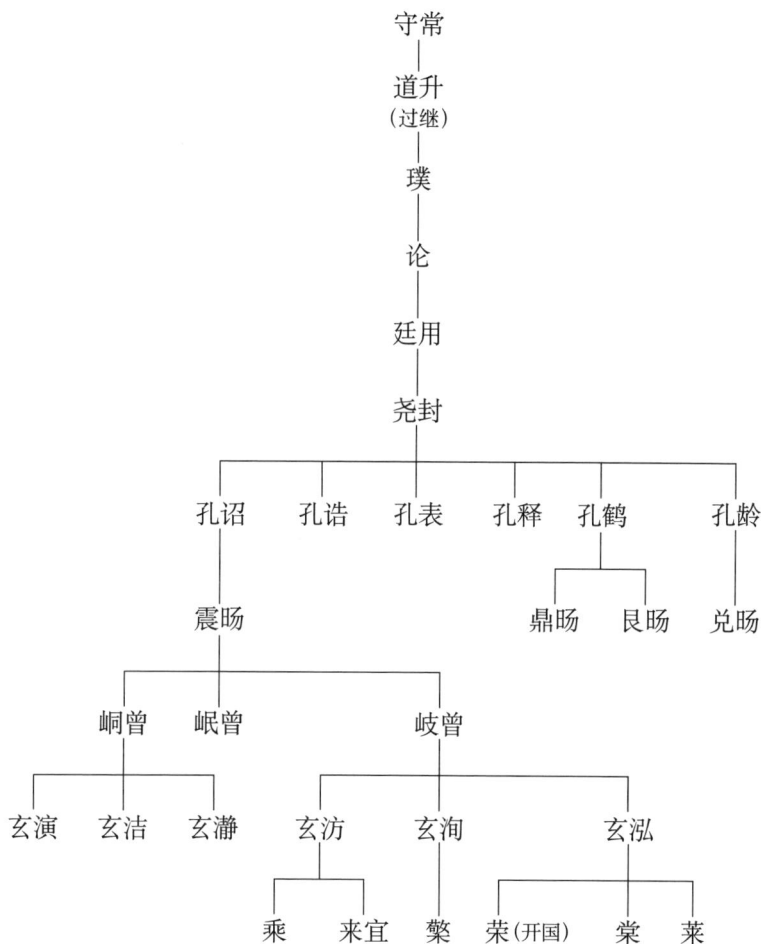

守常
│
道升
(过继)
│
璞
│
论
│
廷用
│
尧封
├──────┬──────┬──────┬──────┬──────┐
孔诏   孔诰   孔表   孔释   孔鹤   孔龄
│   ├────┬────┐ │
震旸   鼎旸 艮旸 兑旸
├────┬────────────┐
峒曾 岷曾   岐曾
├──┬──┐   ├────┬──────────┐
玄演 玄洁 玄瀞 玄汸 玄洵   玄泓
            ├──┬──┐ │   ├─────┬──┐
            乘 来宜 檠 荣(开国) 棠 莱

序

  亦灵的《覆巢之下：一位江南士绅的日常生活与明清鼎革》出版前，希望我写篇序言，我欣然答应。该书是他的硕士学位论文《明清鼎革之初嘉定士绅侯岐曾的生活史》的修订稿，原文 26 万多字，修订后缩减为 20 余万字，文省而意增，修订卓有成效。原稿完成于 2019 年，颇受专家好评，荣获天津市优秀学位论文。不过，一部硕士论文被久负盛名的中华书局看中出版，应该说是不多见的。中华书局的编辑慧眼识珠，我也想在此向读者介绍这部具有很强可读性的学术专著。

  明清鼎革是中国史上引人注目的重大问题，有关易代之际人们际遇的论述亦复不少，近年来嘉定侯氏颇受关注，亦灵的新著则是运用日常生活史的视角研究明清易代的创新之作。该书以《侯岐曾日记》为中心，结合《侯文节集》以及大量相关文献，复活了历史大变动时期江南士人的生活经历。书中在介绍了侯氏作为著姓望族的家族史后，首先呈现的是易代后侯岐曾的生活世界，认为"把握侯岐曾的生活感知，就是走入他在明清之际生活世界的一把钥匙"。创伤意识和危机心态构成了侯岐曾主要的生活感知，其中创伤意识是对世界与人生的整体认知发生骤变，侯岐曾经历易代"乱离悲痛之余"，"痛"随之成为生活中的高频词汇。创伤意识因特定事件或时间节点触发情绪的剧烈波动，至于触发创痛的时间节点，可分为私人性与公共性两类。作者还指出，侯岐曾的生活状态虽因鼎革战争遭受冲击，但消闲活动依旧不废，仿佛旧日时光遗留的残影。他经常读诗与写诗，既是为了社交，也是具有审美性质的消闲活动。整理文献、阅读书籍与撰写新著，则是侯岐曾消闲生活的另一类重要内容。作者强调："侯岐曾在鼎革前后的日常生活既有断裂，也有延续。……即便在生活最艰难的时刻，他仍有一颗象征生活情趣的'诗心'。只要诗心长葆，生命的意义就不会动摇。"一个动荡时代士人的形象便跃然纸上。

　　侯岐曾及其家族的日常生活还体现在生命维护与社会交往方面。疾病频发也让侯岐曾有时怀疑余生的意义，作者从患病经历与影响、问疾与护理讨论侯氏家人的病情与医护；从疾痛叙事、治疗历程讨论侯岐曾与疟疾的斗争。书中对于侯岐曾一家的日常生活与疾病的介绍，丰富了有关明清士大夫家庭疾病医疗的一般性认识。作者认为侯岐曾交往频度高的人不是存在血缘或姻亲关系，就是其弟子门生，说明鼎革之初这两类具有义务性的关系，是侯岐曾对外依靠的主要对象。本书借鉴社会学家黄光国提出的社会交往关系分为情感型、工具型与混合型的理论，把握侯岐曾的日常交往生活。

日常生活不仅发生于社会层面，而且关联着统治者，作者考察了侯氏家族与清朝官府的关系。侯氏家族因家主侯峒曾领导嘉定抗清之役，沦为新朝打击对象，被追索大批财产，令主持家业的侯岐曾焦头烂额，侯家与清廷的周旋影响生活的各方面。侯岐曾亡国丧家，也对清朝统治充满仇恨，映射出清初江南士绅与清朝政权的对立。侯岐曾动用社会关系向清朝官吏行贿，或通过亲友向其求情，运用一系列非正式手段与制度抗衡。侯岐曾卷入了复明运动，遂使自己以身相殉，家族再遭劫难。学界通常将忠节观念视为明季士人殉国之举的思想渊源，作者则认为侯岐曾对明朝无疑是忠诚的，却不足以推动他在鼎革后做出殉国的选择。"或许是因为家庭破碎、老母投水，使他深深负疚，遂成死志。"这更符合侯岐曾易代后"奉母保孤"保护家族使命的初衷和执念。是书紧扣"忠节"与"日常"展开，强调了儒家道德秩序的脆弱性和复杂性。

亦灵文笔很好，可读性成为该书的亮点。书中的论述通顺晓畅甚至是典雅，行文上间用文学化的笔法，强调故事性和感染力，注意将过于生硬的学术语言精简或改写为具有场景感的文字。各章标题均为七言诗，各节标题均为四字提示语，醒目而吸引人。作者较好地平衡了学术性与可读性的关系。

"道可道，非常道"，我们还是看亦灵如何娓娓道来吧。

常建华

2024 年 1 月 23 日

目　录

引　言

　　拈开明末清初的历史画卷，铁马兵戈的气息立即扑面而来。明王朝訇然倾圮，大顺政权昙花一现，由满族建立的清朝最终南面天下，开辟全新的大一统王朝。在数十年的时间里，各方势力逐鹿中原，上演一出出龙争虎斗，写下一曲曲泣血哀歌。在大时代的汹涌澎湃之下，也荡漾着无数个体的成就与苦痛。随着时间推移，当事人对王朝鼎革的耳闻身经，多已在史海中渐次沉隐，永久遗落。只有少数残片借助文献与实物，得以穿越时空隧道，与今人握手相逢，恰如吉光片裘，弥足珍贵。本书撷取的一枚历史碎片，是江南士绅侯岐曾在明清易代之际的生活经历。

　　侯岐曾是明朝南直隶嘉定县（今上海市嘉定区）人，出自当地簪缨望族紫隄侯氏。他家世清贵，身为考中乡试副榜的贡生，已具授官资格，在明末吴地文坛也拥有一定名望。与未能留名的芸芸众生相比，应当不能算"普通人"。但若放眼全

国，侯岐曾仍只是无足轻重的小人物，一生并未在明清鼎革的
风云变幻中掀起什么波澜，更谈不上是时代的弄潮儿。他的胞
兄侯峒曾系明朝进士，官至左通政，后领导弘光元年（1645，
乙酉）的嘉定抗清运动，兵败殉国，成为明季忠烈的代表性人
物之一，与"嘉定三屠"的历史记忆紧密相连。不到两年后，
侯岐曾亦卷入复明运动而死，使他得以在史传中附于其兄峒曾
之尾。若无此事，侯岐曾的生平大概不会留下太多痕迹。但他
列入忠烈传记的代价，则是与明末众多殉国者被打上共同的标
签，在历史书写中被塑造得眉目刻板、千人一面，失去了身为
个体的特殊性。[1]侯岐曾多少得到今人的一些关注，很大程度
上依靠《侯岐曾日记》的传世。在《日记》被发现之前，学界
对侯岐曾素乏了解，自然在情理之中。

《侯岐曾日记》（后文简称《日记》）为侯岐曾在易代之初
于嘉定乡下隐居时所书，记录时长约一年半。始载于清顺治三
年（1646，丙戌）正月初一，终止于顺治四年（1647，丁亥）
五月十日，即侯岐曾被清兵逮捕的前一天。这段时间恰是江南
社会在鼎革战争后的动荡期：浙东、福建的残明势力同时建立
鲁监国、隆武两个南明政权，与清朝隔钱塘江对峙，随时有反

1　恰如"忠臣"常以"烈女"自比，后世对二者形象的塑造方式也近出一
　　辙。参见衣若兰：《史学与性别:〈明史·列女传〉与明代女性史之建构》，
　　太原：山西出版集团；山西教育出版社，2011 年，第 163—164 页。

攻可能；前明士绅复国之心未死，对新政权仍保持观望，不少人还积极与浙、闽南明政权联络，或在乡间组织武装，秘密从事颠覆清朝当局的活动；公开的反清斗争仍在江南乡间与太湖沿岸持续，乃至策划夺回城市的重大行动；清军抢掠成性，乡间盗匪横行，复明武装军纪败坏，严重影响地方稳定与民众安全。以顺治四年四月为界，部分士人因卷入"通海案"与"松江之变"等复明活动，遭受清廷严厉打击，侯岐曾也因此而死。他遗留的日记，遂成为有关鼎革之初江南社会的实录。

《日记》受人关注的时间并不长。原抄本长期以"明侯文节先生丙戌、丁亥日记"为名藏于上海图书馆，相对不为人知。[1] 21 世纪后，华东师范大学古籍所将《日记》从上海图书馆购出点校，2006 年收入《明清上海稀见文献五种》正式出版。[2] 2011 年，冯贤亮《清初嘉定侯氏的"抗清"生活与江南社会》一文以点校本《日记》为主要资料，描绘了侯岐曾的"抗清"生活。[3] 此后，学界对《日记》的利用明显增加。周绚

---

1 学界在《侯岐曾日记》点校本问世之前对其只有少量研究。参见白坚：《夏完淳陈子龙研究的珍贵史料——读侯岐曾〈丙戌丁亥日记〉札记》，《文献》1989 年第 4 期；黄慧珍：《侯岐曾与〈明侯文节先生日记〉》，载上海市嘉定区政协编：《嘉定抗清史料集》，上海：上海古籍出版社，2010 年，原文刊于 1990 年。
2 刘永翔主编：《明清上海稀见文献五种》，北京：人民文学出版社，2006 年。
3 冯贤亮：《清初嘉定侯氏的"抗清"生活与江南社会》，《学术月刊》2011 年第 8 期。

隆撰写多篇札记，对《日记》所涉侯家亲友的生平进行了细致
考订，后以《易代：侯岐曾和他的亲友们》为题结集出版[1]，成
为研究侯岐曾的第一部专著。张乃清《上海乡绅侯峒曾家族》
与宋华丽《第一等人：一个江南家族的兴衰浮沉》二书[2]，叙述
嘉定侯氏事迹时均大量引用《日记》。陈宝良讨论明遗民改名
换姓的现象，以侯岐曾为例展开说明。[3]日本学者大木康考订
侯岐曾之子侯玄泓（后改名侯涵）的生平事迹，参考了《日
记》内容。[4]笔者亦就《日记》所涉谣言与籍没等议题做出考
察。[5]中国大陆与台湾地区尚有数篇研究明代嘉定侯氏的学位
论文，也多对《日记》有所涉及。[6]那么，这部日记究竟有何
值得重视之处？从《日记》出发，关注侯岐曾这位"小人物"

1 周绚隆：《易代：侯岐曾和他的亲友们》，北京：中华书局，2020 年。该
   书后由广西师范大学出版社于 2021 年推出修订本。
2 张乃清：《上海乡绅侯峒曾家族》，上海：学林出版社，2015 年；宋华丽：
   《第一等人：一个江南家族的兴衰浮沉》，成都：四川文艺出版社，2018 年。
3 陈宝良：《明代士大夫的精神世界》，北京：北京师范大学出版社，2017
   年，第 275 页。
4 ［日］大木康：《明王朝忠烈遗孤侯涵生平考述》，载《中国文学研究》第
   25 辑，上海：复旦大学出版社，2015 年。
5 朱亦灵：《"生活与制度"视野下的明清士绅——以侯岐曾应对籍没为例》，
   《历史教学（下半月刊）》2021 年第 1 期；《清初江南地区的谣言传播与遗
   民心态——以〈侯岐曾日记〉为例》，《清史研究》2021 年第 1 期。
6 陈一中：《朱门已毁攻城后：明末清初江南士大夫家族的变迁》，暨南国际
   大学硕士学位论文，2017 年；徐晓纬：《明清之际的"忠义"抉择——以
   侯峒曾家族为个案研究》，台湾"中大"硕士学位论文，2016 年；张怡
   敏：《明清之际嘉定抗清士绅思想的传承与交流——以侯峒曾为中心》，上
   海外国语大学硕士学位论文，2023 年。

在易代之际的生活经历，又有什么意义？在前人对《日记》已不无考究发微的情况下，本书是否仍有另费笔墨、再作探研的必要？

晚明士人好作日记，但留存至今者屈指可数，仅有李日华《味水轩日记》、冯梦祯《快雪堂日记》、祁彪佳《祁忠敏公日记》、黄淳耀《黄忠节公甲申日记》等数部。[1]清初日记也所余甚少，如叶绍袁《甲行日注》、陈瑚《确庵日记》、薛寀《薛谐孟笔记》等，以明遗民所作为主。在明清之际传世日记寥寥无几的情况下，《侯岐曾日记》以近九万字的篇幅，呈现了一位明遗民在鼎革之后的心路历程，也涵盖士人日常生活的多方面内容，蕴含的历史信息相当密集。近年来，学界也愈发重视对日记等私人文本的利用，日记已超出一般性史料的范畴，转而成为某些新锐研究路径的依托。[2]然而，这不意味着《侯岐曾日记》的价值不证自明，而仍有待研究者的阐发。此前对嘉定侯氏与侯岐曾其人的研究成果，基本均着眼于"忠义"，力

1　此处所指的"日记"，专指个人逐日记录的即时性文本，故一些名为"日记"的著作不在其列，如丁元荐《西山日记》、姚文熺《明季日记》等。与今人对日记的理解不同，明代日记并不都是私密文本，明末盛行的修身日记有公开性，"在当时竟是类似学报、论文抽印本、讲义，甚至是函授教材的东西"。不过，《侯岐曾日记》不属于这一类型。参见王汎森：《权力的毛细管作用：清代的思想、学术与心态》，北京：北京大学出版社，2015年，第256页。

2　参见陈岭：《"顶级资料"：日记开发与历史研究新境》，《理论月刊》2018年第2期。

求对侯氏亲友的殉国之举做出解释。虽不无考订史事之功，结
论却多止于对忠烈之士的讴歌或叹惋。《日记》在"抗清"之
外的丰富内容也相对不受重视，实有遗珠之憾。

"书写忠烈"的研究范式至今仍被反复采纳，其实并不令
人意外。从清代官民对"忠烈"的模式化书写，到近现代民族
主义话语体系对"爱种"的强调[1]，明末殉国者的人格形象长期
被浓缩为以"忠义"为核心的特定样貌，真实的生活样态与喜
怒哀乐则被视为枝蔓而遭隐没，或仅仅作为殉国之举的注脚存
在。海内外学界对此虽早有觉察[2]，但"书写忠烈"的思维定式
仍在潜移默化间影响着相关选题与价值预设。当然，明末毕
竟是时人积极畅言践履"忠孝节义"的时代，既有研究即便仅
探讨"忠烈"这一属性，也自有价值。但若片面强调，终究

1　相关讨论参见谢国桢：《明清之际党社运动考》，北京：北京出版社，2014
　　年，第 11 页；冯尔康：《清史研究与政治》，《史学月刊》2005 年第 3 期；
　　黄克武：《史可法与近代中国记忆与认同的变迁》，载林丽月主编：《近代国
　　家的应变与图新》，台北：唐山出版社，2006 年；陈永明：《〈钦定胜朝殉
　　节诸臣录〉与乾隆对南明殉国者的表彰》，载氏著：《清代前期的政治认同
　　与历史书写》，上海：上海古籍出版社，2011 年；陈永明：《从逆寇到民
　　族英雄：清代张煌言形象的转变》，台北：台湾大学出版中心，2017 年；
　　沈松侨：《振大汉之天声——民族英雄系谱与晚清的国族想象》，载吕妙芬
　　主编：《明清思想与文化》，北京：世界图书出版公司，2016 年。
2　Lynn A. Struve, *Voices from the Ming-Qing Cataclysm: China in Tigers'
　　Jaws*, New Haven: Yale University Press, 1993, p.2；孔定芳：《清初遗民
　　社会——满汉异质文化整合视野下的历史考察》，武汉：湖北人民出版社，
　　2009 年，第 10 页；刘志刚：《时代感与包容度——明清易代的五种解释
　　模式》，《清华大学学报（哲学社会科学版）》2010 年第 2 期。

易造成对鼎革之际人事评判标准的泛道德化，从而遮蔽历史存在的多元面向，也阻碍了探索更多议题的可能性，慷慨激昂的忠臣口号与婉转幽微的遗民心事随之显得苍白。邓尔麟（Jerry Dennerline）从侯峒曾、黄淳耀等"嘉定忠臣"出发，既探讨了形成"忠烈"的社会文化背景，又逸出"忠烈"本身，将研究议题延展至晚明江南的社会经济结构与士大夫的统治地位[1]，堪为突破陈规的尝试。《侯岐曾日记》作为私密文本，对作者生活经验和心路历程的描摹之完整、刻画之细腻，同时代其他士人的撰述大多难以望其项背，为沿社会史、生活史等路径重新解读明遗民乃至明清易代史提供了更多可能性。有鉴于此，本书对《日记》的研究旨趣，并非颂扬"忠烈"，而是探索"日常"。

说到探索"日常"，引入日常生活史的理念应属必需。这一研究取向于20世纪70年代中期首先出现于德国和意大利，旨在再现千姿百态的日常生活，使之成为政治、经济、社会与文化等历史因素相互联结的"接点"，以重建"全面史"（Integral History）。[2] 日常生活史注重对生活细节的发掘，也在"新文化史"的影响下关注日常琐碎行为的文化内涵，以及

1　［美］邓尔麟著，宋华丽译：《嘉定忠臣——十七世纪中国士大夫之统治与社会变迁》，北京：中央编译出版社，2012年。英文版于1981年由耶鲁大学出版社出版。
2　参见刘新成：《日常生活史与西欧中世纪日常生活》，《史学理论研究》2004年第1期。

个人对生活状况的体验与表达。由于"全面史"注重对日常生活多角度、全方位的细致呈现，研究范围不可能太广，故多采取微观研究的形式，以个体生命为主要关注对象。[1] 日常生活史与微观史这两种研究理念于此交汇，诞生了《蒙塔尤》《马丁·盖尔归来》等一系列经典之作[2]，近年来在中国史领域也有蔚然勃兴之势，早已不是世纪之交"小荷才露尖尖角"的面貌。[3] 沈艾娣（Henrietta Harrison）《梦醒子》、王笛《袍哥》、

1　参见［英］彼得·伯克著，蔡玉辉译：《什么是文化史》，北京：北京大学出版社，2009 年，第 36 页；蒲慕州主编：《台湾学者中国史研究论丛·生活与文化》，北京：中国大百科全书出版社，2005 年，第 3 页；常建华：《日常生活与社会文化史——"新文化史"观照下的中国社会文化史研究》，《史学理论研究》2012 年第 1 期。

2　［法］埃马纽埃尔·勒华拉杜里著，许明龙、马胜利译：《蒙塔尤：1294—1324 年奥克西坦尼的一个山村》，北京：商务印书馆，2007 年；［美］娜塔莉·泽蒙·戴维斯著，刘永华译：《马丁·盖尔归来》，北京：北京大学出版社，2015 年。

3　对相关研究成果的回顾，参见连玲玲：《典范抑或危机？"日常生活"在中国近代史研究的应用及其问题》，《新史学》第 17 卷第 4 期，2006 年 12 月；王笛：《新文化史、微观史和大众文化史——西方有关成果及其对中国史研究的影响》，《近代史研究》2009 年第 1 期；胡悦晗、谢永栋：《中国日常生活史研究述评》，《史林》2010 年第 5 期；常建华：《从社会生活到日常生活——中国社会史研究再出发》，载氏著：《观念、史料与视野——中国社会史研究再探》，北京：北京大学出版社，2013 年；常建华：《明代日常生活史的回顾与展望》，《史学集刊》2014 年第 3 期；常建华：《他山之石：国外和台湾地区日常生活史研究的启示》，《安徽大学学报（哲学社会科学版）》2015 年第 1 期；余新忠、郝晓丽：《在具象而个性的日常生活中发现历史——清代日常生活史研究述评》，《中国社会科学评价》2017 年第 2 期；李林：《凝视日常：生活史的研究理路与写作案例》，上海：华东师范大学出版社，2023 年，第 31—46 页。

程美宝《遇见黄东》、罗新《漫长的余生》、刘永华《程允亨的十九世纪》等新著，均以生动的笔法，勾勒出个人生活与"大历史"的互动，受到公众关注。[1]本书无意自命为某种研究路数，谨守理论矩矱也难免有画地为牢之嫌。但前述日常生活史与微观史的研究理念，确实为解读《日记》提供了某些引导。一言蔽之，所谓探索"日常"，第一指运用微观研究的"显微镜"，关注《日记》作者侯岐曾日常生活的各个层面，如饮食、消闲、医疗、社交、谣言传播等，重构相关的"历史现场"；第二指暂时遗却"忠烈"等标签，以日常生活为基点，形成对个体生命的完整理解。

至于本书运用微观与个人叙事的具体呈现方式，当然离不开讲故事，纯粹结构化的分析只会将鲜活的个人经历切割得支离破碎。叙事作为史学最古老的写作传统，虽在社会科学化潮流的冲击下一度衰落，但在 20 世纪后半叶又伴随史学的"语言学转向"（linguistic turn）而迎来反思后的复

---

1 ［美］沈艾娣著，赵妍杰译：《梦醒子：一位华北乡居者的人生》，北京：北京大学出版社，2013 年；王笛：《袍哥：1940 年代川西乡村的暴力与秩序》，北京：北京大学出版社，2018 年；程美宝：《遇见黄东：18—19 世纪珠江口的小人物与大世界》，北京：北京师范大学出版社，2021 年；罗新：《漫长的余生：一个北魏宫女和她的时代》，北京：北京日报出版社，2022 年；刘永华：《程允亨的十九世纪：一个徽州乡民的生活世界及其变迁》，北京：生活·读书·新知三联书店，2024 年。有关"小历史"与"大历史"的概念，可参赵世瑜：《小历史与大历史：区域社会史的理念、方法与实践》，北京：北京大学出版社，2017 年，第 10 页。

兴。[1]事件与结构的融汇，使故事本身更富深度，也使历史结构的大厦中再次出现了"人"的身影，随之有了生机和烟火气。如达恩顿（Robert Darnton）所言："最令人激动、最有创意的历史研究，应该通过个别事件挖掘出前人的人生体验和当时的生存状况。"[2]"讲故事"的方式对书写生命史的意义不言而喻，但问题在于，通过《日记》能讲出一个什么样的故事？

应当承认，由嘉定、江阴的城头喋血，到几个南明政权的辗转播迁，学界与公众对明末南方士人的抗清活动并不陌生。[3]学者已发现，目前有关"明清之际"的主流历史叙述，正以江南作为主要舞台而展开。[4]在舞台之上，忠贞之士慷慨受难，

1　参见［英］劳伦斯·斯通：《历史叙述的复兴：对一种新的老历史的反省》，载陈恒、耿相新主编：《新史学·第四辑：新文化史》，郑州：大象出版社，2005 年，第 8—27 页；［德］于尔根·科卡著，景德祥译：《社会史：理论与实践》，上海：上海人民出版社，2006 年，第 80—86 页；［英］彼得·伯克主编，薛向君译：《历史写作的新视野》，北京：北京大学出版社，2023 年，第 309—328 页；彭刚：《叙事的转向：当代西方史学理论的考察》，北京：北京大学出版社，2017 年，第 1—2 页。

2　［美］罗伯特·达恩顿著，萧知纬译：《拉莫莱特之吻——有关文化史的思考》，上海：华东师范大学出版社，2011 年，第 6 页。

3　参见谢国桢：《南明史略》，上海：上海人民出版社，1957 年；孙文良、李治亭：《明清战争史略》，沈阳：辽宁人民出版社，1986 年；［美］司徒琳著，李荣庆等译：《南明史：1644—1662》，上海：上海书店出版社，2007 年；顾诚：《南明史》，北京：光明日报出版社，2011 年；南炳文：《南明史》，北京：故宫出版社，2012 年；［美］魏斐德著，陈苏镇、薄小莹等译：《洪业：清朝开国史（增订版）》，北京：新星出版社，2017 年。

4　桂涛：《"元初—清初"的历史想象与清初北方士人对清朝入主的认识——以孙奇逢为中心的考察》，《清史研究》2013 年第 3 期。

遗民隐逸行遁于野，是屡屡重复上演的剧目。[1]环境（江南）、人物（士人）与情节（殉国或隐逸）几乎从未调整，聚光灯下的场景千篇一律，不免令人厌倦。学人由此提出，对明清易代史的叙述重点不妨适当移位：从关注王朝战争的动荡风云，转向地方社会对易代的回应[2]；从关注士人的临难抉择，转向普通民众的乱世遭际[3]；从关注战争与抵抗，转向动乱之后的社会变迁与秩序重建[4]；视角从偏重南方，转向兼重北方。[5]如此看来，《侯岐曾日记》的故事本身或许精彩，但如果讲成一段江南遗民"采菊东篱"或"地下抗清"的经历，仍不过是旧调重弹。

1　明末士人临难抉择的学术史回顾，可参王成勉：《明末士人之抉择——论近年明清转接时期之研究》《再论明末士人的抉择——近二十年的研究与创新》，载氏著：《气节与变节：明末清初士人的处境与抉择》，台北：黎明文化事业股份有限公司，2012年。

2　参见赵世瑜：《"不清不明"与"无明不清"——明清易代的区域社会史解释》，《学术月刊》2010年第7期；赵树国、宋华丽：《王朝鼎革·民族冲突·宗族纷争——明清之际大店庄氏族人庄调之抗清的"历史"和"历史记忆"》，《中国社会历史评论》第15卷，天津：天津古籍出版社，2014年。

3　参见赵世瑜：《改革开放40年来的明清史研究》，《中国史研究动态》2018年第1期；赵轶峰：《重新思考明清鼎革——兼谈"十七世纪危机"、"大分流"、"新清史"》，《古代文明》2021年第1期；张霞：《明清易代江南社会的多元图景再探讨》，《社会史研究》第15辑，北京：社会科学文献出版社，2023年。

4　参见王健：《竟为疆场：军旅、战事与明清鼎革之初松江地方社会》，《明代研究》2015年第25期；冯贤亮：《清初地方士人的生活空间与环境变换——以董含三冈董氏为例》，《学术月刊》2016年第5期。

5　参见桂涛：《"元初—清初"的历史想象与清初北方士人对清朝入主的认识——以孙奇逢为中心的考察》，《清史研究》2013年第3期。

所幸，"日常"的价值恰在于此。追寻看似庸常琐屑的日常生活，在不经意间便可还原生命的本来样貌，让被某些价值观念所裁剪的叶片重返枝头，再现一株完整的"历史之树"。一枚碎片也能映出世界的倒影，小人物的真实性与独特性，素有潜力挑战渐已固化的宏大叙事。[1]正如研究士大夫不等于秉持"士大夫中心主义"[2]，从《日记》讲出的故事，人、地、事看似不变，却一样可以咏出新韵。今人对明清易代所熟悉的忠节、抵抗与隐逸叙事，究竟是历史的原貌，抑或存在一厢情愿的想象与建构？我们还是请侯岐曾本人来回答吧。

余话不表，通向明清之际历史世界的大门已经敞开。

---

1 这也应当是微观史与日常生活史的宗旨所在，以回应"碎片化"之讥。参见［英］彼得·伯克主编，薛向君译：《历史写作的新视野》，第119页；罗志田：《非碎无以立通：简论以碎片为基础的史学》，《近代史研究》2012年第4期；李纪：《高神父的手稿——在传教档案中发现封存的故事》，载王笛主编：《新史学·第十六卷：历史的尘埃——微观史学专辑》，北京：社会科学文献出版社，2023年，第242页。
2 刘志伟、孙歌：《在历史中寻找中国：关于区域史研究认识论的对话》，上海：东方出版中心，2016年，第13—14页。

第一章 诗礼簪缨繁盛时：
晚明时期的嘉定侯氏

古今忠义垂日星，没而祭社为神明。

上谷之先始居练，遗孤一线留程婴。

数传以后及参政，卅年作宦称廉平。

清风两袖贻扑子，黄门直谏尤铮铮。

封章不辟要人怨，思陵恤赠褒忠贞。

银台继起遘百六，鼎湖龙去轩弓倾。

孤城困守殉国难，叶池风雨衔哀情。

难弟文章重复社，才高意气凌公卿。

云间事败讼连系，五百壮士悲田横。

本朝旌典破常例，录及先代崇令名。

一门完节共祠庙，相传父子及弟兄。

成仁取义名不死，千秋俎豆归西城。[1]

——（清）姚承绪《吴趋访古录》

在后人眼中，明清之际的嘉定侯氏是一个世代与"忠义"相联系的家族：先祖监察御史侯尧封两袖清风，拒绝权相张居正的拉拢；其孙给事中侯震旸铁骨铮铮，在阉党猖獗之时断然上疏弹劾奉圣夫人客氏，为此丢官罢职，几乎丧命，依旧百折不回；下一代的侯峒曾、侯岐曾兄弟继之而起，在宦海与文坛各领风骚，在鼎革之际的大变局中坚贞自守，奋然抗清，先后殉国，以意气与鲜血在明清之际的历史上书写了浓墨重彩的一页。但这些粗线条、模式化的勾勒是否就能概括历史的全部真相？在后世文人墨客的渲染中，侯氏族人的生命已在儒学价值体系或近现代民族主义话语的忠烈祠里找到归宿，但明清易代对侯家而言无疑是一场灾难。侯氏因参与抗清，两度破家，梁柱倾折，燕雀四散，昔日钟鸣鼎食的繁盛连同五代惨淡经营的心血一道化为灰烬。主持嘉定抗清运动的侯峒曾以身殉国，其弟侯岐曾在丧亡残败之余，虽以"奉母保孤"自任，却在时隔一年半后再度卷入复明运动，受株累而死。"忠义"是后世赋予侯氏家族最热烈、最崇高的赞颂，对当事者而言却更像是无

1　姚承绪：《三忠祠》，《吴趋访古录》，南京：江苏古籍出版社，1999 年，第 157 页。

可逃避的宿命。因此，与其说《侯岐曾日记》是一部"地下抗清日记"，不如说它更像是一部家族苦难的记录册。国破家亡的创伤，天翻地覆后的枯寂，"忠节"与"保家"之间的摇摆，以及为生计操劳的忙碌与无奈，尽在其中。理解苦难，或许比歌颂"忠烈"更能让读者回到《侯岐曾日记》揭示的生活世界。在此之前，首先需要回答：侯氏家族究竟是什么样的一群人？他们成长于何种时代与地域环境？且让我们拨开历史的烟云，让史籍中干枯的文字重新氤氲生命鲜活的色彩。

第一节　钟鸣鼎食：晚明时期嘉定侯氏的崛起

一、紫隄村与侯家先世

今天的嘉定坐落于太湖东部平原的一片沙洲，唐代属昆山县疁城乡，别称"疁城"。南宋嘉定十年（1217），当地以本朝年号为名，独立置县，元代改为州，明初重新设县，隶属苏州府。明代嘉定县共分为二十七都，各都所隶市镇均位于吴淞江以北，只有纪王镇与诸翟村孤悬于吴淞江以南。[1] 诸翟因相

1　汪永安：《紫隄小志》卷上，载《上海乡镇旧志丛书》第 13 册，上海：上海社会科学院出版社，2006 年，第 2 页。严格而论，明清乡都图里系与赋役金派相关的区划，与市镇不存在行政管辖关系。汪氏所言"嘉邑二十七都所隶各市镇"中的"所隶"，应指市镇依托所在的都图区划（转下页）

传建村者为诸、翟两姓，故得此名。境内的主要水道蟠龙塘穿村而过，蜿蜒近二十里，向北汇入吴淞江。河道委曲缭绕，芙蓉丛生，飞鹤栖息，形成了秀美的水乡风光。村西多生紫薇花，在四月到八月的开花期，沿堤岸一路花香不绝[1]，故又名紫隄村，当地文人也更习惯称它为"紫隄"。紫隄僻处嘉定西南，距县城约五十里，恰位于嘉定、青浦、上海三县之交，行政区划的边界将自然生成的聚落一分为三。不仅在一村之内制造了户籍归属与赋役征收的差异，甚至伴生出随县界而异的神灵信仰。[2]

　　除了位于三县之交的特殊位置，紫隄村似乎没有什么特殊之处。它的历史并不十分悠久，建村的具体年代已被遗忘，但不会早于宋元，村落的成长与 11 世纪后太湖以东高乡地区的农业开发基本同步。至明朝末年，紫隄村已具有一定规模。清康熙二十三、四年（1684—1685），村民约三百户[3]，晚明时期的人口应不超过这一数字。明中叶以后，棉纺织业在嘉定迅速兴起，"坚致耐久"的细白棉布成为紫隄村的特产，吸引商人

（接上页）履行纳粮当差的职能。对相关议题的讨论，参见吴滔：《清代江南的市镇与农村关系的空间透视——以苏州地区为中心》，上海：上海古籍出版社，2010 年，第 100—103 页。

1　汪永安：《紫隄村小志》卷上，第 1 页。

2　汪永安：《紫隄村小志》卷之前，载《上海乡镇旧志丛书》第 13 册，上海：上海社会科学院出版社，2006 年，第 12 页。

3　汪永安：《紫隄村小志》卷之前，第 4 页。

远道而来、重金收购¹，使小小村落与广阔的外部世界产生了关联。但在嘉定县的社会经济版图中，紫隈村仍不具有重要地位。刊行于万历三十三年（1605）的《嘉定县志》列举了当地"金罗店，银南翔"等二十个商贸繁荣的市镇，对其面积、物产与创始情况多有涉及。紫隈不在其列，而是作为人口较多的十一个"行村"之一聊陪末座²，仅有与县城的距离得到记录。可见，紫隈的商贸、物产与诸多奇闻轶事，都无法引起县志编纂者的兴趣。但就在这样一个平凡无奇的村庄里，却诞生出晚明嘉定势力最为煊赫的士绅家族：侯氏。

据紫隈侯氏族人所言，本族原为杨姓，出自中古时期的著名郡望弘农杨氏。北宋"靖康之变"后，先祖"怡葵公"扈从康王赵构渡江南下，从此在江南定居。³但在谱系难以查考的情况下，便将族源追溯到千年以前的著姓大族，不无附会的可能。⁴

1　汪永安：《紫隈小志》卷上，第 31 页。

2　万历《嘉定县志》卷一，载《上海府县旧志丛书·嘉定县卷》第 1 册，上海：上海古籍出版社，2012 年，第 156—157 页。万历《县志》对行村附入市镇介绍的做法未做解释，康熙《县志》则云："嘉定农末相资，市镇非一，当备志之，而以行村附焉。盖行村，亦民之野集而众者。"可见行村是人口规模较大、但商业性弱于市镇的聚落。见康熙《嘉定县志》卷一，载《上海府县旧志丛书·嘉定县卷》第 1 册，上海：上海古籍出版社，2012 年，第 443 页。

3　汪永安：《紫隈小志》卷二，第 39 页。

4　侯氏族人侯尧封发迹后，也试图厘清本族与弘农杨氏之间的关联，但因证据不足，无果而终。见侯峒曾：《侯忠节公全集》卷十三《曾祖考亚中大夫福建布政使司右参政复吾府君行状》，民国二十二年铅印本，第 2 页。

　　"随扈南渡"的故事是明清江南宗族极为常见的始祖建构，也同样不足为征。紫隄侯氏第一位身份可考的杨姓先祖，只能追溯到元明之际的练圻老人。练圻老人的名、字俱已失传，元末从平江路（明初改为苏州府）迁居紫隄村。他识文断字，但无意功名，蹉跎于乱世之间。长此以往，生计无法保障，不得不投笔事耕。明初名士高启与练圻老人相识，称他"旅游三十不称意，年登未具粥与饘"[1]，适见其生活窘迫。紫隄侯氏将练圻老人奉为本支始祖，声言他的后裔"世习农亩，然皆倜傥特达，有隐君子风"[2]。

　　练圻老人之后，杨氏在紫隄村不断繁衍。练圻老人之子杨文昌与侯守常是表兄弟，因侯守常年纪渐长，膝下无子，本族又人丁冷落，于是将杨文昌独子杨道升认为嗣子，从此杨氏改为侯姓。杨道升生有四子，有两子夭折，第三子侯璞生子侯论，再传至侯廷用[3]，此时已是明中叶正德、嘉靖年间。侯廷用是一位家境较为宽裕的乡居地主，在村中捐建了一座关帝庙，大概用于祈祷子孙科举之路畅达无阻。[4]读书做官，不仅是向

1　高启：《练圻老人农隐》，汪永安：《紫隄小志》续一，第 96 页。
2　侯玄瀞：《侯忠节公年谱》卷一，载《侯忠节公全集》，民国二十二年铅印本，第 2 页。
3　侯峒曾：《侯忠节公全集》卷九《续修家谱序》，第 2 页。
4　侯廷用之孙侯孔龄便在庙中祈祷关帝保佑其子科考时"心神开朗，笔墨生花"。见侯孔龄：《上关帝疏》，汪永安：《紫隄小志》卷上，第 10 页。

上流动的梦想，也是保卫家族的手段。侯氏三代单传，门庭不旺，不足以与本地豪强抗衡，反而备受欺凌。侯廷用痛定思痛，立志让儿子侯尧封读书应举。[1]

二、侯尧封、侯震旸科甲蝉联

侯尧封自幼能文，夜晚每在母亲朱氏的机杼旁借光读书，勤学不辍。[2]他不到二十岁便考中生员[3]，被视为天生的读书种子，亲友大多抱以厚望。连沈氏、秦氏等本村大族，都愿意在他身上做出一番投资。生员沈钧读过侯尧封的文章，大为称奇，表示："侯生有经济才，且为人厚重，大器晚成，人无能及也。"[4]决定将侄女许配给他。大地主秦渭也看重侯尧封的才华，不仅将他请入家塾，教子训孙，还在他科场连年不利、准备弃考之时，大力资助，鼓励尧封继续应试。[5]嘉靖三十四年（1555），已是不惑之年的侯尧封终于考中举人，又于隆庆

---

1 汪永安：《紫隄小志》卷二，第39页。

2 王圻：《铁庵遗稿序》，沈葵：《紫隄村志》卷四，载《上海乡镇旧志丛书》第13册，上海：上海社会科学院出版社，2006年，第125页。

3 侯峒曾：《侯忠节公全集》卷十三《曾祖考亚中大夫福建布政使司右参政复吾府君行状》，第2页。

4 汪永安：《紫隄小志》卷二，第41页。侯氏发迹后，用重金买下秦氏老宅，这正是秦渭的夙愿。

5 汪永安：《紫隄村小志》卷之前，第50页。

五年（1571）以五十七岁高龄考中进士，开启了侯家世代簪缨
的历史。此前把持紫隝村务的家族或仰粮长之威，或凭商业称
雄，侯尧封的高中预示着紫隝村即将进入由士绅家族主导的新
时代。[1]

　　侯尧封入仕虽晚，宦途尚属通达，历任刑部主事、四川道
监察御史、蕲州兵备道、福建布政使司参议等职，进入省级高
官之列，年过耄耋才致仕退休。后辈均以福建参议这一官职，
尊称他为"大参公"。侯尧封仕宦期间，平盗赈恤，官声尚佳。
最受人称道之处，是他身为权相张居正的门生[2]，却不受张氏笼
络。不仅在张母途径蕲州时拒不给予特殊待遇，还上疏弹劾身
为建宁知府的张氏私党贪污受贿，结果被贬官。这一严重违背
明代官场惯例的做法，确实反映出他将道德操守置于现实利
益之上的自我期许。在后人的追忆中，也时常将侯尧封描述为
严谨刻板、不慕荣华的道学先生，对他某些恪守礼法而不近人
情之处津津乐道。尧封发妻沈氏某次只用单手给他上茶，他便
怒称"新妇慢我"[3]，立刻拂袖而去，三月不进家门。他一旦端

1　参见杨茜：《聚落与家族：明代紫隝村的权势演替与地域形塑》，《史林》
　　2016 年第 2 期。

2　侯尧封系隆庆五年进士，需尊本年会试的主考官张居正为座主，自认门
　　生。这类关系在明代十分郑重，座主与门生通常是牢固的利益共同体。详
　　见郭培贵：《明代科举中的座主、门生关系及其政治影响》，《中国史研究》
　　2012 年第 4 期。

3　汪永安：《紫隝小志》卷二，第 41 页。

坐堂上，家中哪怕是婴儿女子都噤若寒蝉，无人敢妄动发声。[1]
侯尧封七十岁后，每月逢初一、十五，必会焚香告庙，训诫家
中子孙："不愿汝辈它日为第一等官，但愿为第一等人。"[2]这句
话在侯氏后人中的实践情况，应当比侯尧封非此即彼式的阐述
更加复杂。但在某种意义上说，它仍然预言着、乃至指引着侯
家在明清鼎革之际的抉择。

相对而言，侯尧封的另一面不太受人关注，在历史书写中
也被刻意讳饰。他性格豪放，"生平目不辨黄白"[3]，发迹前虽俭
衣素食，入仕后却挥金如土。对父亲侯廷用所建的关帝庙，他
重加修葺，还在湖北任所塑造关公金身，黑漆糁金，穿着真人
衣饰，一路运回紫隄庙中，华贵程度在远近无与伦比。[4]尧封
任蕲州兵备道期间，将母亲朱氏接来官署暂住，使她颇感乐不
思蜀。朱氏返乡前夕，侯尧封命家人按照蕲州官署的规模样
式，将紫隄旧宅予以改造，用以奉母，所费同样不菲。[5]家中
宾朋满座，从无虚日，尧封也来者不拒，一概接待供给。他对

1　侯峒曾：《侯忠节公全集》卷十三《曾祖考亚中大夫福建布政使司右参政复
　　吾府君行状》，第 9 页。
2　侯峒曾：《侯忠节公全集》卷十三《曾祖考亚中大夫福建布政使司右参政复
　　吾府君行状》，第 9 页。
3　王圻：《铁庵遗稿序》，沈葵：《紫隄村志》卷四，第 125 页。侯峒曾也称
　　曾祖侯尧封"终身不识握算，手不名一钱"。见侯峒曾：《侯忠节公全集》
　　卷十三《曾祖考亚中大夫福建布政使司右参政复吾府君行状》，第 9 页。
4　汪永安：《紫隄小志》卷上，第 10 页。
5　汪永安：《紫隄小志》卷二，第 44 页。

家庭收支不闻不问，使经济负担几乎都由长子侯孔诏默默承受。侯孔诏对父亲的种种需索倾囊以应，百计筹措，绝不流露出张皇失措之态。侯尧封知晓其子窘境，却只是捧腹笑道："儿善事我。"[1]侯尧封去世时，曾孙侯峒曾称其"箧无一缣之蓄"[2]，本意是对尧封为官清廉的赞誉，却暴露出家庭经济濒临崩溃的事实。明人常以"豪举""任侠"等词掩饰士大夫的不事生产、挥霍无度[3]，侯尧封就是一个典型。

侯尧封去世后，家势便难以为继。侯家的财政危机早已使侯孔诏左支右绌，在尧封死后更加恶化。除了种种杂费，侯孔诏五弟四妹的婚嫁也均由他出资操办，因此日渐拮据、债台高筑。这让他长期焦虑不安、心情低落，时常"搓手绕庭而走"[4]，只有依靠妻家陈氏与儿媳龚氏的帮衬才勉强周济一时。侯尧封诸子无人中举及第，则是赓续家业的更大障碍。诸子之中，侯孔龄不愿钻营八股，只愿依傍家产、优游岁月，"一切是非荣辱，不以关其虑"[5]。侯孔鹤也无意科考，而是醉心修习神仙术，炼砂成丹，又好饮酒，家道因此中落。侯孔释喜好禅

1 陈继儒：《卓行传》，汪永安：《紫隄村小志》卷之中，第109—110页。
2 侯峒曾：《侯忠节公全集》卷十三《曾祖考亚中大夫福建布政使司右参政复吾府君行状》，第9页。
3 参见王鸿泰：《侠少之游：明清士人的城市交游与尚侠风气》，载李孝悌主编：《中国的城市生活》，北京：北京大学出版社，2013年。
4 侯玄泞：《月蝉笔露》卷下，民国二十一年刊本，第13页。
5 汪永安：《紫隄小志》卷二，第49页。

学，同样未攻科名。时人称这三兄弟联袂隐居，"安贫乐道"[1]，适反映出他们对维护家族地位的消极态度。有心在科举之途奋勇攀登的，只有长子侯孔诏。他早年小试不顺，专程南下嘉兴、平湖一带，访名师求学，二十三岁考中廪生，享受每月供给六斗廪米的待遇。[2]但他之后便为筹措父亲侯尧封的种种花销，穷尽半生精力经营家产，科名就此停滞，可谓壮志难酬，冷暖自知。明代士绅家族因官职功名无法世袭、科举竞争日益激烈、家族后裔耽于享乐，往往骤起骤落。[3]侯氏家族在代际交替时面临的困局，正是这一现象的缩影。

带领家族摆脱危机、重新步入繁荣的，是侯孔诏之子侯震旸。他在万历二十二年（1594）中举，所获科名已然超越所有父辈，但迟迟未能考中进士。万历三十七年（1609），侯家再次面临严重的经济危机，侯震旸断然决定带着未成年的三个儿子离家，前往苏州虎丘的铁佛庵发奋读书，指望功名更进一

---

1 汪永安：《紫隄小志》卷二，第45页。
2 汪永安：《紫隄小志》卷二，第44页；陈继儒：《卓行传》，汪永安：《紫隄村小志》卷之中，第109页。
3 参见何炳棣著，徐泓译：《明清社会史论》，台北：联经出版公司，2013年，第171页；伍丹戈：《明代绅衿地主的发展》，《明史研究论丛》第二辑，南京：江苏人民出版社，1983年；刘晓东：《明代士人生存状态研究》，长春：吉林文史出版社，2002年，第180页。

步。据说此行"出门惨淡"，震旸之母陈氏望之不禁挥泪。[1]一番努力终于奏效，次年（1610）侯震旸进士及第，使侯家的社会地位在短期内无可动摇。但家族一度中衰的惊险，一定给侯氏族人留下了深刻印象。陈氏每每令儿媳龚氏为儿孙准备口感粗粝的麦饭粥，希望他们不要忘却家族这一段艰难竭蹶的经历。[2]

　　侯震旸进士及第使侯家的历史翻开了崭新一页，从多个角度来看都是如此。首先，一位族人的进士功名足以给整个家族带来丰厚的物质利益。明正德、嘉靖以降，依靠科举发家的士绅阶层在江南社会整体兴起。一方面，士绅阶层滥用国家赋予的优免权，将明初规定的仅优免赋徭役扩大到免除税粮与税银本身，由此引发了大量土地诡寄与投献的现象。[3]另一方面，明中期开始日益发展的白银货币化与商业化使土地愈来愈成为商品，进而刺激了地权转移[4]，这更有利于士绅阶层大量兼并土地、聚集财富。明末士人一登科第即财源滚滚的例子举不胜举，崇祯年间史科给事中陈启新的上疏是一段经常被引用的史料："尝见青衿子，朝不谋夕，一叨乡荐，便无穷举人，及

1　侯玄汸：《月蝉笔露》卷下，第 14 页。
2　侯玄汸：《月蝉笔露》卷下，第 14 页。
3　参见张显清：《论明代官绅优免冒滥之弊》，《中国经济史研究》1992 年第 4 期。
4　参见张显清主编：《明代后期社会转型研究》，北京：中国社会科学出版社，2008 年，第 71 页。

登甲科，遂钟鸣鼎食，肥马轻裘，非数百万则数十万……彼且身无赋，产无徭，田无粮，物无税，且庇护奸民之赋徭粮税，其人之正未艾也。"[1]嘉定士绅拖欠钱粮的情况更为夸张："吴下钱粮拖欠，莫如练川。一青矜寄籍其间，即终身无半镪入县官者，至甲科孝廉之属，其所饱更不可胜计。"[2]侯氏族人虽然在公开场合对自家财富及其增值情况大多避而不谈，至多委婉地以"数顷薄田"或"数椽老屋"称之[3]，但他们在数十年间无疑已积累了一笔巨大的物质财富，仅土地就超过两千亩[4]，通过小幅变卖产业便能立即获得数百两白银的流动资金[5]，而且豢养了大批奴仆，在滥用优免、拖欠钱粮等方面恐怕不能免俗。

其次，侯震旸也是侯家第一个与士人家庭通婚的男子，"他的地位和美德保证了后代都有良好的亲事"[6]。其祖侯尧封娶妻之时尚未发迹，只能与本村沈氏联姻。其父侯孔诏因家境贫

---

1 计六奇：《明季北略》卷十二，北京：中华书局，1984 年，第 194 页。
2 王家祯：《研堂见闻杂记》，载《台湾文献史料丛刊》第五辑第 98 册，台北：大通书局，1987 年，第 49 页。
3 侯峒曾：《侯忠节公全集》卷九《与宗人书》，第 11 页。
4 参见宋华丽：《第一等人：一个江南家族的兴衰浮沉》，第 289 页。此外，侯家接受土地投献亦于史有征，即所谓"上谷既通籍，门下多富户"。见汪永安：《紫隄村小志》卷上，第 151 页。
5 例如，侯玄汸在崇祯末年已感时局不稳，便与妻宁氏商议买田备用，遂变卖首饰，立得白银六百两。见侯玄汸：《月蝉笔露》卷下，第 10 页。
6 ［美］邓尔麟著，宋华丽译：《嘉定忠臣——十七世纪中国士大夫之统治与社会变迁》，第 122 页。

困，甚至只能入赘陈氏。而到侯震旸一代，族望已彰，本人得以娶广西布政使龚锡爵之女龚氏为妻。龚氏家族是嘉定县内首屈一指的名门望族，自宋元以来即是仕宦之家，家势以龚宏在明正德朝任工部尚书为标志达到顶峰，至明末仍属名门。[1]侯震旸的长子侯峒曾娶尚宝司少卿李先芳的孙女为妻，幼子侯岐曾亦娶江西布政使司右参政张恒的孙女，这两桩婚姻必定由作为家长的侯震旸所主持，从而使侯家与嘉定本地的名门望族建立了紧密联系。

也正是在侯震旸这一代，侯家自侯尧封短暂在嘉定城居之后，终于正式移居县城，连历代神主也一并迁走。[2]江南士绅由乡村移居城市是晚明时期的一个整体趋势[3]，因为在商业化与物质文化趋于发达的年代，城市意味着更舒适的生活环境、更便利的交通，也能以此为基点与江南乃至全国其他城市的士人展开交往[4]，侯氏选择移居城市或有此考虑。不过，移居城市

---

1 侯峒曾：《侯忠节公全集》卷十《龚司空玉书楼遗稿序》，第4页。
2 沈葵：《紫隄村志》卷三，第71页。
3 参见［日］滨岛敦俊：《农村社会——研究笔记》，载［日］森正夫等编，周绍泉等译：《明清时代史的基本问题》，北京：商务印书馆，2013年，第150页；［日］滨岛敦俊：《明代中后期江南士大夫的乡居和城居——从"民望"到"乡绅"》，载复旦大学历史系编：《江南与中外交流》，上海：复旦大学出版社，2009年。
4 巫仁恕：《优游坊厢——明清江南城市的休闲消费与空间变迁》，台北：台湾"中研院"近代史研究所出版，2013年，第352—354页。晚明乡绅移居城市的另一大动机是经营工商业，但笔者未见侯氏家族经营工商业的证据。

的仅是侯震旸一支，从兄辈的艮旸、兑旸、鼎旸等支均留在紫隄村中。震旸一支移居城市，也不意味着他们对经营乡村漠不关心。侯家通过指定家仆管理乡下田产[1]，便能继续坐享田租。侯家也未放弃在乡下的故宅，《紫隄小志》称侯氏自侯震旸后"兼居隄城"[2]，用词可谓准确。易代之际，侯玄瀞等族人便搬回紫隄村故宅居住，其父峒曾的年谱也在当地完成。有学者认为，正因侯氏并未完成城居化，仍与乡村保持密切联系，才使他们在鼎革之际能很快避难转移回紫隄村中。[3]

最后，侯氏从侯震旸一代起，也更直接地与晚明时期的政治变动产生关联。晚明日趋激烈的党争固然加剧了士大夫内部的对立情绪，但同一阵营的士大夫也随之增强了彼此的认同感，政治、地域与阶层认同更深刻地结合起来了。[4]自万历末叶至天启年间，明廷党争从东林与齐楚浙诸党之争，逐渐演变为东林与阉党之争，侯震旸则以东林拥护者的身份活跃于政坛。天启元年（1621），明熹宗将保姆奉圣夫人客氏遣出宫

1　例如，侯氏在松江的墓田五百亩均归家仆朱国俊管理。见侯玄汸：《月蝉笔露》卷下，第 20 页。

2　汪永安：《紫隄村小志》卷上，第 46 页。

3　杨茜：《聚落与家族：明代紫隄村的权势演替与地域形塑》，《史林》2016年第 2 期。

4　针对嘉定的情况，邓尔麟认为："正是由于派系之风带来的党争，嘉定忠臣及其他人才能够组织起来，追求儒学复兴的目标，这也完全可以称为一套大规模的士人运动。"见［美］邓尔麟著，宋华丽译：《嘉定忠臣——十七世纪中国士大夫之统治与社会变迁》，第 15 页。

后，因思念过甚，又将客氏接回。时任吏科给事中的侯震旸担忧客氏与宦官魏忠贤联手干政，坚决反对接回客氏，上疏劝谏，已埋下与阉党对立的伏笔。次年（1622）三月，他又以激烈的言辞，弹劾大学士沈㴶勾结魏忠贤、客氏，谋害前任司礼监秉笔太监王安。[1] 魏忠贤十分恼怒，两度传旨，将他贬官二级，勒令回乡，震旸短暂的仕宦生涯就此落幕。侯震旸的犯颜直谏，为其赢得美名[2]，时人也多愿意将他的罢官去职视为得罪阉党的结果，但实际情况更为复杂。侯震旸劾沈㴶一疏全名为《纠四辅疏》，除沈㴶外，还一并弹劾另三位阁臣刘一燝、叶向高和朱国桢。特别是对亲近东林的阁臣叶向高，震旸也不假辞色，批评叶氏"似委卸处多，主张处少，以求全为智，以避谤为高"[3]。结果众阁臣各自怀恨，与内廷魏忠贤等人拟旨，将震旸谴逐。这意味着，侯震旸弹劾客氏、沈㴶等人，可能更多地出于个人是非观，而不宜被轻易归入东林与阉党之争的谱系，他被罢官也是多方势力共同作用的结果。不过，剑指阉党之举毕竟强化了侯震旸与东林站在同一条战线上的事

1　张廷玉等撰：《明史》卷二百四十六，北京：中华书局，1974 年，第 6378 页。
2　"自嘉定侯给谏起东公于天启初年首攻客魏，论客氏不宜再入宫，奉严旨谴归，直声动天下，于是我东南人士咸依嘉定侯氏为人宗。"见计东：《改亭文集》卷八《嘉定侯氏宗祠记》，载《续修四库全书》集部第 1408 册，上海：上海古籍出版社，2002 年，第 179 页。
3　侯震旸：《侯太常集》不分卷《纠四辅疏》，中国国家图书馆藏清抄本，无页码。

实，巩固了他与东林人士的关系。后来的事实也证明，侯震旸偏向东林的政治色彩不仅左右了其子峒曾、岐曾的政治倾向，以东林为中心的人际关系也为家族的存续与跃升提供了牢固保障。

天启五年（1625），东林与阉党在朝中决出胜负。权阉魏忠贤成为胜利者，随即大规模迫害东林人士，制造"六君子之狱"等冤案，杨涟、左光斗、魏大中等东林骨干惨死狱中。侯震旸弹劾客氏、沈潅之时，阉党兴起未久，势力有限。[1]侯震旸虽开罪于魏忠贤，但尚无性命之忧，后世认为他"语侵奸珰，几中不测"[2]，应属夸张之辞。几年后阉党迫害东林之酷烈，恐怕也在他的意料之外。侯震旸唯有庆幸自己已被罢官，逃过一劫，但仍惧怕被大狱牵连，于是惊虑成疾，一病不起。[3]东林党人周顺昌在苏州被缇骑逮捕，震旸只能派两个儿子微服送行，并捐助路费。临终前，他给子孙留下遗言："世受国恩，涓埃未报。虽沧海横流，未宜远引。然明哲保身，吾子其行之。"[4]侯震旸在史籍中素以骨鲠直臣的面貌出现，但仍徘徊

1　钱谦益：《牧斋初学集》卷五十二《给事侯君墓志铭》，上海：上海古籍出版社，1985年，第1320页。
2　康熙《嘉定县志》卷十六，第679页。
3　汪永安：《紫隄小志》卷二，第46页。
4　侯峒曾：《侯忠节公全集》卷十四《先考吏科给事中恤赠太常寺少卿吴观府君行状》，第6页。

于"玉碎"与"瓦全"之间,对道德操守的追求显然不是毫无保留。

同样是在这一年,侯震旸的长子侯峒曾考中进士,初授南京兵部武选清吏司主事,随即因父亲去世,丁忧守丧,直到九年后的崇祯七年(1634)才重新踏入官场。如今时过境迁,阉党早已覆败,嘉定侯氏仕宦的第三代正式走上政治舞台。在侯峒曾、侯岐曾兄弟的经营下,家族势力在明末被进一步推向顶峰。

三、侯峒曾的宦途与家族经营

侯峒曾是侯氏仕宦第三代的领军人物,与弟弟岷曾、岐曾合称为"江南三凤"。与父亲侯震旸相比,侯峒曾的东林色彩有过之而无不及,这主要表现在他与东林—复社人物的密切交往。侯峒曾在早年未第之时,即与著名东林党人文震孟、姚希孟相交莫逆。三人共同赴京赶考,终日畅谈天下大事,甚至发生过三人与周顺昌痛饮时煤气中毒的事件[1],他们的友谊终身保持。侯峒曾任职南京吏部文选司主事期间,与南京吏部尚书郑三俊、南京吏部考功司郎中徐石麒等东林人士又建立起牢固

---

1 侯玄瀞:《侯忠节公年谱》卷一,第8—9页。

的关系。其中徐石麒与侯峒曾本为乡试同年，交谊更笃。[1]侯峒曾与新一代党社领袖张溥、张采、徐汧、夏允彝等人亦有深交，互为知己。[2]这些人际关系为他浮沉宦海提供了强大后援，也在无形间塑造着他的政治倾向。

从许多方面看，侯峒曾都算是晚明官场的异类。他与东林党社人士过从甚密，对东林清除"奸佞"、整肃朝纲的政治诉求却不愿响应。[3]他深感于政治斗争的残酷无情，又对父亲的抱憾而终心怀戚戚[4]，无意在宦途青云直上。崇祯七年（1634），兵部尚书张凤翼希望将侯峒曾调入北京，任兵部职方司郎中。峒曾以母亲老病为由力辞[5]，得改任南京吏部文选司主事，后升稽勋司郎中。此时他的好友文震孟、徐石麒已身居高位，渴盼峒曾来助一臂之力。崇祯八年（1635），徐石麒等人谋划将侯峒曾改任北京吏部文选司郎中，他们深知峒曾秉性淡泊，决定

1　侯玄瀞：《侯忠节公年谱》卷一，第16页。
2　侯峒曾：《侯忠节公全集》卷六《南中与雍瞻弟书》，第6页。
3　侯峒曾表示："进贤退不肖，非一司属所能为……而以名始以利终者比比也。况取其所忌，凶祸立至，吾纵不避祸，其何能以身尝祸？"见侯玄瀞：《侯忠节公年谱》卷一，第17页。侯玄瀞对其父的评价同样耐人寻味："然其时诸奸虽巧于罗织，而府君洁清素著，不得以诽谤相加，恬让勇退，不得以名位相轧，平生守正不阿，归于和易，未尝为刻核事于小人，非有伤心之怨，故终不能及焉。"有关东林政治理念的较新研究，可参马子木：《重塑纪纲：东林与晚明士大夫政治文化研究》，中国人民大学博士学位论文，2020年。
4　侯玄瀞：《侯忠节公年谱》卷一，第15页。
5　侯峒曾：《侯忠节公全集》卷五《乞补南曹疏》，第3页。

先私下操作，等木已成舟后再行告知。峒曾意外得知此事，严词谢绝。文选司郎中主掌官吏铨选，是炙手可热的"肥差"。崇祯末年复社名士吴昌时占据此职，便大肆索贿，几能呼风唤雨。侯峒曾却对这一要职弃之不顾，立即引起北京官场的震动，"莫不以为怪物"[1]。相较之下，他更乐于在自然风光和家庭生活中寻求慰藉。南京虽为明朝留都，但各部寺多为闲职，官员常在山水园林间雅集燕游，畅享太平之乐。方以智便注意到侯峒曾在任上"意致甚闲，固以枕藉山水为乐者也"[2]。峒曾事母至孝，对幼弟侯岐曾也关爱备至，寄诗感慨："家庭乐事真堪忆，不羡黄金高筑台。"[3]他为父亲、祖母守丧期满数年后，仍无出仕之思，因母亲龚氏力劝，才勉强出山。晚明官场盛行"重内轻外"之风，外官为求早日飞黄腾达，往往想方设法调入京师。侯峒曾仕宦九年，竟从无在北京任职的经历，反而多次要求留在南方，这在当时并不常见。可见侯峒曾眷念家庭、敝屣功名，确非士大夫习见的自我吹捧和彼此造势，而皆可在他的履历和行动中得到证明。

侯峒曾在晚明政坛上的自我边缘化看似消极，其实是一个主动的政治选择。在官场中如何进退，往往身不由己；雷霆

1　侯峒曾：《侯忠节公全集》卷六《南中与雍瞻弟书》，第 7 页。

2　方以智：《浮山文集》后编《附录一·膝寓信笔》，北京：华夏出版社，2017 年，第 495 页。

3　侯峒曾：《侯忠节公全集》卷四《别雍瞻弟新丰道中》，第 10 页。

雨露，也难知孰者先至。侯峒曾能以隐士之姿长期在南方任职，仕途未经蹉跌，实借重于东林友朋的倾力支持。崇祯十一年（1638），侯峒曾转任江西学政，任内展现"清冷严毅"的面貌，大刀阔斧地推进改革，以阻断权贵、士绅的舞弊之门，引起当地士绅的普遍反感，准备联合京官密谋弹劾。不料消息泄露，朝中友朋极力援护，峒曾遂安然无恙。[1]崇祯十五年（1642），侯峒曾改调广东按察使司副使，他不愿远赴岭南，以奉养老母为由多次力辞。这一次又是时署刑部尚书事的徐石麒上下活动，使峒曾改调任所至与家乡嘉定近在咫尺的嘉湖兵备道。[2]崇祯末年，东林党人、吏部尚书郑三俊向崇祯帝推举天下贤能监司五人，侯峒曾赫然在榜，被召为顺天府丞[3]，但因北京很快失陷，未能赴任。郑三俊是侯峒曾任职南京期间的老上司，对峒曾的力荐显非无故。与友朋的积极援助相比，侯峒曾主动而谨慎地利用自己与东林的关系，合机则用，不合则罢，用亦不言，这一姿态大可玩味。他平生恬淡自守，却始终与东林相结，使一些人感到不可思议。如吴梅村所言："广成一生恬尚，竟与党人相始终。"[4]其实这并不难理解。对父辈人际关

---

1 侯玄瀞：《侯忠节公年谱》卷二，第 15 页。
2 侯玄瀞：《侯忠节公年谱》卷三，第 2 页。
3 张廷玉等撰：《明史》卷二百七十七，第 7099 页。
4 吴伟业：《吴梅村全集》卷三十七《丁石莱七十序》，上海：上海古籍出版社，1990 年，第 786 页。广成系侯峒曾号。

系的继承，对正统道德价值的认可，以及对远离政治旋涡的诉求，使侯峒曾与东林走在了一起。他对党社网络既娴熟运用、难以割舍，又在公开场合与之若即若离，实现自我形象的塑造，展现出了一位"非典型"的东林官员形象。

侯峒曾兄弟发扬从父辈继承的政治色彩，从而在宦途、文途中获益[1]，也早早开始为下一代的前途谋篇布局。"江南三凤"之中，侯岷曾已于万历三十九年（1611）因病早逝，峒曾、岐曾两兄弟各育三子：峒曾生玄演、玄洁、玄瀞，岐曾生玄汸、玄洵、玄泓。六子颇擅文才，俱中生员，被誉为"上谷六龙"。[2]时人也多认为，"六龙"确有真才实学，并非依靠家世成名。[3]侯氏家塾在江南远近闻名，"六龙"的雄才骏发、文名远扬，固然出自良好的家族教育，但也是父辈竭力推毂的结果。崇祯八年，侯峒曾将子侄的八股试牍在南京刻印，便极具象征意义。晚明因印刷术普及与士人好名心态日盛，生前刊刻自选诗文用于自我宣传和社交的做法极为流行，也因此被

1　侯岐曾积极参与被称为"小东林"的复社，具体将在下一节详论。
2　紫隄侯氏同时尊奉杨氏与侯氏两支先祖，除将杨氏族源追溯到弘农杨氏，也认为自己所承嗣的侯氏系东汉大司徒侯霸所传的上谷侯氏后裔。侯尧封在宗祠给春帖题字："一代文明承上谷，百年清白自弘农。"见汪永安：《紫隄村小志》卷之前，第34页。
3　汪永安：《紫隄小志》卷二，第55页。

保守文人斥为轻浮之举。[1]"六龙"年纪尚轻、功名未成，文集却早早刊出，足见父辈为其扬名不遗余力。侯家自侯震旸之后，"簪缨继起，为门第之望。虽黄口小儿，一经顾盼，光彩四出"[2]。少年子弟稍得长辈眷顾，不难博得大名。侯峒曾在序言中警告"六龙"切勿因文集刊出而崇尚虚名，强调"吾故为此刻以惧汝"[3]，不啻为欲盖弥彰。此举与他早年将自己与岷曾、岐曾的试稿合编为《辤辤》，付梓刊行，实属异曲同工。

"上谷六龙"的婚配也颇有讲究。六人分别娶姚氏、夏氏、杜氏、龚氏、孙氏、张氏为妻，姚氏即姚希孟的孙女姚妫俞，夏氏为夏允彝之女夏淑吉，杜氏之父则为松江"几社六子"之一的杜麟征，三家的背景均为嘉定外的党社名流，可见新一代侯氏子弟的婚姻范围已积极向外扩展。这使得侯氏能够逐步超越地域的局限，"通过广泛延伸的庇护网络去追求更高的政治目标"[4]。在此，政治、地缘与婚姻共同编织出一张可靠的人际网络，使新崛起的士绅家族在晚明的社会环境中得以利益长保。侯家也并未忽略巩固与本地家族的关系，龚氏、孙氏、张

---

1 ［日］大木康著，周保雄译：《明末江南的出版文化》，上海：上海古籍出版社，2020年，第9页。
2 唐懋芝：《祭侯孔鹤文》，沈葵：《紫隄村志》卷五，第133页。
3 侯峒曾：《侯忠节公全集》卷十《上谷六子试卷序》，第10页。
4 ［美］邓尔麟著，宋华丽译：《嘉定忠臣——十七世纪中国士大夫之统治与社会变迁》，第11页。

氏三女均出自嘉定本地的名门望族。龚氏（名宛琼）是侯震旸之妻龚太恭人的侄孙女，亦出自嘉定龚氏；张氏是侯岐曾之妻张氏的侄女，出自南翔镇进士张家；孙氏（名俪箫）则是嘉定名绅、山东巡抚孙元化的孙女。侯家下一代男丁与龚氏、张氏"亲上加亲"[1]，与孙氏则新缔姻缘，且六人的婚配对象于本邑、外地恰占一半，并不偏废，足见侯家对婚姻的选择相当慎重，体现出侯峒曾兄弟经营本地势力与向外扩展影响同时并举的决心。

除了政治人际网络的成长与家族婚姻关系的巩固，侯家在崇祯年间对嘉定地方的影响力也在继续强化。邓尔麟认为："这并不是因为侯家人多势众……而是因为侯峒曾兄弟对年轻士子的庇护活动，其他具有资格的人也无法匹敌。"[2]《嘉定县志》在论述士风变迁时也把侯峒曾与另一位名士黄淳耀摆在了重要位置："启祯之际，侯、黄提倡，奇才辈出，而士皆知好名。"[3]侯氏自侯尧封起三代仕宦，绵延百年，名望日显，已成为明季嘉定的头号望族。至崇祯朝，嘉定其他历史更为悠久的士绅家族已趋衰落，如县城龚氏自布政使龚锡爵后再无进士，仅有龚用圆一人中举，得授秀水教谕这一"冷灶"小官，政治

---

1 有关明清嘉定著姓大族习惯"亲上加亲"的现象，可参夏淳：《明清嘉定文化世家考论》，《史林》2017 年第 2 期。

2 〔美〕邓尔麟著，宋华丽译：《嘉定忠臣——十七世纪中国士大夫之统治与社会变迁》，第 121 页。

3 康熙《嘉定县志》卷四，第 482 页。

前途一望而止；南翔李氏曾有李先芳、李名芳兄弟同中进士，李流芳中举人，一时风头无两。但三人是侯峒曾的上一辈，至明末已全部谢世，李氏子孙则尚无一人中举。在崇祯末年，三代进士及第、家势不衰的家族仅有紫隄侯氏，这是侯峒曾兄弟有能力提携后辈、引领文风的关键因素。邑绅赵弘范曾任云南巡按，素与侯峒曾不睦，嘉定舆论则"直侯而鄙赵"[1]。之后有数十家乡民向巡按控告赵弘范违法不端，侯峒曾支持乡民，导致赵氏败诉，大丢面子。赵弘范怀恨在心，联络新任嘉定知县曹胤昌，图谋报复侯氏。不料事局未成，曹胤昌反被罢官，在任仅三个月。侯、赵之争的结局，说明此时嘉定其他士绅家族已无法与侯氏抗衡。侯家不再依靠个别族人的功名立足，而足以凭借族望家势积极参与地方事务，其中一个具有代表性的案例是崇祯十四年（1641）的嘉定折漕事件。

明初嘉定县种植的主要农作物是水稻，至晚明已转变为棉花，乡民植棉比例已达十分之九。[2]嘉定土壤主要为粉（砂）壤质，含氮量作为衡量土壤肥沃程度的重要指标，低于今上海市其他区县的水平[3]，在明代就被认为土质"沙瘠"、适合植棉

1　苏瀜：《惕斋见闻录》，《丛书集成续编》史部第 26 册，上海：上海书店出版社，1994 年，第 1 页。
2　汪价：《甘澍谣》，康熙《嘉定县志》卷十六，第 716 页。
3　陈宗慧：《上海嘉定区几种主要农业土壤的理化特征》，《上海交通大学学报（农业科学版）》2003 年第 4 期。

而不宜种稻。[1]但更重要的原因是，明初以后吴淞江逐渐淤积，出水地位被黄浦江取代，原吴淞江两岸的圩田不能上水，出现旱象，使嘉定等高乡地区转而种植较为耐旱的棉花。[2]农作物种植结构的转变，使嘉定无法直接向明廷供应漕粮，只能长期将粮米折为白银缴交，即所谓"折漕"。万历初年，因嘉定籍礼部尚书徐学谟极力推动，嘉定终于成为全国唯一享受全部漕粮永折的县级单位。[3]但在天启年间，这一制度有夭折的危险，靠陆文献、侯震旸等本地士绅上下打点方才平息。崇祯十四年波澜再起，因内外战事紧张，军粮需求骤增，户部下令嘉定仍需将一半漕粮以本色米麦的形式缴交。嘉定本地已几乎不产稻米，由于此时南方大旱，战事频仍，也难以仓猝从外地进口，无法满足朝廷需索，一时人心惶惶。[4]

侯峒曾见状马上行动，联合署嘉定县事的苏州推官倪长圩，一面致书户部尚书程国祥、漕运总督史可法等高官，强烈要求恢复漕粮永折。他尖锐地批评朝廷于折漕一事反复无常，

1　康熙《嘉定县志》卷四，第 482 页。
2　参见王建革:《水乡生态与江南社会（9—20 世纪）》，北京：北京大学出版社，2013 年，第 7—8 页。万历中叶嘉定人徐行也认为，嘉定自明初以后 "江湖壅塞，清水不下，浊潮逆上，沙土日积，旋塞旋开，渐浅渐狭，既不宜于禾稻，姑取办于木棉"。见徐行等:《永折民疏》，康熙《嘉定县志》卷二十，第 766 页。
3　谢三宾:《永折漕粮碑记》，康熙《嘉定县志》卷二三，第 824 页。
4　张鸿磐:《请照旧永折疏》，康熙《嘉定县志》卷二十，第 769 页。

难以取信于人。二十年来在辽东前线劳师糜饷，却尺土未复，如今又为筹措军粮，不惜践踏成规，将嘉定小邑推向绝境。[1] 这充分体现了侯峒曾作为乡绅的"地方主义"立场。另一方面，侯峒曾也捐钱集资，部署嘉邑父老伏阙上疏，营造出地方绅民同心陈情的氛围。[2]最终选定三位生员赴京：张鸿磐、申荃芳与侯岐曾的长子侯玄汸，奏疏由张鸿磐起草。此时明朝已陷入腹心内溃的危境，李自成农民军三围开封，中原大地兵连祸结，南北交通几乎中断。崇祯十五年（1642）八月，三位生员历经艰险，总算完成任务，经崇祯帝批示，嘉定折漕的局面得以维持。崇祯年间催科严猛，地方与中央围绕赋役征收的博弈空间大为缩小。嘉定以区区一县，竟能违逆朝议、维系漕粮永折，避免社会经济出现更大震荡，实属不易。这不仅源于嘉定无力供给稻米的客观情况，更是侯峒曾等嘉定籍官绅发挥政治能量的结果。[3]侯峒曾、张鸿磐系刑部尚书徐石麒好友，徐石麒受友之托，为争取嘉定折漕，七度前往户部尚书程国祥私

1　侯峒曾：《侯忠节公全集》卷八《与朝士论嘉定复漕书》，第 1 页；同书卷八《与程我旋大司农书》《再与程我旋大司农书》，第 6 页。

2　侯玄瀞：《侯忠节公年谱》卷三，第 1 页。

3　前辈学者已有论及。参见吴滔、佐藤仁史：《嘉定县事——14 至 20 世纪初江南地域社会史研究》，广州：广东人民出版社，2014 年，第 33—36 页。明末江南籍士大夫在朝中的优势地位，也使江南在"三饷"征收之际相对其他区域拥有更大的话语权。参见方兴：《从"苏松重赋"到"三饷"均摊》，《中国经济史研究》2010 年第 1 期。

宅与之商讨，接着在朝房公开争执，吵到面红耳赤。因程国祥
是张鸿磐先祖所录举人，最终让步，同意折漕，"盖借公事以
报私恩，因一家而及一邑也"[1]。侯峒曾为折漕做出的贡献，也得
到家乡的承认[2]，这势必使侯氏在当地的声望与影响力更为高涨。

　　然而，侯氏家族在经营地方的辉煌之下，亦不无阴影。明
季士绅凭借社会特权快速攫取财富，徇私枉法，横行乡里，早
已招引大量负面评价。[3]侯尧封为扩建老宅，不惜将紫隄村东关
庙西侧的义冢铲平，已然招人诟病。[4]天启年间，侯氏家人某因
误伤人命，被关进监狱。上海知县执法甚严，不肯徇私。因知
县是侯峒曾表弟、复社名士杨廷枢的门生，侯家便拜托杨廷枢
疏通此事。杨廷枢将知县所作时文重新刻印二十余部，在评语
部分大加赞赏。又给知县专寄一信，大谈作文之法，仅在信尾

1　张承先：《南翔镇志》卷十一，载《上海乡镇旧志丛书》第3册，上海：
　　上海社会科学院出版社，2004年，第211页。
2　"其于桑梓补救功最多，然亦不尽使乡人知也。"见康熙《嘉定县志》卷
　　十六，第685页。
3　如清初上海士人董含所云："吾郡缙绅家居，务美宫室，广天地，蓄金银，
　　盛仆从，受投谒，结官长，勤宴馈而已，未闻有延师训子，崇俭寡欲，多
　　积书，绝狎客者。"见董含：《三冈识略》，沈阳：辽宁教育出版社，2000
　　年，第95页。近现代学者对此也多有关注，参见吴晗：《晚明仕宦阶级的
　　生活》，《大公报·史地周刊》第31期，1935年4月19日；南炳文、汤
　　纲：《明史》，上海：上海人民出版社，2003年，第578—580页；伍丹
　　戈：《明代绅衿地主的发展》，《明史研究论丛》第二辑；张显清：《论明代
　　官绅优免冒滥之弊》，《中国经济史研究》1992年第4期。
4　汪永安：《紫隄小志》卷上，第17页。

稍涉侯某"冤状"。知县接函，大喜过望，将侯某杀人案轻轻放过。[1]司法判决可用于结清个人"雅债"，侯氏包庇家人、干预词讼，于斯可见一斑。至崇祯朝，侯氏家势更盛，奴仆虽受家主裁抑，但仍横行无忌，把持水道，每每将岸边路人强行拉入船舱，敲诈钱财。[2]侯氏家族在晚明的迅速崛起，也未必受到乡民的一致欢迎。相传侯尧封归葬后，葬地圆沙泾一带人烟日益萧条。乡民询问风水师，得知侯氏命当十代簪缨，但代价是当地其他姓氏将有破财之难、阖家不宁。于是乡民请风水师作法，挑选童男十二人，"裸体遍绘鳞纹，别以金银箔糊制竹杖，咒墨书符，各执一枝"[3]，由众乡民护送至侯家墓地，将在墓地附近出没的十二条蛇尽皆斩杀。于是在明清鼎革之际，侯氏遭逢大难，后嗣再无中举入仕之人，其他家族的声势则有所恢复。这个故事未可尽信，却影射出紫隄侯氏与本地乡民之间存在某种竞争性的紧张关系，以至于需要动用吴地古老的巫觋仪式咒诅对手。

嘉定侯氏在晚明时期的崛起是江南士绅阶层整体性成长的缩影。白银货币化与地区商业化促进了乡居地主阶层的成长，使他们得以积累财富、读书应举，进入王朝的官僚队伍，转型为士绅家族。晚明江南的社会结构因之而变，形成乡绅主导社

1　汪永安:《紫隄村小志》卷之后，第147页。
2　汪永安:《紫隄村小志》卷之后，第147页。
3　汪永安:《紫隄小志》卷上，第18页。

会的局面。[1]士绅家族以科举功名为权力基础，通过婚姻巩固彼此关系，并借助党社组织结成的人际网络从国家体制中获利。[2]总的来看，这些具有外向性的举措应该是加强而非削弱了士绅家族的在地势力，使之在本地的影响力与话语权进一步增强，最终在折漕等关乎本地重大利益的问题上释放能量。嘉定侯氏的力耕发家之路，是乡居地主转型为士绅家族的典型案例。它也说明，一个名望较高、积极承担社会责任的士绅家族，在兼并土地、聚敛财富、豢养奴仆、为祸乡民等方面亦不能免俗。晚明江南士绅的"经世"与"豪横"应当是一体两面的关系，宣扬家族业绩与追求一己之私也并行不悖，甚至不以士绅本人的意志为转移。[3]作为一个拥有特权的社会阶层，不

1　参见［日］重田德：《乡绅支配的成立与结构》、［日］檀上宽：《明清乡绅论》，均载刘俊文主编，高明士、邱添生、夏日新等译：《日本学者研究中国史论著选译》（第二卷），北京：中华书局，1993年；［日］滨岛敦俊：《明末江南乡绅的家庭经济——关于南浔镇庄氏的家规》，《明史研究》第1辑，1992年；［加］卜正民著，张华译：《为权力祈祷：佛教与晚明中国士绅社会的形成》，南京：江苏人民出版社，2008年，第315页；冯贤亮：《明清江南士绅研究疏论》，《中国高校社会科学》2014年第6期。

2　晚明松江士人家族的崛起也遵循类似的模式。见冯玉荣：《明末清初松江士人与地方社会》，北京：中国社会科学出版社，2011年，第26页。

3　戴福士对晚明豫东士绅的研究表明，这一群体对家族利益的关注，甚至会导致他们盼望本朝的衰亡，借以获取更大利益。罗威廉也认为，晚明麻城士绅对民众恣意欺凌，当地"辉煌的文人文化与社会是建立在谎言之上的"。见［美］戴福士著，解扬译：《文化中心与政治变革：豫东北与明朝的衰亡》，北京：商务印书馆，2022年，第126页；［美］罗威廉著，李里峰等译：《红雨：一个中国县域七个世纪的暴力史》，北京：中国人民大学出版社，2014年，第116页。

应受到过分理想化的解读。

　　总之，侯峒曾兄弟从父辈继承了一笔丰厚的政治遗产和社会资源，并通过自身努力与对婚姻的精心挑选，使紫隄侯氏在明朝末年臻于极盛。侯峒曾、侯岐曾两兄弟的声势如日中天，新一代的"上谷六龙"前途无限，侯氏已朝江南第一等著姓望族的道路上迈进。

第二节　收之桑榆：侯岐曾的生平行迹

　　明末的嘉定侯氏人才济济，侯峒曾之弟侯岐曾是另一颗耀眼的明星。侯岐曾在明季党社运动中有一定地位，虽未仕宦，但凭借家世与文名，当世名望未必逊于其兄。[1] 不过，若论及身后的知名度，岐曾显然不如峒曾，昔日声名随着同辈友朋的老去而逐步褪色。这或许缘于侯峒曾作为嘉定抗清运动的领袖兵败殉国，声名大著，岐曾则在两年后因藏匿陈子龙被捕处死，相对不引人注目；也可能来自清代官方对历史书写的操纵。[2] 侯峒曾的诗文虽因战乱损毁严重，但有相当数量存留，

1　晚明清初的记载往往将峒曾、岐曾兄弟并尊，如邹漪称："同里侯峒曾、岐曾兄弟以门第才华为一时冠冕。"见邹漪：《启祯野乘二集》卷五，康熙十八年金阊存仁堂素政堂刻本，第25页。

2　清初学者汪琬曾为侯峒曾、侯岐曾兄弟作传并上交明史馆，但侯岐曾传未被馆臣采用，可能与岐曾在清朝定鼎后卷入抗清运动有关。见汪琬（转下页）

后刊刻成帙。侯岐曾的作品则逐渐散佚，所余极为有限[1]，有关他的传记也为数不多。[2]我们应当首先从了解他的生平行迹开始，逐步走入《侯岐曾日记》的世界。

一、侯岐曾的早年生平

侯岐曾字雍瞻，号广维，生于万历二十三年（1592），为侯震旸之妻龚氏所出，比兄长峒曾、岷曾小五岁。[3]侯岐曾天资聪颖，自幼接受优越的家庭教育，十一岁就与两位兄长一同考中苏州府学生员，一时引发轰动，被合誉为"江南三凤"。侯岐曾虽年纪较轻，文采名望却不逊其兄峒曾。二人比肩而立，深负雅望，士林称为"二瞻"[4]。少年得志并未腐蚀侯岐曾

（接上页）《尧峰文钞》卷三十九《跋拟明史侯岐曾传后》，载《景印文渊阁四库全书》集部第 1315 册，台北：商务印书馆，1986 年，第 620 页。

1　侯岐曾著有《半生道者未焚稿》，今已佚失，少量杂文收于中国国家图书馆藏清抄本《嘉定侯氏三先生集》中的《侯文节集》。陈济生《天启崇祯两朝遗诗》卷六（北京：中华书局，1958 年）第 601—608 页收有侯岐曾诗。

2　目前记载侯岐曾生平较翔实可靠者，应为汪永安《紫隄小志》所收侯岐曾传，以及岐曾门生陆元辅所撰《明故太学生侯雍瞻先生私谥弘义议》。此外，康熙《嘉定县志》卷十六、陈鼎《东林列传》卷二十、张岱《石匮书后集》卷三十四、王辅铭《明练音续集》卷七等处均有侯岐曾传记，近人钱海岳所著《南明史》亦作侯岐曾传。当代学者虽对嘉定侯氏已有研究，对《侯岐曾日记》亦作利用，但侯岐曾本人的生平仍未得到详考。

3　侯玄瀞：《侯忠节公年谱》卷一，第 4 页。峒曾、岷曾为孪生兄弟。

4　侯玄瀞：《侯忠节公年谱》卷一，第 8 页。

的上进心，他中生员后依然篝灯苦读，不肯轻言懈怠。侯峒曾叮嘱其不必过于劳累，岐曾则应道："兄年长于弟，弟虽手不停披，尚惧弗能及。"峒曾不禁失笑："吾才长三四岁耳。"岐曾仍然坚持："人寿几何？堪多此三四岁之学耶？"[1] 这段对话生动地反映出岐曾在青年时代已怀有"只争朝夕"式的成功欲望。

侯氏三兄弟中，渴盼早日中举及第的并不只有岐曾一人，他的仲兄岷曾心气更高，体会的挫折感也更甚。万历三十九年（1611），岷曾科考不利，积郁成疾，骤然病逝，年仅二十一岁。三兄弟平日读书同居一室，"善相成，过相规，学业相钻厉"[2]。如今"三凤"陨折其一，令峒曾、岐曾悲痛欲绝，一时废绝他务，无心入世。如此累月经年，直到两兄弟终于意识到人死不能复生，只有勉力而前，方能酬逝者未竟之志，这才逐渐恢复精力，重新投入到读书应举的事业之中。此后，峒曾对幼弟岐曾更加钟爱，赋有诗篇："我生三兄弟，少小抽弱翰。梁木一以摧，相对愁孤单。爱读苏氏书，坡语良不谩。吾从天下事，不如与子欢。"[3]

然而，现实似乎有意与侯岐曾为难。兄长峒曾接连蟾宫折

1　汪永安:《紫隄小志》卷二，第54页。
2　侯岐曾:《侯文节集》不分卷《题家伯氏举业汇选》，中国国家图书馆藏清抄本，无页码。
3　侯峒曾:《仲弟梁瞻病殁赋示季弟雍瞻》，汪永安:《紫隄小志》续一，第102页。

桂，最终于天启五年（1625）进士及第，成为侯氏新一代子弟
中的翘楚，侯岐曾却始终在生员的功名上停滞不前。他从万历
四十年（1612）起参加乡试，三十年内连续十次应考，全部名
落孙山。[1] 仅在崇祯十五年最后一次应考时中乡试副榜，以贡生
入国子监，没有资格参加会试。[2] 这一次能中副榜，已是有心人
暗中相助的结果。应天府推官彭观民收掌本年乡试考卷，意外
发现侯岐曾卷面甚佳，但已被考官黜落，无力回天，只得向主
考官陈请，将岐曾填入副榜。[3] 侯岐曾屡考不中，也在家中引发
焦虑。母亲龚氏不顾儿子年齿愈长，依然亲自督责他的学业。[4]
有明一代士子连续应考而终身无缘乡荐者大有人在，连与侯岐
曾同时代的大学者黄宗羲亦不例外。举业既终生无望，治国平
天下的宏大设想也将全部化为泡影，这对有志于建功立业的士
人是致命的打击。崇祯三年（1630），长兄侯峒曾在岐曾落榜
后已"为之神伤"[5]，三年后又对给事中章允儒感叹"雍瞻沦废

1　陆元辅：《陆菊隐先生文集》卷十六《明故太学生侯雍瞻先生私谥弘义
　　议》，载《清代诗文集汇编》第61册，上海：上海古籍出版社，2010年，
　　第541页。
2　副榜贡生简称副贡，是五种"正途"出身的贡生之一种。在乡试录取名额
　　外列入备取，每有五名中举者就增一名"副榜"，可入国子监读书，并有
　　资格出任小官。
3　彭孙贻：《茗斋集》不分卷《太仆行略》，载《清代诗文集汇编》第51—
　　52册，上海：上海古籍出版社，2010年，第26页。
4　侯峒曾：《侯忠节公全集》卷十三《求诰文行略》，第1页。
5　侯玄瀞：《侯忠节公年谱》卷一，第14页。

如故也"[1]。其兄都感伤不已，当事者侯岐曾的心情可想而知。

二、侯岐曾的选文事业

幸运的是，命运对侯岐曾并不是全无补偿。他出身名门，文采出众，仍有机会在其他领域出人头地。侯岐曾为自己选定的事业是评选时文。时文即科举考试的应举之文。明代乡试、会试各分三场取士，但成化、弘治以降，科考日渐偏重首场经义。倘若首场表现不佳，即便后场卷面出色也难被取中。于是"时文"一词逐渐等同于经义之文，俗称八股，又称时艺、制义等。明初官方已遴选举人、进士所作时文出版，即时文选本，通过宣传正统价值取向，达到规正文风的效果。明后期，随着科举竞争愈发激烈与地区商业化长足发展，坊刻、家刻时文选本日渐流行于世。名士经常评选优秀时文，以把握官方取士风向，帮助士子备考。[2]由于评选者自身的文风、眼光不

<hr />

1　侯峒曾：《侯忠节公全集》卷六《与章鲁斋谏议书》，第1页。

2　据钱谦益所言，民间出版时文选本的风气始于万历中叶，经历多个阶段："娄江王逸季始下操月旦之评，然用以别流品，峻门户而已，未及乎植交。万历之末，武林闻之将始建立坫墠，然用以振朋侪、广声气而已，未及乎牟利；祯、启之间，风气益变，盟坛社墠，奔走号跳，苞苴竿牍与行卷交驰，除目底报与文评杂出，訛言横议遂与国运相终始。"见钱谦益：《牧斋有学集》卷四五《家塾论举业杂说》，载《续修四库全书》集部第1391册，上海：上海古籍出版社，2002年，第445—446页。

一，各家选本也风格各异、高下有别。万历四十六年（1618），二十四岁的侯岐曾首次出版时文选本，结果一炮打响，在名家林立的江南文坛独树一帜。复社领袖张溥也对他人承认："戊午行卷之出，海内推雍瞻选本。"[1]侯峒曾因进士及第，追名逐利者也趋之若鹜，使侯氏兄弟的选本在市面上广受欢迎，与马世奇等名家并列，"三吴之士非数家之选不读也"[2]。不过，大约因仕宦倥偬，难以分神他顾，侯峒曾在崇祯朝并未大量出版时文选本，只有侯岐曾长期从事这一工作。

评选时文事业的成功大大促进了侯岐曾人际网络的成长和文化声望的增加。倘若编出令人称赞的选本，不仅选者将名声大振，被选者也随之身价倍增。因此评选时文在晚明也被雅称为"月旦人物"，与东汉末年的"月旦评"相承接。据侄儿侯玄瀞所言，侯岐曾性格骄矜，很少褒奖他人，时文一旦经他评点，原作者均引以为荣。[3]评选时文有效扩张了侯岐曾的交游范围，声名随之日增。张岱称侯岐曾"以文章交满天下"[4]；钱谦益称岐曾虽未入仕，他人却都将他奉为国士[5]；陈子龙盛赞其

1　张溥:《七录斋诗文合集》卷四《叶行可令君稿序》，载《续修四库全书》集部第1387册，上海：上海古籍出版社，2002年，第344页。
2　侯玄瀞:《侯忠节公年谱》卷一，第8页。
3　汪永安:《紫隄小志》卷二，第54页。
4　张岱:《石匮书后集》卷三四，载《台湾文献史料丛刊》第五辑第100册，台北：大通书局，1987年，第288页。
5　钱谦益:《牧斋初学集》卷五二《给事侯君墓志铭》，第1320页。

"领袖艺林，东吴之士莫不愿一登其门，以为荣幸"[1]。同辈友朋与后世史家，也都不约而同地将时文评选视为侯岐曾一生最大的成就[2]，可见侯岐曾的名气确实主要源于选文事业。侯岐曾本人对此也相当自信，乃至不惜与兄长发生争执。《紫隄小志》就记载了这样一个故事：休宁生员汪之祯寓居紫隄村，一次持自作时文向侯峒曾请教，峒曾正好不在，岐曾遂把阅其文。等兄长回家后，侯岐曾便毫不客气地表示，汪之祯的时文倘若拿去应付生员岁考，肯定会被黜落。侯峒曾便取过一阅，不料意见与岐曾完全相反："此当代元音也。诸子碌碌，能开花耳，若求结实，舍此其谁？弟奈何慁之？"[3]岐曾仍不以为然。不料汪之祯后来果然被院试录取。

时文虽为应举所作，但雕琢时文绝非只用于在科考中揣摩上意、投机取巧。明人亦认为时文写作既是代圣人立言，理应有"明道"之责。时文与诗词歌赋、经学辞章之间并无割裂，遂成为文学与经学思想的载体。至明清之际，文坛各家普遍借评选时文，传达自身对厘正文体的期待。他们竞相援引子书等边缘文本，彼此争鸣不断，使时文这一士人共享的知识领域变

1　陈子龙：《寿侯太夫人七十序》，《陈子龙全集》，第1139页。
2　如黄淳耀称："夫雍瞻之人与文，其雄于坛坫而重于鼎吕者垂二十年。"见黄淳耀：《陶庵全集》卷二《两徐子合稿序》，载《景印文渊阁四库全书》集部第1297册，台北：商务印书馆，1986年，第50页。
3　汪永安：《紫隄小志》卷二，第58页。

得底色驳杂。[1]那么，侯岐曾的时文思想，在明清之际的思想世界中应该如何定位呢？

侯岐曾亲自撰写的时文与主编的选本全帙，目前尚未发现，或已佚失，他的时文思想只能从几篇选本序言中略窥一二。从有限的信息来看，侯岐曾的时文理念与明末文坛名流的一般性认识多有榫合之处。例如，他将时文创作的意义推衍到极致，声称"文章中精深窅眇之致，未有过于举业者"[2]。时文若能不同流俗、别开生面，足以起文风八代之衰，时文选本的编纂亦关乎文运中兴。朝廷以文选人，所崇尚的文风自当中正平和，而不可流于偏激谲诡。否则所用官员势必把"笔墨狂波，传为兵刑烈焰"[3]，于政事大有危害。

从思想源流上看，侯岐曾的时文思想应可追溯到明中叶归有光开创的"嘉定学派"，即质朴好古、不尚雕饰，将古文思想融入时文写作之中。[4]他对归有光推崇备至，认为"黜陆从朱，得统之正，无逾震川光生"，又主张"行古文之气于会文

1　参见马子木：《道艺之间：知识史视域下晚明清初时文研究的再思考》，《清史研究》2023 年第 4 期。

2　侯岐曾：《侯文节集》不分卷《自选房藏二函序》，无页码。

3　侯岐曾：《侯文节集》不分卷《序乙丑房稿律》，无页码。

4　参见孙之梅：《嘉定学派与明清学风文风转变》，《汉语言文学研究》2011 年第 1 期；陈宝良：《清代嘉定学派考论——以嘉定区域文化为视角》，《西部史学》第 1 辑，重庆：西南师范大学出版社，2017 年，第 133 页。

之"[1]，与归说也一脉相承。不过，侯岐曾并不主张为文一味循从古人。相反，在明末文坛的"复古"与"性灵"之争中，他似乎更多地偏向后者。他认为人天生拥有"性灵"，断不能因参加科举而舍弃。[2]古文值得学习之处，恰在于作者能够发挥"性灵"，彼此争奇斗艳，互不模仿。当代士子肆意抄袭古文，名为好古，其实不过是趋附俗流，毫无创意。[3]侯岐曾在给亲朋所编选本撰写的序言中，虽不乏文人间程式化的吹捧之辞，但某些篇章的确符合他"不惯作俗下语"的自我期许[4]，谈出了一些个性。在评论兄长峒曾与好友顾咸正的选本时，他除了例行称颂，还透露了许多双方交往的生活细节，着重感叹了兄弟之谊、朋友之义，堪称情真意切，非一般应酬文字可比。[5]

侯岐曾在文坛之争中持有的中平立场也值得一提。明末文坛名家林立，各执一说，温和的学术争鸣时而演变为激烈的意气之争。崇祯年间著名的陈子龙与艾南英的争论，最后甚至转变为肢体冲突。侯岐曾对此并不赞成，力主折衷之论，认为作

1　侯岐曾：《侯文节集》不分卷《癸酉行卷图览选自序》，无页码。
2　侯岐曾：《侯文节集》不分卷《自选房藏二函序》，无页码。
3　侯岐曾：《侯文节集》不分卷《癸酉行卷图览选自序》，无页码。
4　侯岐曾：《侯文节集》不分卷《杨维斗、项仲昭甲子程墨选序》，无页码。
5　侯岐曾：《侯文节集》不分卷《题家伯氏举业汇选》《序顾端木制义》，无页码。

文不必分门别派、彼此相斗，有心效法在北宋新旧党争之间保
持中立的苏轼。[1]他也确实身体力行，调解了苏州、松江与太
仓文坛之间的一些冲突。[2]侯岐曾虽不愿过分以折衷自榜，以
免招来讥诮，但倘若受朋友所激，也会不禁吐露心声，一倾积
郁。[3]兼由岐曾对"性灵"的反复强调，能够看出他在"和平
调剂"的姿态下[4]，依旧保有自己的骄傲和锋芒。

　　时文评选往往离不开文社组织的推动与商业力量的赞助，
文社所编的时文选本称为"社稿"，编成后通过商业渠道广为
销售，形成文社的财政基础。[5]目前还难以确认侯岐曾是否主
编过社稿，张溥主持编纂的复社大型社稿《国表》的编者名单
里也没有他的名字。但侯岐曾的确是复社成员，也参与了复社
的一系列活动，例如于崇祯十一年在旨在驱逐"阉党余孽"阮

1　侯岐曾：《侯文节集》不分卷《序张受先试牍选》《序顾端木制义》，无页码。
2　陆元辅：《陆菊隐先生文集》卷十六《明故太学生侯雍瞻先生私谥弘义
　　议》，第541页。
3　侯岐曾：《侯文节集》不分卷《序杨维斗小题选》，无页码。
4　汪永安：《紫隄小志》卷二，第54页。
5　参见钱杭、承载：《十七世纪江南社会生活》第一章《江南的文人社团》，
　　杭州：浙江人民出版社，1996年；杨念群《何处是江南？——清朝正统
　　观的确立与士林精神世界的变异》第三章《"涉世利生"之下的士风转
　　型》，北京：生活·读书·新知三联书店，2010年；［日］小野和子著，
　　李庆、张荣湄译《明季党社考》，上海：上海古籍出版社，2013年，第
　　259—265页；郭英德《明末士子的时文选评与声名传播——以张溥等
　　〈国表〉系列书籍为中心》，《中南大学学报（社会科学版）》，2018年第
　　5期。

大铖的《留都防乱公揭》上签字。[1] 与其兄峒曾类似，侯岐曾与东林—复社人士同样交情极深，包括钱谦益、张溥、张采、杨廷枢、陈子龙、夏允彝、李雯、祁彪佳、方以智、冒辟疆、文震亨等党社巨子。据今人研究，继承东林衣钵的复社由世家子弟控制，成员的家世背景对其社交能力、成名速度与文化素质影响甚巨。东林子弟一旦入社，复社领袖便为之制造声势，包装名士形象。[2] 由此看来，侯岐曾评选时文累积的名望固然以本人学养为前提，但侯家的望族地位与东林背景也应为他从事选文奠定了良好基础。侯岐曾所编选本的出版也大多应商人之邀，虽然他总强调这是受人逼迫、情非得已，但所获收入定然不菲。

后人盛赞侯岐曾"为江左文章名教之宗者约三十余年"，但这一评价或属过誉。清初越中名士吕留良也是评选时文的高手，但在他列举的明末党社选文大家名单中，张溥、杨廷枢、陈子龙都榜上有名，侯岐曾却不在其列。[3] 这说明侯氏的影响力大概不会超过吴地。不过，侯岐曾在嘉定社会的影响力则无可置疑。表现之一是侯岐曾勤于提携后学，嘉定许多名士

1　冒广生编：《冒巢民先生年谱》，清如皋冒氏丛书本，第25页。
2　参见王恩俊：《复社成员的家世及其影响》，《史学集刊》2007年第1期。
3　吕留良：《吕晚村先生文集》卷五《东皋遗选序》，北京：中华书局，2015年，第160页。有关吕氏的时文评选，可参张天杰：《吕留良时文评选中的遗民心态与朱子学思想——以〈四书讲义〉为中心》，《苏州大学学报（哲学社会科学版）》2017年第4期。

均出其门下。与侯峒曾齐名的进士黄淳耀便热烈而不无夸张地表示："邑中少俊游雍瞻之门者，类能推阐师说，彬彬焉，或或焉，读书削行，日有闻矣。……今吾党论人与文者，固必以雍瞻为之主。"[1]崇祯十七年（1644）春，侯岐曾给黄淳耀写信，推荐青年才俊六人前来拜会[2]，这类情况在日常生活中一定相当常见。表现之二是侯岐曾受到晚明经世思潮的影响[3]，积极参与当地公共事务，"邑有利病，移书当事，痛切指承"[4]。相关经世文章应收于所著《嘤城救时急务》，惜已佚亡，仅余《保甲条议序》一篇。[5]嘉定县将乡民团练为民兵，侯岐曾还专程邀请黄淳耀等友人旁观，期间捻须长笑，不无快意[6]，似反映出他有关保甲的设想已得施行。尚无证据表明侯岐曾直接参与了崇祯十四年的嘉定折漕事件，但鉴于其长子侯玄汸被选为伏阙上疏的人员，岐曾本人不可能置身事外。此时被派来收拾危局的苏州府推官倪长圩到嘉定后，也向侯岐曾讨教如何安定人心，岐曾建议他先捐出县衙盈余的两千两白银。倪长圩照此办理，果

1　黄淳耀：《陶庵全集》卷二《两徐子合稿序》，第50页。

2　黄淳耀：《黄忠节公甲申日记》，民国十一年留余草堂刻本，第3页。

3　侯岐曾为陈子龙等人主编的《皇明经世文编》提供资料，是为一证。陈子龙：《皇明经世文编》凡例，明崇祯平露堂刻本，第14页。

4　沈葵：《紫隄村志》卷五，第144页。

5　康熙《嘉定县志》卷二十，第795页。

6　黄淳耀：《陶庵诗集》卷四《邑中团练土著侯雍瞻要余偕诸人往观因集仍贻堂即事有作》，清乾隆二十二年刻本，第10页。按：此诗"提此十万蹂匈奴"一句在四库本中被改为"提此十万横驰驱"，故引原刻本。

然赢得美名。[1]此事同时证明了侯岐曾对参与地方事务的兴趣与在当地享有的尊崇地位。

　　侯岐曾的人生经历，为了解晚明社会文化变迁提供了一个值得注意的案例。即便没有太高的功名，他凭借某些方面的个人能力，已足以在人才辈出的江南士林另辟天地，赢取较高的文化声望。这一现象的根源，是晚明江南社会结构发生变化，士绅阶层迅速崛起，在地势力不断增强，也在群体内部逐步发展出了一套新的评价体系，推动了文化精英身份的自我建构。[2]这一套评价体系可以是诗文或书画，[3]也可以是时文评选。[4]晚明时文选本作为某种"民间话语"，也常用以表达对官方选文标准的不满，不啻为另起炉灶。[5]侯岐曾便以赞赏的口吻，评价表弟杨廷枢的选本"阴夺主司之黜陟、造物之苑

1　侯玄汸:《月蝉笔露》卷下，第 30 页。

2　参见［加］卜正民著，张华译:《为权力祈祷：佛教与晚明中国士绅社会的形成》，第 316 页。

3　参见王鸿泰:《迷路的诗——明代士人的习诗情缘与人生选择》，《台湾"中研院"近代史研究所集刊》第 50 期，2005 年 12 月;万木春:《味水轩里的闲居者：万历末年嘉兴的书画世界》，杭州: 中国美术学院出版社，2008 年;［英］柯律格著，刘宇珍等译:《雅债: 文徵明的社交性艺术》，北京: 生活·读书·新知三联书店，2012 年。

4　有关时文评选与塑造个人声望的关联，参见王恩俊:《试论晚明复社成员的学术活动及学术修养——以时文写作与评选为考察中心》，《社会科学辑刊》2006 年第 5 期;马子木:《时文写作与晚明政争——以东林与宣党为中心》，《史林》2022 年第 4 期。

5　参见曾悦鸣:《明代时文选本的书籍史研究》，武汉大学硕士学位论文，2020 年，第 17 页。

枯"[1]。可见这套评价体系与官方确有扞格，也因此在入清后伴随正统思想秩序的重建而逝去。当然，功名、官职等官方评价体系的地位并未被完全取代。大概由于未获高级功名，侯岐曾在评点文章时也多少怀有紧张感和不自信[2]，甚至一度收手停选，只是后来技痒难耐，才重出江湖。在时文评选的舞台上，他的声名能够远超其他生员，除个人学养外，其家世、党社背景也应发挥了重要作用。

从侯门的贵介公子到嘉定文坛的一代宗师，侯岐曾已然走过半个世纪。倘若他在明清鼎革之前就已谢世，那么这段人生虽不无坎坷曲折，但也算充实精彩。然而，异彩纷呈的晚明时代即将在暮霭中沉入历史。当空的晚霞虽然绚烂，天际线上却早已乌云密布、雷声滚滚，王朝易代的动荡来临了。

第三节　重启人生：侯岐曾在鼎革之际的活动

一、明王朝危在旦夕

就在嘉定侯氏家业日盛之际，明王朝却在急剧败落。虽然

1　侯岐曾：《侯文节集》不分卷《杨维斗、项仲昭甲子程墨选序》，无页码。
2　侯岐曾也提醒自己，评选时文"其恣意榷杨，任情深浅，如子建之诃季绪耶"。季绪之典，指汉末刘季绪文名不彰，却对他人作品过分苛刻，因而被曹植批评。友人对侯岐曾提起此典，让他立刻面红耳赤。见侯岐曾：《侯文节集》不分卷《自选房藏二函序》，无页码。

农民战争的烈火一时没有燃至江南，秦淮河畔莺歌燕舞一如往昔[1]，但士大夫的心情也已被大厦将倾的阴云所笼罩，对自己的命运也有了不祥的预感。崇祯八年，侯峒曾受南京史部文选司主事之职。在他北上赴任的前夕，侯家亲友在吴江县八尺镇同舟饮宴。正当酒酣耳热之时，杨廷枢突然要求在场者各自谈谈殉国的理想死法。侯峒曾认为投水而死不会痛苦，也较清净。侯岐曾紧随其后，慨言斩首来得痛快，成仁取义，无须犹豫。在场的侯家子弟也各抒其志，都不似贪生惧死之辈。杨廷枢不由击节称快："愿终身无忘八尺言。"[2]众人的这番表态被在场的侯玄汸一一记下，鼎革之后，居然各验其言。

崇祯十七年三月十九日，李自成农民军攻陷北京，崇祯帝黯然自缢。噩耗传到南方，侯氏兄弟将信将疑，只是感到"终非好消息耳"[3]。五月初五，北京陷落的消息得到核实，侯峒曾大为震惊，当晚便离家前往南京，准备与群臣商议宗社大计。[4]他响应南京兵部尚书史可法的劝输号召，还随身携带白银数百两，准备一并捐助朝廷，略纾国难。此时残明各方势力正围绕

---

1 参见李孝悌：《桃花扇底送南朝——断裂的逸乐》，《新史学》第17卷第3期，2006年9月。

2 汪永安：《紫隄村小志》卷之后，第147页。

3 孔广陶：《岳雪楼书画录》卷五，清光绪十五年刻本，第33页。此语摘自该书所收侯岐曾信札。

4 侯玄瀞：《侯忠节公年谱》卷三，第6页。

继统问题明争暗斗。福王朱由崧系明神宗之孙，血缘离帝系较近，本是较合适的人选。但东林在万历年间的"国本之争"中拥护太子朱常洛，而摒斥福王朱常洵（朱由崧系其子）。这使得钱谦益、吕大器等东林官绅也对福王一系怀有敌意，于是以"立贤"为名，积极推戴离帝系较远的潞王朱常淓。侯峒曾闻知，对"立贤"之说大不以为然："国事至今日，而犹持数十年水火之论，岂人臣之礼哉？社稷不可一日无主，择贤则可，择党则不可。"[1]可见峒曾虽是亲东林的人物，但持论较为平允。倘若他及时赶到南京，未必会在"定策"之争中偏向钱、吕一方。

不料变故陡生，侯峒曾刚刚乘船经过距嘉定县城十五里的葛隆镇，就被盗匪盯上。凌晨四更许，盗匪乘夜色突然发动袭击，峒曾在仓促间投水，被家仆李宾救出，但随身银两已被洗劫一空。[2]经此劫难，他大病一场，只能回家休养，得知福王朱由崧在凤阳总督马士英武力支持下，已于五月十五日登基，改元弘光。社稷有君，侯峒曾也就打消了赶赴南京的想法。

弘光帝即位后，为收拾人心，对江南名士广为传召。[3]侯

1　侯玄瀞：《侯忠节公年谱》卷三，第 7 页。
2　侯峒曾：《侯忠节公全集》卷八《答龚智渊博士书》，第 16 页。
3　侯玄泓：《吏部夏瑗公传》，载夏完淳著，白坚笺校：《夏完淳集笺校》，上海：上海古籍出版社，2016 年，第 637 页。

峒曾也得授通政使司左通政一职,被朝廷催促就任。起初峒曾对入朝尚属积极,"自谓一息尚存,忍忘君父,力疾赴命,义无所辞"[1]。但在七月后,他的态度就逐渐改变。弘光政权尚未及时点用徐石麒等名绅,已让峒曾心中怀有疑虑。[2]朝中马士英一党与东林的争斗愈演愈烈,复国大业遥遥无期,更让他十分失望。侯峒曾明显感到南京朝廷前途黯淡,自己又对挽救时局无能为力,只得慨然而叹:"陈力就列不能者,止大厦将倾,非一木所支,吾何敢以一木自居哉?"[3]他彷徨许久,决定上疏称病,终不赴任。[4]

侯峒曾的拒不赴任并非孤立现象,侯氏亲友对弘光政权普遍态度冷淡。侯岐曾面对弘光帝征召,亦辞不赴任。[5]友人某赴京就职,岐曾还专门去信讽刺,表示:"狂飚陡浪粘天作,与君同头心胆落。"[6]南京政局的风高浪急,看来也同样让侯岐曾心中惴惴。侯岐曾的亲家夏允彝得授吏部考功司郎中,赴任前夕,女儿夏淑吉也告诫:"君相失德,东南必败。"将他劝

---

1 侯玄瀞:《侯忠节公年谱》卷三,第 7 页。
2 侯峒曾:《侯忠节公全集》卷八《答龚智渊博士书》,第 17 页。徐石麒后任吏部尚书,未几罢去。
3 侯玄瀞:《侯忠节公年谱》卷三,第 7 页。
4 侯峒曾:《侯忠节公全集》卷五《谢病第一疏》《谢病第三疏》,第 8—9 页。
5 归曾祁:《归玄恭先生年谱》,民国十四年刊本,第 8 页。
6 侯岐曾:《友人有白门之行走笔讽之》,陈济生:《天启崇祯两朝遗诗》卷六,第 602 页。

下。[1]侯氏兄弟的至交黄淳耀身为未就选的进士，不仅自己不去南京求仕，还批评其他求官者被功名所缚，进身不正。[2]岐曾之叔侯鼎旸甚至怀疑弘光帝是他人假冒，"并非朱氏"[3]。他们不愿加入南明朝廷的原因较为复杂，包括对弘光帝本人的敌视，对马士英一党迫害东林—复社人士的失望，以及对弘光政权的存续缺乏信心，而不宜将侯氏亲友一概视为弘光政权的政治反对派。[4]侯岐曾在弘光朝廷尚未覆亡的乙酉（1645）之春，便有意赴松江避难[5]，可能也出自对时局绝望的心理。他的担忧很快就化为现实。

二、侯岐曾与江南抗清运动

弘光朝廷偏安江左的局面只维持了短短一年。弘光元年春，清军大举南下，五月攻占南京，随后在芜湖擒获弘光帝，金陵王气黯然而收。清摄政王多尔衮得知平南战事异常顺利，自以为金瓯一统指日可待，遂于六月重颁剃发令，以森严的

1　苏渊：《节妇夏氏传》，康熙《嘉定县志》卷二十一，第 787 页。
2　抱阳生：《甲申朝事小纪》，北京：书目文献出版社，1987 年，第 602 页。
3　侯鼎旸：《乙酉感事》，汪永安：《紫隄小志》续二，第 107 页。
4　邓尔麟认为："侯和他圈子里的同仁支持的是江南的光复运动，而不是南明朝廷的组建。"所论恐不确。见［美］邓尔麟著，宋华丽译：《嘉定忠臣——十七世纪中国士大夫之统治与社会变迁》，第 240 页。
5　侯玄泞：《月蝉笔露》卷下，第 18 页。

口吻命令"京城内外限旬日、直隶各省地方自部文到日亦限旬日，尽令薙发"[1]。消息于闰六月传到江南，群情激奋，原本"归顺"的州县也纷纷揭竿而起，嘉定县亦在其中。[2]侯峒曾原本决意隐居不出[3]，但"剃发令"的颁布，也使他愤慨不已，决定奋力一搏。闰六月十九日，嘉定县民处死与清军暗通的民兵首领须明征，改请侯峒曾出山稳定局势，肩负起领导当地抗清武装的重任。[4]

侯岐曾此时也已投入抗清运动的大潮。早在闰六月初七日[5]，侯岐曾就已前往松江，投奔明江南副总兵吴志葵部官军，他的亲家松江名士夏允彝也在军中参谋。[6]岐曾为此变卖田产，购入粮草，为吴军提供军需。[7]十三日，吴军与苏州乡民联合，一度攻入苏州府城。夏允彝随军出征，侯岐曾暂留松江。岐曾

1 《清世祖实录》卷十七，顺治二年六月丙寅条，北京：中华书局，1986年，第151页。
2 与学界的一般认识不同，江南抗清运动其实早在"剃发令"下达前就已在多地爆发，"剃发令"仅起到催化作用。详参拙作：《"复线"的易代史：江南抗清运动研究（1645—1646）》，南开大学博士学位论文，2022年，第53—64页。
3 侯峒曾：《侯忠节公全集》卷九《与姚文初孝廉书》，第11页。
4 嘉定抗清运动之始末可参拙作：《"复线"的易代史：江南抗清运动研究（1645—1646）》，第77—93页。
5 侯峒曾：《侯忠节公全集》卷九《与雍瞻弟书》，第16页。
6 温睿临：《南疆逸史》卷三六，北京：中华书局，1959年，第254—255页。
7 陆元辅：《陆菊隐先生文集》卷十六《明故太学生侯雍瞻先生私谥弘义议》，第541页。

对前线情况一知半解，却极力劝说兄长赶赴苏州主持大局。峄曾则认为，目前战事不明，自己若贸然前去，无助于为前线增添战力，反而难以顾及嘉定本地的局势。[1]果不其然，苏州之役很快以吴军败绩告终，吴志葵率残部撤回松江。此后，侯峄曾仍不断向兄长通报吴军动向[2]，鼓动他同来投奔吴志葵，再度被峄曾拒绝。[3]峄曾数次邀请兄长前来襄助吴军，并不切合实际，但他对松江抗清局势的判断却很准确。此时吴志葵虽与南明镇南伯黄蜚合军，但已无心与清军鏖战，而是在黄浦江集结水师，按兵不动。松江府城的民间抗清武装则各自为政，四分五裂。侯峄曾对此洞若观火："暗公、卧子，似分似合。瑷公主于静守，然陈、徐部下，半是绿林乌合，转恐为地方忧，安得如武穆之用剧盗耶？一为击额，一为寒心。"[4]后来松江抗清武装在清军面前不堪一击，正中他的预料。

　　闰六月底，江南清军度过最初的慌乱，开始有条不紊地镇压各地反清势力。一时间攻守易形，嘉定战事骤然紧张。经过罗店、娄塘两役，嘉定抗清武装大败亏输，县城顿失屏障。侯

1　侯峄曾：《侯忠节公全集》卷九《又与侄沄书》，第17页。
2　侯峄曾：《侯忠节公全集》卷九《与钱不识旧令书》，第12、17页。
3　侯玄瀞：《侯忠节公年谱》卷三，第10页。
4　陆时隆：《侯文节传》，载《陈子龙全集》，第983页。陈子龙字卧子，徐孚远字暗公，夏允彝号瑷公。

峒曾焦灼不安，两度以极低的姿态向吴志葵请求援军[1]，又请夏允彝帮忙向吴志葵进言。他对岐曾表示，自己之所以不再给吴志葵寄第三封信，是希望拜托夏允彝能当面对吴氏陈说利害。但若没有岐曾在旁，效法楚国的申包胥向秦国哭求借兵复国，夏允彝的劝说恐怕很难收效。[2]一番话语重心长，不无巧思。侯岐曾没有辜负兄长的期待，他在松江始终竭力争取派往嘉定的援兵。时人称其"奔走联络""飞章乞援"[3]，俱见其用力之勤。

然而，吴志葵唯一派来的援兵只有游击将军蔡乔率领的三百余人，而且"皆癃弱不振，又强半皆市人子，不习战阵"[4]，次日便溃败散去。侯峒曾又向驻于崇明的下江监军道荆本彻与驻于松江的青村参将王原吉致信求援，荆、王满口应允，兵马却始终不至。[5]七月初二日，清军大举攻城，侯峒曾又派子弟向上海县哭求援兵。上海抗清领袖潘复借口下雨，军队开拔不

1 侯峒曾：《侯忠节公全集》卷九《与吴圣阶总戎书》，第14页。

1 侯峒曾：《侯忠节公全集》卷九《与吴圣阶总戎书》，第14页。
2 侯峒曾：《侯忠节公全集》卷九《与弟书》，第18页。
3 归庄：《归庄集》卷八《祭通政使侯公及其弟太学君文》，北京：中华书局，1962年，第467—468页；陆元辅：《陆菊隐先生文集》卷十六《明故太学生侯雍瞻先生私谥弘义议》，第541页。
4 朱子素：《嘉定县乙酉纪事》，载《台湾文献史料丛刊》第六辑第110册，台北：大通书局，1987年，第41页。
5 侯峒曾：《侯忠节公全集》卷九《与侄沄书》，第17页；同书卷十《答王参戎原吉书》，第2页。

便，拒绝发兵。[1]从此，城小如斗的嘉定只能凭借自己的力量与清兵周旋了。围城战持续到七月四日，天降大雨，使城东一隅忽然崩陷数尺[2]，清兵乘势而入，嘉定遂告陷落。侯峒曾在自家后池与二子玄演、玄洁相抱投水，被清军钩出处死。此时侯岐曾仍在吴志葵军中，闻变顿如五雷轰顶，立即昏仆在地，不省人事。[3]苏醒后，他赶回嘉定与幸存的家人会合，一并至松江躲藏数月，可能直到将近新年才返回嘉定乡下。

顺治三年（丙戌）正月初一，此时的侯岐曾已重新在家安顿下来。尽管此时更南方的抗清运动方兴未艾，浙东、赣南烽烟阵阵，但在大规模武装反抗已被基本荡平的江南，民众通过奉顺治正朔的形式确已进入了"清朝时间"[4]。易代的喧嚣在乙酉年夏季的江南骤然爆发，又迅速归于沉寂，仿佛一切全未发生，可侯岐曾眼中的世界已经全然不同。当他在书桌前回想起过去半年的天翻地覆，大概仍有些难以置信。尽管对弘光政权的国祚不永有所预感，但他应该不可能想到"改朝换代"这个原本只存于脑海中的概念，会真的意味着自己家破人亡，人生

1　莫秉清：《傍秋庵文集》卷四《上海乱略》，民国二十年铅印本，第36页。
2　侯玄瀞：《侯忠节公年谱》卷三，第14页。
3　侯岐曾：《追哭亡兄银台广成公殉节诗》序，陈济生：《天启崇祯两朝遗诗》卷六，第607页。
4　有关对明清易代之际"王朝时间"的探讨，参见［美］司徒琳主编，赵世瑜等译：《世界时间与东亚时间中的明清变迁》，北京：生活·读书·新知三联书店，2009年。

陡然转折；也不可能想到闰六月初七日离家奔赴泖上，会是与互为手足的兄长侯峒曾的诀别。[1]与峒曾不同，侯岐曾从未有写日记的习惯[2]，可这半年经历的事情太多，留下的印象又锥心刺骨，让他突然涌现出一种前所未有的责任感。于是，他以略显恍惚的笔法写下了这部日记的第一段话，意味着他五十四岁的人生将翻开新的一页：

> 乙酉以前，予止有出书稿，诗文、杂撰，附入其中。乙酉以后，家遭覆荡，身陷□□。其间岁时阅历，都非耳目恒遘，为宜札记，以备后人稽考。且前此世务倥偬，日不暇给，今则坐卧斗室，翻幸流光多暇，犹得与笔墨作侣也。日记断自丙戌为始，称"丙戌"者，亦犹义熙以后，止纪甲子云耳。所闻闽浙义师齐奋，隆武恩诏初颁，而干戈阻绝，遥遥未可为据也。执笔为新天子纪年，敬俟南都克复之后。[3]

1　嘉定抗清之战并不是一场从开始就无望胜利的抵抗。即便到了围城战的末期，侯玄瀞对战事的结局仍然抱有侥幸心理，他对当时心情的描述颇为细腻："是时虽心知其危，而终以为天若祚宋，必无是事。犹且日夕引领，愿闻履肠喋血之事，以冀成功。天雨城倾之变，瀞亦万万虑不到此也。"侯玄瀞：《侯忠节公年谱》卷三，第15页。
2　据侯玄瀞记载，侯峒曾"自戊午（1618）以后尝作日纪，并一切书尺草稿，岁不下十余帙，及罹兵燹，手迹荡然无存"。侯玄瀞：《侯忠节公年谱》卷三，第18页。
3　侯岐曾：《侯岐曾日记》自序，第483页。此处及后文多处引用《日记》标注的是《明清上海稀见文献五种》的页码。

在侯岐曾看来，光复明朝如果不说是毫无希望，也是相当遥远的事情。至少在此之前，"奉母保孤"是侯岐曾自认为最重要的使命。为此，他放下了由悲愤激发的从死之念[1]，也放下了多年秉持的骄傲与自尊，而与追索侯氏家产的清廷官吏曲意周旋。甚至暂时放下了复仇心理，拒绝参与任何形式的复明活动，而是一心蛰伏，决定带领侯家度过这段最艰难的岁月。因为他清楚，这个曾有着烈火烹油、鲜花着锦之盛的家庭行将破碎。兄长已去，现在唯有自己能在风雨飘摇中守护这个家了。可侯岐曾同样没有料到，时局仍然容不下一张平静的书桌。尽管在"如山重祸"之下，他为家族的存续已竭尽全力，小心翼翼地规避一切危险，就像在漆黑的深海里敛鳍而行，但最后仍然冷不防被海流卷入末日的漩涡。从历史学的角度观察，清初侯氏家族的结局是烜赫一时的江南士绅阶层遭新兴政权打击的一个缩影，在多种因素的作用下或属必然。但若从个人的角度看，它更像是明清之际士大夫常常感叹的宿命。无论如何，在这表面风平浪静、实则暗涛汹涌的一年半里有着太多的挣扎与血泪。尽管侯氏是明清易代历史转折中的失败者与牺牲品，但他们的经历与感触不应被遗忘。因为在一个或许过分崇尚物质"成功"的时代，我们正需要倾听来自失败者的声音。

《侯岐曾日记》的故事开始了。

1　侯岐曾：《追哭亡兄银台广成公殉节诗》序，陈济生：《天启崇祯两朝遗诗》卷六，第 607 页。

第二章　覆巢遗卵思安枕：侯岐曾的生活世界

　　顺治三年的元旦对侯岐曾是一个极不平凡的新年，去年易代之变的地覆天翻将他的人生悉数改写。自此而后，他不仅要替兄长承担起维持家族存续的责任，还要独自面对一个陌生的世界：战火浩劫之后的江南满目疮痍，昔日的家园豺虎横行，曾让他如鱼得水的社会环境变得危机四伏，赖以为助的亲朋好友却大多凋零。他面对的还有一段已然断裂的人生，经营半生的选文事业也不能继续。国破家亡的侯岐曾沉浸于深深哀痛之中，对此既忧虑又茫然。但即便发生了这样的惊天波折，生活依旧要继续，何况生活的断裂与连续可能并存。

第一节　愁亭恨水：侯岐曾的生活感知

　　生活感知是人对自身生活状态的认知，"也就是他们如何阐明这个世界，赋予意义，而且注入感情"[1]。如果说以衣食住行为核心的生活方式是日常生活史研究的骨架与血肉，生活感知就是其灵魂。[2]倘若研究者仅仅罗列古今中外各色人等生活方式的细节，而不注意人物自身对这些内容的感知与体会，自然难以站在历史主体的立场上思考问题，更不用说进入他们真实的生活逻辑。把握侯岐曾的生活感知，就是走入他在明清之际生活世界的一把钥匙。

一、创伤意识

鼎革战争在江南虽只持续了三个多月，却像一场突如其来的风暴，所过之处横加摧折，给当事者留下了永久的身心创伤。尽管许多江南士人对明末国势满怀忧虑，但毕竟生于太平，长于安乐，对改朝换代的突然降临充满错愕。时人姚廷遴便感叹道："世有繁华靡丽，顷刻而化为冰消瓦解；风波万丈，转瞬而形影皆无。"[3]曾羽王在少年时与外曾祖父谈及嘉靖倭乱，

1　［美］罗伯特·达恩顿著，吕健忠译：《屠猫狂欢——法国文化史钩沉》，北京：商务印书馆，2017年，第7页。
2　余新忠认为，日常生活史研究"致力于展现具体情境中的人的经验、行为、体验以及认知等，即把人自身的感知，而非物质或制度放在历史的中心位置"。见余新忠：《回到人间，聚焦健康——新世纪中国医疗史研究刍议》，《历史教学》2012年第11期。
3　姚廷遴：《历年纪》，载《清代日记汇抄》，上海：上海人民出版社，1982年，第70页。

居然视为奇谈异事，闻之辄喜，乐观地认为此生再不会遇到兵荒马乱[1]，结果当然大出意料。

侯岐曾一家自然也不例外。但与姚廷遴等人不同，他们的震惊、感怀等情绪被更为浓重的悲伤感所主导。这种悲伤在传统语境中一般被概括为"黍离之悲"，但更直接的源头是战争中遭受的创痛。抗清运动使侯氏家破人亡，使创伤从此形影相随。创伤或能随着时间流逝而淡化，但仍会因特定事件和时间节点而被触发，引起情绪的剧烈波动。这种被创伤困扰的精神状态，可称为"创伤意识"[2]，本质是人对生活状态改变的应激反应。

创伤意识的表现之一是对世界与人生的整体认知发生骤变。在侯岐曾眼中，世界在易代之变前后就完全是两个模样，之前是太平年景，此后是离乱时光。他在给女婿顾天遂写的信中，就称自己正处于"乱离悲痛之余"[3]，在给学生苏渊的信中也提到自家所遭"重灾叠祸"远非别家乱离可比。[4]"乱离"一

1　曾羽王：《乙酉笔记》，载《清代日记汇抄》，第7页。
2　美国学者司徒琳试图将清初士人的创伤意识纳于"创伤后应激障碍"（PTSD）的概念中探讨，将其称为"儒者的创伤"（Confucian PTSD）。PTSD本身是现代西方遭受数次大规模战争后才出现的概念，不乏社会文化因素建构的成分，或难比附至明清之际，但前近代人群的"创伤意识"仍有待关注。详见［美］司徒琳：《儒者的创伤——〈余生录〉的阅读》，载王成勉：《气节与变节：明末清初士人的处境与抉择》。
3　侯岐曾：《侯岐曾日记》丙戌四月初三，第516页。
4　侯岐曾：《侯岐曾日记》丙戌二月廿三，第501页。

词的内涵相当丰富，包括"天崩地坼"般的变乱、与亲友的生离死别以及昔日美好事物的失落。所有这些都让侯岐曾难以承受，"痛"随之成为生活中的高频词汇。[1]他还常用"愁亭恨水"一词形容眼前的世界："只今三春物色，何非怨鸟啼花；每念百里吴门，都是愁亭恨水。"[2]这一描述恰说明，易代之后景物的客观变化未必很大，但由于情绪受到了强烈刺激，使眼中的景象遭到了彻底的扭曲与改变。一个故事颇能说明他对人生的理解：丙戌年五月廿五，侯岐曾的乳母来访。她已是八十一岁高龄，病惫交加。侯岐曾明知今后与乳母再难相见，但见面时居然"意思都觉淡然"，只送了她一件衣服便匆匆送客。他在反思时，不由将自己与深情悼念乳母的苏轼做了对比，最后得出结论：自己与苏轼的孺慕之情其实并无厚薄之分。不同之处在于，苏轼虽被贬谪，但仍处太平时节，于俗世礼节自可从容应对；自己虽居故乡，但身处乱世，迭经离丧，情绪已经麻木，所以才显得冷淡。可见，"乱离"的确是侯岐曾对目前生活状态的基本理解，被视为身心创伤的源头。

对"太平"与"乱离"的认识其实意味着对两种生活状态

1　这类表达包括"痛念"（第 491 页）、"痛哭"（第 500 页）"、"生离之痛"（第 500 页）、"如剑之痛"（第 509 页）、"悲痛"（第 516 页）、"死生大痛"（第 529 页）、"痛愤"（第 554 页）、"断手之痛"（第 558 页）等。
2　侯岐曾：《侯岐曾日记》丙戌二月廿二，第 499 页。

的感知，它们各有特征，不容混淆。深受创伤的侯岐曾对此极为敏感，时常从各种生活细节中体察自己所处的生活状态。倘若只应在太平年景方有的事物在此时出现，哪怕只是一段歌声或一顿餐食，就容易让他产生时光倒错的幻觉。丙戌年二月廿一，侯岐曾的亲家姚宗典来访，门生陆元辅也在家中做客，几人夜饮长谈。临睡前，姚宗典忽然命家僮相于唱起歌来。侯岐曾心头一动，感到"乱离后久不闻此声矣"[1]，怅然若失。四月二十六日，侯岐曾的母亲龚氏携嫂子李氏来访，岐曾幼子玄泓夫妇张罗着准备了一顿晚餐。面对家人齐聚、菜肴丰盛的场景，侯岐曾也不禁感叹"渐有太平之观"[2]。次年三月廿九日，家人团聚聊天，岐曾"为宰一鸡，设一面，如将以此贺太平者"[3]，这种感觉的确耐人寻味。

节日民俗往往更能在这方面挑动他的情绪。丙戌岁末，侯岐曾忙于接受亲友的各色贺礼，又不免有感而发，认为这本该是太平时节才能享受的待遇。[4]次年正月初八，侯家老少俱赴惠宁庄，参加庆祝新年的酒席，岐曾对此的评价则是"居然太平风气"[5]。"犹""居然"等词的使用，颇能反映他的时空倒错感。

1　侯岐曾：《侯岐曾日记》丙戌二月廿一，第497—498页。
2　侯岐曾：《侯岐曾日记》丙戌四月廿六，第525页。
3　侯岐曾：《侯岐曾日记》丁亥三月廿九，第629页。
4　侯岐曾：《侯岐曾日记》丙戌十二月廿六，第607页。
5　侯岐曾：《侯岐曾日记》丁亥正月初八，第609页。

不过，侯岐曾有时也享受倒错感带来的幻觉，因为这可以让他重新忆起昔日时光，暂时抚平内心伤痕。丙戌五月初十深夜，侯岐曾、玄泓父子与好友陆元辅、陈学洙在一条小舟上摆下酒菜[1]，尽情享受这段难得的平静时光。侯岐曾遂慨叹道："离乱以来，少此清缘也。"[2]似有恋恋不舍之意。八月十四日，他与老友顾咸正在战乱后首度重逢，侯岐曾悲喜交集，对"幻境"的体会更强烈了："此真幻生中尤幻之境。就幻境中有此团聚，莫谓此缘易得也。"[3]二人相聚后大醉一场，岐曾自感离乱以来从未有此沾醉。吴江诗人叶绍袁正在杭州山区逃禅[4]，心情与侯岐曾颇为相似。某次他在廊庑间无聊漫步，偶然见到一篇诗词残卷，顿感"太平时序，儿女柔情，不觉销凝久之"[5]。又一日外出，眼见荷花盛开，红妆绰约，艳香袭人，亦叹道："不意离乱日有此佳境，别有天地，非人间也。"[6]可见，在"离乱"之时，对有关"太平"的生活细节与文化意象的

---

1 陈学洙，字左原，长洲人，擅长诗歌古文，在文社中颇有声名，后中康熙甲子科举人，不仕。传见乾隆《长洲县志》卷二五，乾隆十八年刻本，第22页。

2 侯岐曾：《侯岐曾日记》丙戌五月初十，第529页。

3 侯岐曾：《侯岐曾日记》丙戌八月十四，第573页。

4 有关明清之际逃禅问题与叶绍袁的研究，参见夏金华：《明末封建士大夫逃禅原因初探》，《学术月刊》1998年第2期；蔡静平：《明清之际汾湖叶氏文学世家研究》，复旦大学博士学位论文，2003年。

5 叶绍袁：《甲行日注》卷一，长沙：岳麓书社，2016年，第9页。

6 叶绍袁：《甲行日注》卷六，第97—98页。句读为笔者调整。

敏锐感知，并产生时空倒错等情绪，应是明遗民的一种群体心理。

也正因为两种生活状态不容混淆，侯岐曾又严格将当下定义为"乱离"之时，所以倘若这一定义不被他人认可，他的反应便异常激烈。例如，嘉定城破之后，为避免张扬招忌，侯岐曾有意识地将社交圈大幅收缩，认为对知交好友来说，彼此唯有断绝往来才算真往来。但似乎有人不以为然，并将侯岐曾的不得已之举视为有意怠慢。侯岐曾在给复社领袖张采的信中谈及此事，言辞中不觉怒形于色："比来尚有以太平物色施及寒庐者，弟几欲挥刀相向，宁可作一场人命耳。"[1]

创伤意识也会因特定事件或时间节点触发情绪的剧烈波动。例如，祭祀作为追思亡亲的行为，最易触发感伤。丙戌五月初九，即夏至日，侯家在嘉定城破后首次举行大祭。[2]侯岐曾想起早已去世的仲兄岷曾、次子玄洵、儿媳杜氏与妻子张氏，还有新近殉难的伯兄峒曾与两个侄儿玄演、玄洁。再想到旧人早逝尚且追思不已，新人骤亡更是举哀不及，不由将二十

1　侯岐曾：《侯岐曾日记》丙戌十月初三，第585页。
2　侯氏在城居时，定于清明、中元、除夕三次祭祀，祭祀对象为侯尧封以来的三代祖先。其余时间只祭侯震旸、岷曾父子，至于峒曾一辈的夭亡者，只在浮厝处祭祀。嘉定城破以后，祀典几废，只祭新殉难的侯峒曾与玄演、玄洁父子三人。新年以后，由于将城内的历代先祖神主与浮厝均迁往乡下，为这次夏至日的合并祭祀创造了条件。侯岐曾：《侯岐曾日记》丙戌五月初九，第529页。

余年的丧亡之悲付之一恸。祭奠结束后，他伏枕痛哭，几不能
起。在礼佛过程中对神灵敞开心扉，也容易勾起感伤，导致心
防突然溃决。丙戌三月十一日，侯家四代齐聚，斋戒礼佛，不
料岐曾之母龚氏突然悲痛不已，只是草草一揖，不能成礼。此
外，分家析产也让侯岐曾被勾起创痛，感伤不已。明清时期虽
因父母过世、家内收入不均等因素，兄弟分家势成必然，但大家
庭始终被官方舆论鼓励[1]，兄弟同财也被视为家庭团结、兄友弟恭
的象征而受推崇。侯家在侯震旸去世后，峒曾、岐曾兄弟仍未
分家，同居共财。兄弟二人在财产分配上颇费心思，地租到手，
先放在秤的中央，再往左右两边分授，务求均等。[2]可见他们
对维系大家庭的存续相当在意，亲友也纷纷以此歌颂其兄弟之
谊。[3]但在鼎革之后，侯岐曾不得不考虑分家析产，以避免被清
廷籍没家产、征收重赋。丙戌九月初五，在龚氏的见证下，侯
岐曾挂起侯峒曾的画像，迈出了分家的第一步。他想到偌大家
产系祖宗栉风沐雨得来，却不得不因家破人亡而遭分割；又想
到自己与兄长亲如手足，双方对侄儿也视若亲子[4]，可这样亲密

1　余新忠：《中国家庭史（第四卷·明清时期）》，广州：广东人民出版社；
　　北京：人民出版社，2013 年，第 42—43 页。
2　侯玄汸：《月蝉笔露》卷下，第 14 页。
3　夏允彝：《家传》，载《侯忠节公全集》卷首，第 5 页。
4　侯岐曾对此的形容是"儿无恒父"，夏允彝也赞扬侯峒曾"待侄与子，未
　　知其孰为子也"。见夏允彝：《家传》，载《侯忠节公全集》卷首，第 5 页。

无间的家庭即将在他手上分崩离析，因此"至今不忍言分，又不忍不言分，此所谓催肝欲绝也"[1]。一度情绪失控，放声痛哭。

至于触发创痛的时间节点，可分为私人性与公共性两类。前者仅对特定的个人与群体有意义[2]，例如七月初四日是嘉定陷落、峒曾父子殉国之日，从此在侯岐曾眼中便有特殊的意义："此生苟全，每逢此日，其为断肠，岂直寻常断手之痛乎！"[3]随后不免一番哭奠。人们通常在生日回顾一生，也易思旧伤情。丙戌正月廿八是侯岐曾的生日，但他没有丝毫喜悦，而是痛感自己兄妹七人，去年尚存其三，战乱之后仅剩自己孑然一身。他进而思考起余生的意义："于吾君则为残黎，于吾亲则为遗种，敢不勉留仰事俯育之身，冀睹少康、光武之事。"[4]明朝的复兴，成为他在余生的期盼。

公共性的时间节点以岁时节日为主。中国传统岁时节日在早期尚有较突出的祭祀功能，但在明代后期其巫术神秘色彩已被削弱，娱乐性则在加强。[5]岁时节日是娱乐的主要时机，各

1　侯岐曾：《侯岐曾日记》丙戌九月初五，第 579 页。
2　"将某一特别之日固定为具有特殊意义的时间框架，是遗民们寄寓幽怀的通常思维方式与行为特征。"见孔定芳：《清初遗民社会——满汉异质文化整合视野下的历史考察》，第 32 页。
3　侯岐曾：《侯岐曾日记》丙戌七月初四，第 558 页。
4　侯岐曾：《侯岐曾日记》丙戌正月廿八，第 491 页。
5　常建华：《明代方志所见岁时节日中的女性活动》，载氏著：《观念、史料与视野——中国社会史研究再探》，北京：北京大学出版社，2013 年，第 256 页。

种游艺活动在节日也最为盛行。[1]对侯岐曾而言,节日的性质
发生了重大变化,其娱乐与庆祝功能有所减弱,更多地被转化
为追忆过往的时间节点。节日大多是喧闹喜庆的场合,昔年的
繁盛与今日的寂寥往往形成强烈对比,内心便也格外痛楚。在
顺治三年的元宵节,嘉定县城已基本恢复秩序,幼子玄泓向岐
曾告知,官府又重新贴出"金吾不禁"的告示[2],城中"黄巾白
马,火树星桥,风光可以想见也"。侯岐曾却忆起去年此时兄
长正在张灯迎客的欢乐情形,心情颇为低落。两天后,当地百
姓又舞起龙灯,岐曾也提不起观赏的兴致。本年五月初三,侯
岐曾突然想起临近端午,去年此时自己正与侄儿侯玄演坐禅静
修,而今岁节日依旧,斯人已逝,不由叹息过往不堪回首。在
其他明遗民的诗词中,节日性质的转变更为明显。作者通常对
国变前的节日景象极尽铺陈,随后宕开一笔,着重刻画自己
在今年岁时的凄凉心境,至于今年过节的具体方式却被一笔带
过。[3]在他们笔下,节日原本的性质与功能被有意识地抽离和

1　冯尔康、常建华:《清人社会生活》,天津:天津人民出版社,1990 年,第
　　262 页。

2　"金吾不禁"指官府在元宵期间暂时放开夜禁,百姓可以相对自由地出
　　游观灯,使元宵节具有类似"狂欢"的性质。参见陈熙远:《中国夜未
　　眠——明清时期的元宵、夜禁与狂欢》,载蒲慕州主编:《台湾学者中国史
　　研究论丛·生活与文化》,北京:中国大百科全书出版社,2005 年。

3　如陈子龙《上元行》"条风香雾启皇州,宝炬星桥直御沟。霞敛纤阿升碧海,
　　云开珠斗挂琼楼。……自谓千秋豪贵擅,谁知倏忽山河变"(陈子龙:《陈子
　　龙全集》,第 383—384 页);夏完淳《端午赋》"当江南之芳景,(转下页)

隐没，从而变为一个没有实际内容的时间节点，仅服务于唤醒记忆、勾起伤痛的需要。有时整篇诗歌都在抒发感怀，毫不涉及节日的具体内容。不过，从《日记》来看，遗民在日常生活中并非完全不过节日，日常生活的实态与文本表述之间的差距恰说明了受创者的幽微心事。

士人对创伤有多种应对方式。其中一种是为自己遭受的灾祸寻求合理的解释，避免认为自己是无常的牺牲品[1]，"我生不辰"的命定论即是清初士人中极流行的解释模式。明季江南据说长期流传一首童谣："帝出三江口，干戈起练川。姑苏城上望，血泪染昆山。"侯岐曾与玄泓、玄瀞两兄弟在变乱后居然不约而同地忆起此谣，认为正应了明清鼎革之谶。"帝出三江口"指弘光帝朱由崧出逃被俘，"干戈起练川"即战事在嘉定爆发，"血泪染昆山"指昆山县遭遇屠城之祸。玄泓时隔多年后仍对家国惨变感到难以置信："幼闻干戈起练川，又云血泪染昆山，知非吉谶矣。不意吾家乃与斯祸。"[2]玄瀞的表达则明显是为创伤寻求解释："练川者，嘉定也，后嘉定一日昆山被

（接上页）极榜汰之水嬉。彩鹢雷动，锦帆云齐。……屯兵革之闵酷，遘乡
　　关之乱难。愁中风俗，梦里岁时"（《夏完淳集笺校》，第 53—54 页）。
1　人对自身遭受的重大疾病的反应与之类似。参见［美］凯博文著，方筱
　　丽译：《疾痛的故事：苦难、治愈与人的境况》，上海：上海译文出版社，
　　2010 年，第 302 页。
2　侯玄泓《月蝉笔露》卷下，第 28 页。

屠，而我府君之事实应其谶，岂非天哉！岂非天哉！"[1]侯岐曾
也对友人叹道："惟事起义始自敝邑，实应三百年来干戈起练
川之谶。"[2]另一些士人热衷于从超自然事件中寻找苦难的根源，
大概也源于同样的心理。[3]

另一种方式是努力在现有的社会价值体系中为创痛找到意
义。侯岐曾在分家析产当天就经历了一番剧烈的情绪波动。他
为家难痛哭之后，又拭去眼泪，辗然一笑。他想到如今甘心投
靠清朝的高门大户，只知求田问舍，以保家之主自居，其实祖
宗早已蒙羞于黄泉之下。对比之下，自家虽遭劫难，但忠孝两
全，无愧先人，于是略感安慰。鼎革之际投奔新朝的士人不在
少数[4]，侯家却因抗拒新朝付出惨重代价，这样巨大的心理不平
衡只能靠其他途径弥补。侯岐曾便将这两种不同的人生抉择置
入儒学忠节观中进行比较，从而求得心理补偿，为内心的创痛
带来些许慰藉。正是"想通"了这一点，他在恸哭之后方能由
泪而笑。

简言之，鼎革战争给侯岐曾一家造成巨大冲击，创伤意

1　侯玄瀞：《侯忠节公年谱》卷一，第7页。
2　侯岐曾：《侯岐曾日记》丙戌六月十八，第549页。
3　如松江士人董含记载在松江屠城之前，"鹡鸰集于谯楼，每夜闻数万鬼
　　哭，又白鸟哀鸣。至是，果罹屠城之祸"。见董含：《三冈识略》卷一，第
　　11页。
4　参见陈永明：《知其不可为之：南明坚持抗清诸臣的抉择》，载氏著：《清
　　代前期的政治认同与历史书写》，第11—12页。

识乃是他们对当前生活最基本的感知。他们会严格区分受创前后的生活状态，也可能因特定事件或时间节点激发创痛。在应对创伤方面，现代医学认为，受创者应对创伤的一个基本途径是将创伤记忆并入个人或更为宏大的叙述之中，并与自己的心智结构和价值体系结合，为创伤寻找意义。[1]侯岐曾一家的表现与之类似。侯玄瀞与侯玄汸兄弟从命定论的角度努力寻觅家国惨变的逻辑，侯岐曾则自觉让儒学忠节观收编自己的创痛体验，以获取心理慰藉。他们应对创伤的方式既体现了明清之际的时代性，又体现了士人群体的阶层性。在探讨清初士人的生活体验时，创伤意识可能是一个难以绕开的视角。[2]

二、危机心态

"乾坤变革，家国崩离"[3]，不仅使侯岐曾痛失亲友、长负创伤，还使侯家在鼎革后被进一步推向毁灭的深渊。终《日记》

1　[美] 司徒琳:《儒者的创伤——〈余生录〉的阅读》，载王成勉:《气节与变节：明末清初士人的处境与抉择》，第 188—189 页。
2　近年美国历史学家梅尔清开始关注太平天国战争时期的类似问题，对明清之际的创伤研究在国外也起步未久。参见 [美] 梅尔清著，萧琪、蔡松颖译:《躁动的亡魂：太平天国战争的暴力、失序与死亡》，新北：卫城出版，2020 年。
3　侯岐曾:《侯岐曾日记》丙戌二月廿二，第 499 页。

所载的一年半，清廷从未放弃对侯家的籍没威胁，程度日甚一日，使侯岐曾始终惴惴不安。他的危机心态与生活感知相互作用，影响着生活方式和质量。

除了外力作用，危机心态也源于侯岐曾对"奉母保孤"的责任感。"奉母"即是尽孝，这是恪守儒学信条的士大夫无可争议的行为准则，明遗民经常以此为由拒绝殉国或推辞清朝征召。"保孤"则指护养侄儿玄瀞，他是兄长峒曾仅存的一位男嗣，一脉香火不容有失。"奉母保孤"的前提是侯家继续存在，且有一定的经济基础。侯峒曾殉国后，岐曾随之成为侯震旸子女辈在世的唯一一人，唯有他能以父系家长的身份将"上谷六龙"中幸存的三人凝聚起来，并利用旧时积累的社会资源，尽力抵御这次前所未有的家族危机。倘若侯岐曾猝然而逝，大家庭必将立即解体，祸患亦将接踵而至。这种责任感也是侯岐曾对自己在易代后未曾殉国的公开解释。他曾多次对友人表示，自己在嘉定城破后"几番求死而未死"[1]，只因想到自己还要"奉母保孤"才不得不苟活于世。[2]他还会特意强调这种生存方式毫无生趣，生不如死。实际上，不同于公开表达，侯岐曾从未在日记中就生死问题拷问过自己，相反对自己的生存意义颇

1　侯岐曾：《侯岐曾日记》丙戌四月十九，第 522 页。
2　侯岐曾：《追哭亡兄银台广成公殉节诗》序，陈济生：《天启崇祯两朝遗诗》
　　卷六，第 607 页。

为认可。因为他确实深知自己肩负的家族责任，苟且偷生是唯一的选择[1]。他给密友顾咸正寄信表示："回视吾曹太息虫草间，窃愧之。然丈夫所处各有其时其地，一龙一蛇，无有常家，正未可以目前判断也。"[2]也可能因为岐曾从未入仕，理论上无须殉国，苟活的心理压力较轻。[3]相比之下，对陈子龙等曾任明朝官职、又在抗清运动中幸存的士人来说，需要背负的道德枷锁就要沉重得多。

清廷的籍没家产将从根本上动摇侯家的经济基础，无疑是侯岐曾"奉母保孤"的最大威胁。尽管因他百般努力，清廷对侯家的籍没行动屡经延迟反复，但籍没毕竟犹如悬顶之剑，让他时刻心惊胆战，这正是所谓"危机心态"的主要内容。侯岐曾将目前的生存状态定调为"苦矣悴矣，危矣艰矣"，并对友人不厌其烦地予以强调[4]，且多以"枯鱼之肆"一词形容自己正

---

1 有关明清之际"孝亲"与"忠节"之间的张力，参见赵园：《家人父子：由人伦探访明清之际士大夫的生活世界》，北京：北京大学出版社，2015年，第120—122页。

2 侯岐曾：《侯岐曾日记》丁亥四月十三，第633页。

3 明清之际的舆论定义"贰臣"的标准一般为是否曾入仕明朝，而非有无明朝功名。见陈永明：《明人与清人：明清易代之下之身份认同》，载氏著：《清代前期的政治认同与历史书写》，第76—77页。

4 相关表述包括"有祸如山，有命如丝"（致徐时勉，第495页）；"吾家积祸如山，时时恐蹈危机"（致杨廷枢，第498页）；"'忠孝'二字，吾家不敢让人；危苦千端，吾生何从相诉"（致丘民瞻，第499页）；"寒门之祸，较嚠邑倍惨"（致申绍芳，第500页）等。余不赘列。

处绝境。清廷的不断追索让他担忧破家亡身的灾祸可能随时降临，对幼子玄泓感叹"黏天波浪，未知所底"，再想到夏允彝"一步紧一步"之语，心中如坠冰窖。[1]对友人陈俶[2]，侯岐曾表示自已做好最坏打算，"惟刻刻钉一死字于额门"[3]。

经过最初的几个月，侯岐曾似已习惯与危机相伴，恐惧情绪有所消退，对"危机""危苦""重祸"等词的提及明显减少。在他的努力下，籍没一事居然也数次闪现转机，使籍没与反籍没的较量变成了一场漫长的拉锯战。但在过程中，侯岐曾为应付籍没威胁而东遮西挡，疲于奔命，使忙碌成为生活的主旋律。他对友人表示："至如目前诛求家业，虽未即及性命，而身危者苦趣自知，亦安得更有闲心剩力以及其它。"[4]百般努力之后，倘若又有变故，则极易令他烦躁不已。例如，侯岐曾托人打通清朝江宁巡抚土国宝的关系，请求自家免于籍没，起初颇有成效，土国宝批下"免变"二字，使岐曾松了一口气。不料一个月后，局势突变，侯岐曾得知土国宝又下令追索全额租税，顿时大感焦虑，连呼："恼人！恼人！"恰逢盛夏疾疫盛

---

1 侯岐曾：《侯岐曾日记》丙戌二月初五，第 493 页。
2 陈俶，嘉定人，与当地名士黄淳耀、苏渊为举人同年，与侯氏子弟也多有往来。传见康熙《嘉定县续志》卷二，载《上海府县旧志丛书·嘉定县卷》第 2 册，上海：上海古籍出版社，2012 年，第 905 页。
3 侯岐曾：《侯岐曾日记》丙戌六月十九，第 551 页。
4 侯岐曾：《侯岐曾日记》丙戌六月十八，第 548 页。

行，家人接连病倒，他又愤愤大呼："天下事何在无魔娆耶！"[1]
次日又记"事事恼人"。岐曾对自己的心理状态也不满意，认
为自己胸中本存浩然之气，事到临头却心慌意乱，万万要不
得。但仅在十余日后，即六月初六，催租檄文又至，岐曾又不
免"烦闷欲绝"[2]。

侯岐曾的烦躁情绪从根本上源于他对当前生活状态的不
适应。他把变卖家产、行贿、退田等一切与应付籍没相关的活
动一律称为"俗事""俗务"，视作对正常生活的干扰。奴仆
向他汇报各项工作进展，则被毫不客气地评为聒噪，"竟日扰
扰"等记载在日记中不绝于书。[3]一旦预先安排的活动被"俗
务"打断，他就大为扫兴。一日，老友顾咸正带着新著来访，
侯家乡奴却频来请示。侯岐曾虽把多数事务都推给侄子玄瀞办
理，但乡奴来回四五次，毕竟让他无法集中精力与友畅谈，只
得草草小酌一番，酒兴也不高。倘若有时"俗事"不多，能容
他喘息片刻，岐曾便要郑重记下。如丙戌八月十一日记："竟
日稍得清暇，为两月来仅有。"[4]岁末年终，岐曾除了给母亲和

1　侯岐曾:《侯岐曾日记》丙戌五月十一，第 530 页。
2　侯岐曾:《侯岐曾日记》丙戌六月初六，第 544 页。
3　如丙戌七月廿一："连日为比舍让田……竟日多扰扰。"（第 564 页）丙戌十
　月十八："为发侯驯入城，杨玄入乡，扰扰竟日。"（第 591 页）丙戌十一
　月初四："竟日扰扰，弥半为斥产未了事。"（第 593 页）丙戌十一月十八:
　"粥后，与侄有析租事。管科复索在城粮银，扰扰无刻静。"（第 598 页）
4　侯岐曾:《侯岐曾日记》丙戌八月十一，第 572 页。

儿女辈发放银钱，尚无他务，又记"此天以瘁之者逸之矣"[1]，对自己的劳瘁多少有些愤愤不平。尽管侯岐曾兄弟在晚明史上并不像袁宏道、张岱、叶绍袁、文震亨、祁彪佳等人那样以风雅著称，但他们依然崇尚以"雅"为核心的士人生活情趣，并视之为自己的身份象征。[2]为了维持文人的体面，并以"清高"为名获得道德影响力，不少士大夫不愿亲自治生，甚至不屑言及，而将主持家庭经济的工作交给妻子。[3]这类情趣与姿态实以士大夫家族雄厚的经济基础为前提，但在鼎革之后，自称"祸患平生未经"的侯岐曾已无法维持优雅从容的生活方式，不得不亲自经理家业。"俗务"便引起他的强烈抵触，进而陷于焦躁。

当然，侯岐曾也在努力进行情绪管控。外部压力既然无可扭转，唯一能改变的就是自己的生活态度，而不能令心情随压

---

1 侯岐曾：《侯岐曾日记》丙戌十二月廿八，第 607 页。

2 侯峒曾在万历四十八年秋拜访乡试座师的路途中，与画师张彦同行，"遇山水会意处，必令彦图之，而自为题咏"，颇见风雅。见侯玄瀞《侯忠节公年谱》卷一，第 8 页。有关以"雅"为核心的士人生活情趣与士人身份认同之间的关系，可参［英］柯律格著，高昕丹、陈恒译：《长物：早期现代中国的物质文化与社会状况》，北京：生活·读书·新知三联书店，2015 年；巫仁恕：《品味奢华：晚明的消费社会与士大夫》，北京：中华书局，2008 年；陈宝良：《明代士大夫的精神世界》第五章《雅俗之辨及其互动》。

3 参见赵园：《家人父子：由人伦探访明清之际士大夫的生活世界》，第 29 页；［英］柯律格著，孔涛译：《蕴秀之域：中国明代园林文化》，郑州：河南大学出版社，2019 年，第 87 页。

力的变动而起伏。丁亥正月廿五，清朝户部下发公文，要求对侯家财产进行彻底清查，田土、房产、家具一应俱全。侄儿玄瀞将噩耗报知岐曾，岐曾则告诫自己必须泰然应对，"不然生路已穷，焦迫立死矣"[1]。三月，玄瀞与海上鲁王政权联系的情况暴露，侯岐曾被迫举家逃亡，后因友人相助，暂时无恙。经此大变，他更意识到人生的不确定性，"迩日但觉祸至不惊，祸去不喜"[2]。之后又得知清江南副总兵沈豹有意设局对己不利[3]，所幸在友人许自俊转圜下得以收敛。侯岐曾虽感激许氏的帮助，却也意识到主动权既不在己，唯有听天由命，心中再容不下多余的忧惧。随即对玄瀞感叹："大学问会须从此中逼出。"[4]看来经过压力与挫折的洗礼，侯岐曾的心态已平和许多。

侯岐曾管控情绪的逻辑，植根于有关"儒者"或"读书人"的自我认同。自我认同是人对自我的评价和定位，源于自我意识（self-awareness），在人的社会化过程中产生，深受文化经验的影响。[5]"儒者"、"读书人"与"士人"等概念的内涵大体相近，均侧重其接受儒学教育、认同儒家价值观的共性，

1　侯岐曾：《侯岐曾日记》丁亥正月廿五，第 613 页。

2　侯岐曾：《侯岐曾日记》丁亥三月廿七，第 628 页。

3　《日记》未载沈氏之名，核康熙《嘉定县志》卷之二，当系清江南副总兵沈豹，驻节吴淞，顺治二年九月任。

4　侯岐曾：《侯岐曾日记》丁亥五月初三，第 639 页。

5　参见庄孔韶主编：《人类学通论》，北京：中国人民大学出版社，2016 年，第 161 页。

并不强调实际的社会地位。侯岐曾作为明朝副榜贡生，既有官方赋予的士人身份，又具备相应的自我认同。这类认同在《日记》中表现得最为明显，它在"奉母保孤"的生存压力下不断强化，成为侯岐曾应对压力的手段之一。

理想中的儒者形象需要在儒家价值体系内追求自我完善，终其一生都须修身养性，以接近圣贤的境界，因此《日记》中经常出现对"学力"或"学问"的检讨。在生存压力之下，侯岐曾迫使自己相信，眼前的困难是对"学力"乃至儒者身份的考验。倘若能有效克服情绪波动，"陷贼既不受怕，遇病亦不担忧，安危祸福尽付适然"[1]，学问将更进一层，反之则是"学力未坚"的表现。[2]"学力"的提升也与生活经验的增长相关。某次侯岐曾拜托友人前往苏州府城疏通关节，不料他无功而返，还向侯家索要巨额报酬。岐曾大为惊讶，感到"此真情理以外，当是吾辈增长学力之一资"[3]。这样的做法多少有些效果。丙戌六月初六，在得知土国宝再下催租檄文之后，侯岐曾本能地烦躁不已。随后立即警醒，质疑自己"学力何在"[4]，努力稳定情绪，再给侄子玄瀞写信，谋划应对方案。

1　侯岐曾：《侯岐曾日记》丙戌九月初一，第 578 页。
2　侯岐曾：《侯岐曾日记》丁亥四月廿二，第 636 页。
3　侯岐曾：《侯岐曾日记》丙戌六月廿二，第 553 页。
4　侯岐曾：《侯岐曾日记》丙戌六月初六，第 544 页。

明清之际士大夫身经两朝，徘徊于朝堂与山野之间，其自我认同深受关注。[1]不过，这类研究多讨论其生死之际或出处之间的自我认同，对其他场景较为忽视。侯岐曾的自我认同有助于从新的角度探讨这一问题，即自我认同在日常生活中的产生机制与强化过程，以及它在缓解压力方面具备的实用性。

创伤意识和危机心态构成了侯岐曾主要的生活感知。他本人也意识到，这两者在同时发挥作用，使自己的生活体验发生了颠覆性的变化。他在给友人朱大经致信时，就请对方设身处地："以如刿之痛，重以如山之祸，而尚可俯首人间枝梧恒务乎？"[2]他在患上疟疾后，对自己心理状态的分析更为详尽："予致病有四大端：有不尽哭之哀，有不敢声之怒，有微而渐著之劳，有宿而愈壮之火。因为立一方：哀则收之，怒则柔之，劳则任之，火则刘之。题曰'四勿汤'。"[3]在这"四大端"中，

1　参见［美］魏斐德著，陈苏镇、薄小莹等译：《洪业：清朝开国史（增订版）》，第89页；孔定芳《清初明遗民的身份认同与意义寻求》，《历史档案》2006年第2期；陈永明《明人与清人：明清易代之下之身份认同》，载氏著：《清代前期的政治认同与历史书写》；赵园：《明清之际士大夫研究》第一章《易代之际士人经验反省》，北京：北京大学出版社，2014年；冯玉荣《明末清初松江士人与地方社会》第六章《消解易代：从〈同郡五君咏〉看清初士人的身份认同》等。

2　侯岐曾：《侯岐曾日记》丙戌三月十六，第509页。朱大经，字经甫，嘉定人，中万历乙卯科（1615）乡试副榜。

3　侯岐曾：《侯岐曾日记》丙戌九月十一，第580—581页。"四勿汤"之说应是侯岐曾对"四物汤"这一道传统药膳的调侃，后者由当归、川芎、白芍、熟地黄熬制而成，主要用于补血调经。

"不尽哭之哀"自属创伤意识的范畴，余下三者则是危机心态
的表现。由此看来，易代之际的政治变动对侯岐曾来说不是远
在天边的新闻，而是日常生活的最大变量，给他施加了沉重的
精神负担。在更深的层面，它也反映了清初部分士大夫对原有
地位失落与生活模式被改变的不适应。

第二节　诗心长葆：侯岐曾的消闲活动

"消闲"即消磨空闲时间之意，其用法在明代已很盛行[1]，
指旨在打发时间、放松身心的活动，与强调追求快乐与感官刺
激的"娱乐""逸乐"有所区别。随着商业化、城市化的发展，
以及王学兴起后士人思想中追求个性的部分抬头，明代江南士
大夫的消闲娱乐生活丰富多样，晚明时期还出现了由雅趋俗的
倾向。[2]侯岐曾的生活状态虽因鼎革战争遭受冲击，但消闲活
动依旧不废，仿佛旧日时光遗留的残影。

1　"虽不能得道成仙，亦可以消闲遣闷。"见冯梦龙：《醒世恒言》卷四，天
　　津：天津古籍出版社，2004 年，第 54 页。
2　可参程念祺：《明朝江南士夫的俗趣》，《史林》2002 年第 3 期；陈宝良：
　　《明代社会生活史》第十章《休闲与娱乐生活》，北京：中国社会科学出版
　　社，2004 年；钱杭、承载：《十七世纪江南社会生活》第四章《江南的艺
　　事文风》；巫仁恕：《优游坊厢——明清江南城市的休闲消费与空间变迁》
　　《品味奢华：晚明的消费社会与士大夫》；李孝悌：《明清文化史研究的一
　　些新课题》，载氏主编：《中国的城市生活》。

一、诗词之道

在各种类型的文学作品中，诗词无疑是晚明士人心目中最受重视的一类。早在他们接受童蒙教育时，为练习八股文的对仗能力，便与历代诗词名篇有所接触。尽管师长多要求他们不要沉湎于文字背后的情感或美学意境，士人在公开场合也常表示对"道德文章"的倾慕与对诗词"小道"的不屑，但这仅是一种姿态。实际上，在整个明清时期，诗歌都是高雅士人文化的标志，吟诗作赋作为士人社交活动中的常见环节，是通向上流社会的入场券，始终受到士人的高度重视。[1]读诗与写诗既是为了社交，也是具有审美性质的消闲活动，同样在侯岐曾的日常生活中频频出现。

侯岐曾所读诗篇以友人新诗为主。在一些场景中，他对友人诗歌的阅读与点评具有很强的目的性。比如在信中先以夸张的语气称赞朋友的诗篇，顺势过渡到求人帮忙的文字，一番点评大概别有所求。在另一些情况下，侯岐曾读诗、评诗主要出于个人的审美情趣，并用于转移注意力与调节心绪。例如，他

1　参见王鸿泰：《迷路的诗——明代士人的习诗情缘与人生选择》，《台湾"中研院"近代史研究所集刊》第 50 期，2005 年 12 月；［英］柯律格著，刘宇珍等译：《雅债：文徵明的社交性艺术》，第 64 页。

多次对夏完淳之诗赞不绝口。[1]丙戌五月十四日晚，侯岐曾接到夏完淳来信，得知本月初二日曹溪遭清军扫荡，夏完淳堕入水中，侥幸生还。他松了一口气，随即感叹完淳新诗甚佳。隔了几日，他仍念念不忘，嘱咐玄泓从门生陆元辅处再索来夏诗观赏。八月十六日，夏完淳再次出示近著诗文，侯岐曾又"尽日相赏"[2]。对另一位老友顾咸正，侯岐曾也称道其诗气势不凡，"私叹珠光玉价，从惊波怒沫中激荡而出，尤觉光明动人"[3]。八月廿五，顾咸正再到侯家做客，在晚宴席间出示新作《感愤诗》一百五十韵。侯岐曾读后，便在日记中热烈地评价顾诗堪比史书，志悲气壮。子侄辈的诗词也能赢得岐曾的欣赏：丙戌四月十八日，岐曾之婿龚元侃向他出示新诗，岐曾"喜其入路清真"[4]。一个月后，玄泓也拿出最近新写的数篇古文，侯岐曾不仅暗暗激赏，还提笔将其改为词的格式。另一个例子尤能说明侯岐曾在审美方面的高度敏感：丁亥二月廿一，玄泓向他出示复社元老吴翻兄弟的信件，信中录有太湖复明武装领袖吴易的多篇诗歌，大多是吴易在被清廷逮捕后所作，具有绝命诗的性质。一般而言，明季士大夫的绝命诗被本人精心布置，以

1 侯岐曾次子侯玄洵娶夏允彝之女夏淑吉为妻，夏完淳即为淑吉之弟，是与侯家关系亲密的友人之一。
2 侯岐曾：《侯岐曾日记》丙戌八月十六，第573页。
3 侯岐曾：《侯岐曾日记》丙戌六月十八，第548页。
4 侯岐曾：《侯岐曾日记》丙戌四月十八，第521页。

"表述围绕死亡的诸多情感、道德和欲望"[1]，营造自己在公众面前的英雄形象，因此议论性与说理性较强，艺术高度是次要的。但侯岐曾读罢，并未对吴易其人有任何评论，反而称赞其填词尤佳。

在这一年半的时间里，侯岐曾不仅读诗，亦写下不少诗篇。不过，除《寄示两节妇》与《追哭伯兄》外，其余诗文流传极罕。[2]从《日记》的记录看，作为消闲活动的写诗比读诗似乎更具有转移注意力与排遣心情的实际用途。丙戌十月十三日，岐曾所患的疟疾至晚骤然加剧，使他彻夜难眠。但他在病中仍完成了《追哭伯兄》八章，自称是卧病无聊，随口念出，以代呻吟，语气微带得意。十一月十八日，又作《赠顾弦斋》长诗，聊以解闷。新年之际，亲友频频拜访，彼此和诗不断，顾咸正便常与侯岐曾诗词唱酬，岐曾亦乐在其中，借以消遣，几乎忘却病魔。在烦躁不安的时候，与诗词的接触也能让他稍稍转移注意力。丁亥五月初八，在被捕的三天前，侯岐曾已有了不祥的预感，连日惴惴不安，其他的书已读不下去，只得取出自著诗文再次修订。当然，侯岐曾也渴望自己的创作成果得

---

1 张晖：《帝国的流亡：南明诗歌与战乱》，北京：中国社会科学出版社，2014 年，第 124 页。

2 《示两节妇》见汪永安：《紫隄小志》续二，第 103 页。《追哭伯兄》见陈济生：《天启崇祯两朝遗诗》卷六，第 607 页。

到他人的肯定。十二月廿九日，他写出《除夕》《元旦》二诗，随后便将顾咸正读后的赞誉记在日记里。

诗词在侯岐曾的心目中分量极重。其意义尚不在于诗词活动本身，而是审美情趣的长期保持，即所谓"诗心弈旨，幽事相关"[1]，可称为"诗词之道"。吟诗作赋既属风雅之事，也就与士大夫的身份认同相关联，象征着其优雅、从容、充满情趣的生活方式。鼎革之后，昔日创伤的隐痛、沉重的外部压力与时刻逼凶的疾病始终折磨着侯岐曾，令他感到自己"只是不有其身"[2]，原来的生命有枯萎的危险。因此，旧时的生活方式虽然大多难以维系，诗词之道却必须坚持，为饱经折磨的自己重新灌注一丝生机。丁亥新年以后，侯岐曾的身体每况愈下，越发消瘦，他唯一判断自己尚有生机的理由就是诗歌不废。友人陈傲告诫岐曾不要沉溺于诗词之道，他以半开玩笑的口吻拒绝了。[3]侯岐曾在年少时对诗歌嗤之以鼻，认为今人作诗一味追求对偶押韵，没有真情也要写情，没有实景也要写景，不免滑稽。为对抗这股风气，当他人在社交场合吟诗作对，他选择沉默不语。偶尔迫于情面，有所唱酬，事后也追悔不已。兄弟们

1　侯岐曾：《侯岐曾日记》丁亥四月初七，第 631 页。幽事即雅事。
2　侯岐曾：《侯岐曾日记》丙戌五月十五，第 537 页。
3　"若惟恐仆之溺意于篇章者，爱仆之意良厚，然得毋小不恕乎？笑笑！"侯岐曾：《侯岐曾日记》丁亥二月廿五，第 618 页。

于是调侃他："今人非能诗，而不能不诗。子非不能诗，而能不诗。"[1]岐曾后来回忆这段时光是"少不解事"，可见随着年龄渐长，他大概也不得不随波逐流，提笔写诗。而到晚年，诗词反而成为侯岐曾的精神支柱，肯定超出他的预料。这并不是他甘心向诗词的社交性俯首妥协，而是他在饱经伤痛之后重新发掘了诗词的意义。

总之，在国变家难后仍然坚持诗词之道，是侯岐曾审美趣味的体现，是他消闲生活中重要的组成部分。诗词本身蕴含的美感，诗词创作带来的成就感、情绪发泄与注意力转移，也能让他在尝试抵御创伤、压力与疾病的时候不至于全然无助。对侯岐曾来说，诗词就像是一片从记忆里飘来的云雾，他试图紧握在手，追忆流年。但云雾散去，他依然需要直面惨淡的人生，晚明时代这个已经逝去的黄昏也永远不会复返。

二、书帙相关

整理文献、阅读书籍与撰写新著等活动是侯岐曾消闲生活的另一类重要内容。

兵燹之后的嘉定文献损毁严重，侯家的私人文献更是遭

1　侯岐曾:《侯文节集》不分卷《序沈异仲南屏诗》，无页码。

到前所未有的浩劫，侯震旸、峒曾父子所留手笔几乎荡然无存。因此在侯岐曾看来，及时收集亡兄、亡侄所余诗文是当务之急，以免其全部散佚。他想尽了各种方法，或在民间悬赏残书，或拜托与峒曾父子交好的友人搜检藏书，但效果并不理想。即使偶有所得，也总是残卷断篇。一日突然有人归还侯峒曾的三十册文稿，岐曾当即喜出望外，连呼"幸甚"，企盼这是先人文稿逐次完璧归赵的开端。侯岐曾自己的著述也在整理范围之内，他自陈动机为："吾无可存，正借以存吾父兄耳。"[1] 之后又对杨廷枢重申："仆并存其所为自作，非欲自存也，正以存吾父兄也。且三四十年兴亡治乱之迹亦略在其中。"[2] 鉴于大规模整理自作诗文毕竟难脱自恋之嫌，必须得找到一个能宣诸于口的理由，侯岐曾的对外表态并不完全可信。真实的理由可能不便公之于众，例如鼎革之后回顾人生的需要，以及籍没之下朝不保夕的恐惧。

尽可能将相关文献汇集齐全只是第一步，还需要费时校对与誊录。侯岐曾随即动员子侄与友人进行分工，然后紧锣密鼓地展开工作：玄瀞为编写其父年谱，早已开始抄录、整理侯峒曾的诗文，之后又负责检理玄演、玄洁的诗文，玄沨负责将峒曾遗稿以蝇头小楷另誊善本，岐曾本人的著作由门生陆元辅与

1　侯岐曾：《侯岐曾日记》丙戌四月初一，第 514 页。
2　侯岐曾：《侯岐曾日记》丙戌五月廿五，第 537 页。

女婿龚元侃负责。峒曾父子的诗文在半个月后即丙戌五月廿七日已基本完成誊录，岐曾著述的整理工作则持续了半年以上，他的另一位女婿顾天逑（顾咸正之子）与友人陈学洙、严通甫都来相助，在校对、誊录之外亦编出目录。

侯岐曾对书籍的阅读范围颇广，有《左传》等传世史籍，也有《孤臣血笔》《牧斋初学集》等友人著述[1]，还有一些具有宗教性质的作品，如僧人莲池大师的《竹窗三笔》。[2]他对阅读新书一直有很大兴趣，某次听说南翔镇别居还存有一批夏允彝收藏的书籍，顿时心头大动，打算借来几种观赏，便让两个儿子先整顿一番，防止被鼠啮虫蠹。他又多次出资派子侄购买书籍，买回后再加以整理、翻检，有时一检便是整整一天，仍然乐此不疲。哪怕身在病中，终日无精打采，但只要一听闻新书入库，便马上起身，在灯下检视。直到有一天，他突然发觉书籍已堆满床头，喜悦之情立即涌上心头。对这些费心收集来的书籍，岐曾极为爱惜。春季阴雨连绵，床头堆积的书籍已经高到与屋顶相连，他担心漏水伤书，又费一番检点。为了避开

1　钱谦益著《牧斋初学集》系从顾咸正处借来，《孤臣血笔》则是顾咸正本人的作品。
2　莲池大师别号云栖，俗姓沈，浙江仁和人，系净土宗重要人物。严守教义，生活清苦，最重戒律，被誉为晚明佛教复兴运动的四大宗师之一。他与侯家渊源极深，引导侯岐曾在十八岁时皈依佛教。参见嵇文甫：《晚明思想史论》，北京：中华书局，2017年，第110—120页；侯玄瀚：《侯忠节公年谱》卷一，第5页。

湿气，他有次甚至与子侄一并动手，将置于中堂的书橱移到了东屋。侯岐曾用"痴"一字描述自己对书籍的喜爱[1]，可谓一语中的。

在晚明士大夫的自我表述中经常见到对"痴"与"癖"的讨论，以极端的形式凸显自己的审美情趣。[2]不过，侯岐曾爱书之举在表面上是生活趣味的体现，其实不乏现实层面的考虑，例如打发时光，平复心情，或在病痛折磨下转移注意力[3]，而且还隐藏着更深刻的动机。岐曾一次对侄儿直言不讳地说："吾之寓意书籍，非独销愁，实以雪恨，此胜白送日子几倍耶！"[4]他亦对陈俶写信表示："毕竟读尽毛氏书籍，而后可受良知之砭剂也。其如日不得数行何哉？"[5]表现出他对阅读难以割舍的心理。

在读书、收书、整书的同时，侯岐曾也从事著书工作。他在乙酉年后的新著包括两类，一类是《书疑》与《餐胜》两部，据他本人解释，"《书疑》者，书所臆见。《餐胜》者，餐

1　侯岐曾：《侯岐曾日记》丁亥三月初一，第 620 页。

2　参见曾婷婷：《晚明文人日常生活美学观念研究》第三章《"癖"：晚明日常生活美学样态之畸变》，广州：暨南大学出版社，2017 年。

3　分见侯岐曾：《侯岐曾日记》丁亥正月十四，第 610 页；丙戌五月初三，第 527 页；丁亥二月初六，第 614 页。

4　侯岐曾：《侯岐曾日记》丁亥正月廿九，第 613 页。

5　侯岐曾：《侯岐曾日记》丁亥二月廿五，第 618 页。

采成言"[1]，可见这类著述的内容直接来自平日的阅读感受与生活经验。侯岐曾从丁亥年二月廿一起至三月初十日，用了半个多月的时间粗读了一遍《左传》，不无心得，便打算收入《书疑》之中。另一类包括《死事纪略》与《备考》两部。《紫隄村志》将《嘉定死事备考》列入侯岐曾的著述，与《备考》应为同帙，从题名来看应是对殉于嘉定抗清者的事迹考订。侯岐曾还有意将自己对抗清人物的撰述超出嘉定本地，为此遗憾地表示目前的内容尚不完善。丙戌七月十一，本邑士人陈康明登门拜访，他曾任徽州府歙县儒学训导，故向侯岐曾详细言及金声等徽州抗清武装被镇压的经过。侯岐曾颇感兴趣，但鉴于谈话内容无法归入《死事纪略》与《备考》中，便在日记中将听来的徽州殉国诸士的事迹一一记下，长达五百余字，希望暇时另行撰为一书。他还将《周忠介被逮纪事》等自著略加修正，再准备予以誊录。

整理文献、阅读书籍与撰写新著等与文字相关的活动，在《日记》中被一并称为"清课"，与前文提及的斥产、行贿、退田等"俗务"相对应。"清课"原指佛教日修之课，后引申为清雅的功课。其实这些工作都颇费时间与精力，特别是整理文献以抄录为主，更显单调重复，但侯岐曾仍愿以"清课"称

1　侯岐曾：《侯岐曾日记》丁亥二月初九，第615页。

之，强化其风雅性质，可见这类工作在他心中与"俗务"尖锐对立。他不止一次强调，只有在"幸无它事"的情况下才能从事"清课"。[1]虽然在过程中亦不无劳累，但毕竟让他感到这部分时间归他调度。由于"清课"与"俗务"同样致人忙碌，侯岐曾便有意辨析"忙"与"闲"的关系。他认为，从事"清课"看似是"闲中着忙"，其实是忙里偷闲。毕竟，离乱以来百废待兴，如不见缝插针从事"清课"，生活必将被"俗务"的海洋淹没。可见"清课"与"俗务"带来的忙碌感截然不同，高下有别。前者虽然费时、劳累，但由于是侯岐曾自愿布置的工作，是自我意志的体现，工作时还能产生类似精神解放的愉悦，反而有消闲功能。而且，各项"清课"均与文字相关，特别是撰写新著具有思想创造性，同样与士大夫的自我认同相联，侯岐曾渴望从中增长"学力"、排遣压力、放松身心。更重要的是，在"清课"与"俗务"的较量中，他希望捍卫自己最后的尊严[2]，重新获取对日常生活的主导权，在"丧亡破荡之余"的萧条中继续追求生命的意义。[3]

1　侯岐曾：《侯岐曾日记》丙戌五月十二，第 530 页。
2　"残生清课，仅有此耳。"见侯岐曾：《侯岐曾日记》丙戌二月廿七，第 503 页。
3　侯岐曾：《侯岐曾日记》丙戌七月初一，第 556 页。

三、其他消闲活动

除此之外，侯岐曾还有其他消闲方式。与"清课"相比，这些消闲活动大多娱乐性较强，目的多在于刺激感官。虽难看出侯岐曾对此有系统认识，但它们仍在日常生活中占据着一块醒目的版图。

《日记》中最常见的消闲方式其实是饮酒，这一行为常在社交场合展开，侯岐曾招待客人时总免不了一番酣饮。酒精有助于麻痹神经，放松心情，从而将谈话的内容推向高潮，乃至引出其他的娱乐活动。[1]丙戌二月二十，姚宗典与许自俊等好友来访，并留宿于岐曾家中，当晚一阵痛饮，各自大呼小叫，颇有醉意。次日许自俊早早别去，姚宗典则留下继续与岐曾畅饮，毕后又命家僮唱歌助兴。五月初七，侯岐曾的几位族叔来访，享祭过后说到乡下恰有名酒，侯岐曾立即以高价买来一罍，与诸叔共饮至醉，可见他确实钟情此道。有时美酒由客人带来。一次顾咸正携陈酒相访，恰逢侯家客人云集，于是"倾倒尽欢"[2]，让岐曾几乎忘记自己身为病夫，饮酒的消闲娱乐性

1　有关明清士人的会饮礼仪，可参王次澄：《明清文人觞政——会饮的礼仪与规范》，《汉学研究》第 10 卷第 1 期，1992 年 6 月。但规范与现实或有明显距离。
2　侯岐曾：《侯岐曾日记》丁亥四月初九，第 631 页。

质十分明显。

　　欣赏自然风景是审美情趣的重要表现，人从中感受到大千世界的伟力与奥妙，往往可平复心绪、陶冶性情。晚明士人旅游之风的盛极一时，固然与当时商业化与交通水平的发展有关[1]，但在文化上的前提之一乃是秉持"天人合一"理念的士人群体始终被自然风光所吸引，侯岐曾也不例外。丙戌正月初四，他主动约三位族叔到王庵赏梅，抵达后已是日暮时分，只得先用晚餐，佐以烧酒。然而酒非好酒，"气味近冷烧"，刺激了岐曾的眼疾，但他仍提着酒壶，举着火把，在花丛间来回巡游，享受了秉烛夜游的乐趣。次日他又去朋友家赏花，在称赞花朵之奇后，不由感叹："予自遭家国奇变，判年于兹，勿复问人间世矣。至此日，俄觉有一片化工在袍襟间。"[2]看来自然风光的绚烂绮丽，让他一度忘却了长期郁结的家国之悲。八月初四，侯岐曾又外出看桂，"借花散怀"[3]。在这方面，他与另一些明遗民似乎很不相同。在后者看来，家国之变是挥之不去的阴霾，观赏风景反而更易激起黍离之悲。叶绍袁游邓尉山时，

1　有关晚明旅游文化的发展情况与表现形式，详见周振鹤：《从明人文集看晚明旅游风气及其与地理学的关系》，《复旦学报（社会科学版）》2005年第1期；巫仁恕：《品味奢华：晚明的消费社会与士大夫》第四章《消费品味与身分区分——以旅游文化为例》；巫仁恕、［意］狄雅斯：《游道——明清旅游文化》，台北：三民书局，2010年。
2　侯岐曾：《侯岐曾日记》丙戌正月初五，第485页。
3　侯岐曾：《侯岐曾日记》丙戌八月初四，第569页。

颇为当地风景吸引，但创痛随即蹑踪而至，叹道："予不堪忧者，家国殄瘁，岂能忘心！"[1]夏完淳陪其师陈子龙游松江细林山，启程时"载酒扁舟疾，春风不满帆"，可谓意气风发、心情愉悦。但登至山顶后情绪骤然转折，悲伤上涌，遂以"愁绝倚松杉"告终。[2]

岁时节日更是消闲娱乐活动集中的时间。侯岐曾的过节心情虽因家国之变而大受影响，但他对节日中的娱乐活动总体仍愿参与，对节日中的礼节惯例也依然尽力遵循。丁亥新年之际，侯岐曾照旧为亲友准备礼物，并忙于为母亲与子女各自发放年终小费，除夕又在家庭正门口立起祭祖送神时焚烧松柴的糁盆，亲自陪母亲外出观看。又如，五月初七日为天生婆婆的诞辰，嘉定当地传有"打脚骨"的习俗，即来贺者袖中揣有棍棒，见面便打主人，严重时甚至会将人打伤。侯岐曾对这一风俗不以为然，而且当日他腹疾加重，身体奇痒，倦怠之极，但还是提起精神应付接踵而至的"打喜"宾客，以无可奈何的口气表示："此等不知何所仍袭，然祖宗以来，莫之能改矣。"[3]

侯岐曾逢节思人与乐于过节的态度并不矛盾，因为在悲痛之余，他更多地考虑到节日中的娱乐活动毕竟可以暂时消解

1　叶绍袁：《甲行日注》卷六，第 41 页。
2　夏完淳：《从陈轶符年丈游细林山馆》，《夏完淳集笺校》，第 313 页。
3　侯岐曾：《侯岐曾日记》丁亥五月初七，第 641 页。

郁闷、驱散痛苦。丙戌年五月初三，离端午还有两天，侯岐曾忆起去年此时正与自己坐禅静修的亡侄玄演，不由叹息往事不堪回首。但到端午当天，岐曾仍按习俗侍奉母亲饮用菖蒲酒，又对玄瀞表示了过好端午的愿望："今日泛蒲佳节，朱符桃印，虽无复旧观，聊借承欢以拨闷。"[1]并寄去两根甘蔗以传"分甘"之意，适见他的积极心态。夏完淳对端午节的看法与岐曾恰好相反："今年之朱索空缠，去岁之赤符已破。兰非可浴之汤，艾无可系之户。萧条佳节，惨淡余生。"[2]在他的表述中，节庆丝毫不能开解心绪，反而只会一次次触发自己的创痛。

　　围棋与叶子戏也出现在侯岐曾的日常生活中。围棋作为一种娱乐活动早在先秦时就已存在，魏晋以后更加风靡。由于棋法玄妙，变幻莫测，颇合士人雅趣，故又称"手谈"，被视为暂时摆脱世俗牵挂的途径。[3]侯岐曾"手谈"的对象都是他的朋友，如顾咸正与孙和斗。[4]叶子戏则是一种类似纸牌的游戏，发源于汉代，至明末已在民间大盛，士人家庭亦不能免

1　侯岐曾:《侯岐曾日记》丙戌五月初五，第528页。

2　夏完淳:《端午赋》,《夏完淳集笺校》，第53页。

3　参见孙立群:《中国古代的士人生活》，北京：商务印书馆，2014年，第273页。

4　侯岐曾:《侯岐曾日记》丙戌四月十八，第521页；丙戌九月初七，第579页。孙和斗，字九野，嘉定人，山东巡抚孙元化次子，与侯家有姻。国变后埋名著书，不关世务。传见康熙《嘉定县续志》卷三，第922页。

俗。[1]在《日记》中，叶子戏是一项侯氏家庭成员共同参与的消闲活动，从辈分最高的老祖母龚氏，到侯岐曾的子侄辈，无论男女概莫能外，侯岐曾本人也多有参与。他以"送闲"一词形容叶子戏[2]，可见在他眼中这项活动确有消闲功能，与家人叶戏也是一段难得的温馨时光。一次他正与母亲龚氏叶戏，"方幸清暇"[3]，不料又被家仆以"粮事"相扰，令他大为不耐。有趣的是，在《日记》中提到的三次叶戏记录中，龚氏都有参与，有两次还是岐曾单独与母叶戏，或有娱母侍亲的性质，可知龚氏显然热衷此道。龚氏早在多年前初为人妇之时便有此爱好，当时侯家的第一代进士侯尧封仍然在世，龚氏还只是刚刚过门的孙媳。一次她与尧封的儿媳华氏玩叶子戏，剪下草茎作为筹码，不料正好撞见家主侯尧封。二人如临大敌，仓皇躲避，将草茎遗落在地，但为时已晚。侯尧封持家森严，认为两媳沉湎游戏，妇道有亏，立即唤来其夫，一通训斥。十日后他赴任为官，临行前依旧耿耿于怀，特意禁止龚氏、华氏前来送行。此事给龚氏留下了极为深刻的印象，在多年后仍心有余悸地表示"至今思之，毛骨悚然也"[4]。然而，让她感到恐惧的只是侯尧封

1　吴伟业：《绥寇纪略》卷十二，上海：商务印书馆，1927 年，第 275 页。
2　侯岐曾：《侯岐曾日记》丁亥二月廿四，第 618 页。
3　侯岐曾：《侯岐曾日记》丁亥二月十三，第 616 页。
4　沈葵：《紫隄村志》卷八，第 214 页。

的家法，叶子戏却是无法舍弃的爱好，侯氏亲友也都乐意参与这类连"小道"都算不上的游戏。明清之际有不少志于得道成圣的士大夫将家庭视为修炼场，对家内关系有严格规范，"闺门之内，肃若朝廷"是他们普遍向往的境界[1]，侯氏子弟也总是对外强调自家"闺门之内，雍雍穆穆，为当代楷式"[2]，这与《日记》中展现的轻松欢乐的家庭氛围迥然有别。对侯家内部消闲活动的观察，使我们得以窥见士大夫的对外形象与生活实态之间存在的裂隙与紧张感。

侯岐曾的消闲活动还表现在日常生活中一些极不起眼的细节上，这些活动不像诗词、围棋、叶子戏有复杂的游戏规则，也无须依赖特定的时间、地点或人物才能展开，却最能反映出人在闲适状态下对大千世界之美的感知能力。例如，侯岐曾总爱记载下雨时水从檐沟流下的滴答声，即"檐溜"。丙戌三月初四晚上下雨，他索性听了一夜檐溜。次年三月初五又记："早起犹闻檐溜声，竟似黄梅雨矣。"[3]在他看来听檐溜声甚至是一项娱乐活动。一次他尚在病中，正逢下雨，便躺卧静听，感到这是身为病人的一桩乐事。

---

1 详见赵园：《家人父子：由人伦探访明清之际士大夫的生活世界》；吕妙芬：《成圣与家庭人伦：宗教对话脉络下的明清之际儒学》，台北：联经出版公司，2017 年。
2 夏允彝：《家传》，载《侯忠节公全集》卷首，第 5 页。
3 侯岐曾：《侯岐曾日记》丁亥三月初五，第 621 页。

侯岐曾在鼎革前后的日常生活既有断裂，也有延续。家国惨变使他备受创伤，常怀忧惧，选文事业骤然中断，许多交际和逸乐也永远消失。某些消闲活动继续存在，但往往承载起更沉重的内涵：诗词本用于鉴赏和应酬，现在是检验自我生命力的指标；整理文献与著书立说原用于儒者"立言"，如今则成为对抗"俗务"的利器。他在旧日时光留下的残影里徘徊凭吊，但也知道沉湎伤痛徒然无益，自己必须走向新的人生。在多数时候，从参加节日到静听檐溜，他对各种消闲活动全心投入，借以暂时忘却愁绪与压力，并重申作为士大夫的自我认同，鼎革前后的生活随之衔接。今人熟悉的明遗民形象或大义凛然，或愁苦悲情，侯岐曾与之似有很大不同。他未曾始终受家国之悲的困扰，日常生活也并不显得单一压抑。他为人处世素来特立独行，不畏人言，或许是缘由之一。但更重要的原因，当是《日记》作为私密文本，与诗文集、回忆录等具有公开性质的著作相比，对日常生活的展示远为全面。后者既有意塑造遗民的高洁形象[1]，往往执其一端而不问其余，将苦难与悲哀无限放大，而把重复琐细的日常生活视为枝蔓，予以删减和隐没。后人也大多乐于接受这一形象，同样不顾人物原本丰满

---

[1]　参见赵园：《明清之际士大夫研究》，第 316 页。

多元的日常生活已被沥干。对侯岐曾而言，在伤痛与压力的空隙中，毕竟还存在着他在新世界中坚持自我的信念，对美好事物的追求，以及偶然迸发的快乐。这或许算不上伟大，但终究意味着真实。只要稍稍侧耳，便不难听到侯岐曾在近四百年前的时空发出的声音：即便在生活最艰难的时刻，他仍有一颗象征生活情趣的"诗心"。只要诗心长葆，生命的意义就不会动摇。

第三章　此身应与病齐生：
侯岐曾家庭的疾病与医疗

　　疾病注定是生活永恒的主题。它对身体的折磨、对精神的摧残，也是古今一切人群的共同体验。在社会动荡的时期，时人也更容易经由疾病感受到个体生命的微渺和命运的无常。至于明清易代之后的侯岐曾一家，家国之难已使他们步履维艰，疾病频发更属雪上加霜，甚至让侯岐曾开始怀疑余生的意义。

第一节　缠绵病榻：侯氏家人的病情与医护

　　不知是明清之际士大夫家庭的普遍情况，还是上天有意加重侯家本已深重的苦难，在《日记》记载的短短一年半，上至辈分最高的太恭人龚氏，下到侯岐曾尚属童稚的孙辈，几乎都有缠绵病榻的经历。特别是侯岐曾之孙女恭来与嫂子李氏先后病亡，为本已令人窒息的生活更添一缕悲怆。

一、患病经历与影响

侯岐曾家庭在《日记》中的患病经历，现按时间顺序整理于下表 1。

首先需要说明，古今、中西病名的对照是非常复杂的问题，背后隐藏着若干文化与权力关系，过去的某种疾病可能对应现代的许多疾病[1]，现代的一种疾病在过去也可能有多种名称。因此，为免强解臆断，表中对《日记》所涉病名基本尊重原称，仅对少数者略作概括，如将《日记》中出现的"疟""痎""痁"等在中医理论中代指疟疾的病名统一称为"疟疾"，将作为腹疾隐称的"河鱼"改为"腹泻"。

另外，表格的准确性或仍有欠缺，原因有三，且均与疟疾有关：第一，"寒热"在中医学中指怕冷发热的症状，即所谓"发烧"。寒热是疟疾的基本症状之一，但它也可以由伤风感冒引起。因此《日记》所言"寒热"或"热疾"虽可能是疟疾的症状，但为谨慎起见，在表中仍保持原名。第二，侯岐曾本

---

1 如清代所指的"霍乱"既可指由霍乱弧菌引起的真性霍乱，也指症状与真性霍乱相近的急性肠胃炎。见余新忠：《清代江南的瘟疫与社会——一项医疗社会史的研究（修订版）》，北京：北京师范大学出版社，2014 年，第 79—81 页。

表1　侯岐曾家庭的患病记录

《日记》初次记录时间	姓名	与侯岐曾的关系	所患疾病	具体情况（症状、影响、治疗方式、持续时间等）
丙戌正月初二	侯岐曾	本人	目疾	极影响社交。二十日天后不再提及，应痊愈。
丙戌正月初八	侯岐曾	本人	嗽疾	两日后不再提及，应痊愈。
丙戌正月十二	侯岐曾	本人	齿痛	"寔体如焦如灼，困苦不堪。"次日症状减轻，后未提及，应痊愈。
丙戌正月廿四	柔来	孙女	痘症	五日后不再提及，应痊愈。
丙戌正月廿七	恭来	孙女	痘症	十日后天折。
丙戌二月初一	侯岐曾	本人	呕吐	"盖为昨暮北风其凉，寒气相中故也。"吐后即愈。
丙戌三月廿三	侯岐曾	本人	脾泄	仅于此日提及"脾泄颇愈"
丙戌三月廿七	龚氏	母亲	腹泻	伴随发热，"几废饮食"。十日后不再提及，应痊愈。
丙戌四月初三	侯岐曾	本人	伤风	发热伴疲，喝粥静养。三日后热退，但仍有痰。
丙戌四月初七	侯玄泓	幼子	伤风	仅于此日提及"至于失音"。
丙戌四月初十	侯棠	孙子	感冒	因起初发热被疑为痘症，继之呕吐，四日后不再提及，应痊愈。

续表

《日记》初次记录时间	姓名	与侯岐曾的关系	所患疾病	具体情况（症状、影响、治疗方式、持续时间等）
丙戌五月初一	龚宛琼	侄媳	疟疾	三日后不再提及，似暂止。
丙戌五月初三	侯玄瀞	侄子	疟疾	一日一发，"四肢困苦"，九日后暂止。
丙戌五月十一	侯开国	孙子	寒热	两日后热退。
丙戌五月十二	侯怀凤	侄女	寒热	仅于此日提及寒热复发。
丙戌五月十八	侯玄泓	幼子	发热	仅于此日提及发热。
丙戌五月廿七	侯玄瀞	侄子	疟疾	于次日复发，"幸而不甚"。
丙戌六月初四	孙俪萧	儿媳	疟疾	十四日后暂止，但随即复发。
丙戌六月初九	宁若生	儿媳	疟疾	九日后暂止。
丙戌六月十六	夏淑吉	儿媳	疟疾	"夜夜发红，沉顿最极。"两日后暂止。
丙戌六月十七	李氏	嫂子	不详	"痛热不停，饮食不进。"先后请钱润、李真如两医诊治。九日后去世。

续表

《日记》初次记录时间	姓名	与侯岐曾的关系	所患疾病	具体情况（症状、影响、治疗方式、持续时间等）
丙戌七月初四	侯玄泓	幼子	发热	"未辨何症"，先发大热，再发大汗。五日后热退。
丙戌七月初九	龚氏	母亲	胁痛	请医诊治，云无大忘。
丙戌七月初九	侯玄汸	长子	疟疾	十七日后暂止。
丙戌七月十三	侯怀风	侄女	寒热	五日后暂止。
丙戌七月十四	侯岐曾	本人	腹泻	自云饮食失调引起，三日后痊愈。
丙戌七月廿四	龚氏	母亲	头风	自云白天受热所致。
丙戌八月初五	侯玄汸	长子	疟疾	因"昨宵触露"引起，四日后暂止。
丙戌八月十八	龚氏	母亲	霍乱	请医唐朝翔治疗，十三日后不再提及，应痊愈。
丙戌八月十八	静姝	侍妾	发热	仅云此日提及"感热颇剧"，请医唐朝翔治疗。
丙戌八月三十	侯岐曾	本人	疟疾	寒热症状持续八个月以上，直到岐曾被捕遇害。
丙戌八月三十	侯玄泓	幼子	嗽疾	仅云此日提及"嗽剧吐红"。

续表

《日记》初次记录时间	姓名	与侯岐曾的关系	所患疾病	具体情况（症状、影响、治疗方式、持续时间等）
丙戌九月初一	姚妹俞	侄媳	热疾	仅于此日提及"复感热疾"。
丙戌九月十七	孙丽萧	儿媳	不详	仅于此日提及"病不能行"。
丙戌十月十八	女云	女儿	不详	仅于此日提及"久病发惊"。
丙戌十一月初二	静姝	侍妾	疟疾	与侯岐曾同患疟疾，"亦儿匝月"。此后病情未再提及。
丙戌十二月廿三	侯玄泓	幼子	腰疾	仅于此日提及。
丁亥正月十四	侯岐曾	本人	火嗽	二十日后不再提及，应痊愈。
丁亥二月初五	龚氏	母亲	鼻血	仅于次日提及，"想为奇寒终日围炉之故。"
丁亥二月初七	龚氏	母亲	火嗽	"诸痛齐发，而头风尤剧。"请医钱润诊治。十二日后渐痊愈。
丁亥二月十五	侯玄泓	幼子	不详	"唾中复见微红。"请医钱润诊治。

人自丙戌年八月底患上疟疾后，对家人患病情况的记载随之大为减少，特别是在丁亥二月十五日之后近三个月的时间里竟无一条记录，不由令人费解。考虑到侯岐曾患疟后长期极度虚弱疲惫，以及《日记》对岐曾自己的疟疾体验记载尤详，所以最可能的原因是他已将注意力转向本人的身体状况，对家人的健康情况惫于记载。第三，侯岐曾患疟后始终未能痊愈，因此他的耳鸣、脾泄、腹泻、痰火、便秘等病症虽不排除单独发病的可能，但也符合疟疾的并发症状，因此不在表中提及。这意味着，《日记》对侯氏家人患病情况的记载可能仍有遗漏。

在《日记》所载的十六个月里，侯岐曾家庭成员的患病次数达35人次，平均每月就有两人生病。在乱后幸存的侯氏家人中，侯岐曾本人及其母亲、嫂氏、侍妾、二儿、二侄、一女、五媳、四孙辈均有患病经历，其中两人病逝，仅有一女（女清）健康状况未提及。在各种病痛中，疟疾的出现频率最高，达10人次，如算上疑似疟疾症状的各类热症，则为17人次，接近总数的一半。疟疾由疟原虫引起，因蚊虫叮咬传播。江南地区的气候温暖湿润，水网密集，对蚊虫的生长繁殖十分有利，故成为明清时期疟疾的高发区域，蚊虫猖獗的夏秋时节也相应成为疟疾的高发时段。[1]在17次的患疟记录中，就有15

1　参见余新忠：《清代江南瘟疫成因论略》，载《明代人口婚姻家族史论》，天津：天津古籍出版社，2002年，第270页。

次发生在五月至八月。明清时期的江南文人常以戏谑的口吻撰写"驱疟文"，描述自己与疟疾抗争的经历与感悟，可见他们在日常生活中常与疟疾打交道。侯岐曾一家的患疟经历则有助于了解疟疾在士人家庭内部的流行程度。虽然疟疾无法通过人与人的接触传播，但在夏秋时节，同居共爨的大家庭可能因蚊虫叮咬而全部罹患，病魔并不因为士绅家庭的财富与社会地位而对他们稍作宽假。

在侯氏家人所患的其他疾病中，各类伤风感冒达 5 人次，如加上其他热症则频率更高，各种感冒大概是任何时代常见的疾病之一。[1]腹疾亦有 3 人次，均以腹泻为表现形式，且仅为侯岐曾及其母龚氏所患，大概与老年人的消化功能减弱有关：侯岐曾已五十四岁，龚氏更已过耄耋之年。痘症发病仅有 2 人次，却直接导致了侯玄汸之女恭来的死亡。痘症在明清时期多指天花，这是一种令时人闻风丧胆的烈性传染病，死亡率高达 25%，大量儿童死于此症。牛痘接种法是 20 世纪中期前唯一有效降低死亡率的措施，但直到 19 世纪方传入中国，具有一定危险性的人痘接种法也在明末清初以后才在南方大城市流

1　伤风感冒是晚清日记中出现频率最高的病痛之一。感受风邪所致的外感疾病在明清以后逐渐以感冒代称，与伤风的涵义大体等同。参见张瑞：《疾病、治疗与疾痛叙事——晚清日记中的医疗文化史》，南开大学博士学位论文，2014 年，第 62 页。

行[1]，明季士绅在面对天花时则基本拿不出有效的应对手段。他们素以在公开场合言及"怪力乱神"为耻，此刻却不得不求神问卜[2]，或者干脆听天由命。侯岐曾在恭来病势沉重时，已做好了孙女夭折的准备，反过来劝玄汸夫妇"预作达观"[3]。

疾病多少会构成日常生活中的障碍，对侯岐曾的影响尤其严重。例如丙戌年正月所患的目疾，就让他不得不闭门养病，来客除少数亲人外一概不见。只有与侯氏关系极近的夏完淳是例外，侯岐曾两度对他抱病予以接待，并在日记中特别指出自己是在"扶病""力疾"的状态下待客。[4]目疾延续近一个月，尚未痊愈，嗽疾便接踵而至。嗽疾稍轻，岐曾又突发牙痛。几种病痛交相发作，令他"竟体如焦如灼，困苦不堪"[5]，连素来亲近的外甥金熊士来访时都不能长谈。对自己糟糕的身体状况，侯岐曾喟叹："颇恨余生之累我。"[6]语气半是愤恨半是无奈；国破家亡对自己已是极大的打击，将今后的人生判定为日渐衰朽、难觅意义的"余生"。但这还不是苦难的终结，病痛使他

1　参见梁其姿：《面对疾病：传统中国社会的医疗观念与组织》第三章《明清预防天花措施之演变》，北京：中国人民大学出版社，2012 年。

2　如晚明著名书画家李日华在长孙科寿患上痘症、情况险恶时，"日夜同家人妇子迎问医卜，焦然无一刻宁"。见李日华：《味水轩日记校注》，上海：上海远东出版社，2011 年，第 493 页。

3　侯岐曾：《侯岐曾日记》丙戌二月初三，第 493 页。

4　侯岐曾：《侯岐曾日记》丙戌正月十一，第 485 页；丙戌正月十七，第 488 页。

5　侯岐曾：《侯岐曾日记》丙戌正月十二，第 486 页。

6　侯岐曾：《侯岐曾日记》丙戌正月十二，第 486 页。

还要在肉体上承受莫大的痛苦。"余生累我"在表面上是抱怨
病痛，但只有将其置于侯岐曾的生存状态中理解，才能释读出
它的全部内涵。

　　家人的疾病频发，也对侯岐曾的精神状况造成很大影响，
因为这意味着他在内外交困之下又多了一类需要担忧的问题，
自己的生活节奏也被打乱，加重了日常生活的"非日常化"[1]。
对亲人健康的担忧一旦与外部压力催生的危机心态相结合，就
极易发酵出烦躁情绪。丙戌五月十一日，当听闻江宁巡抚土国
宝再发檄文追租，侯岐曾又得知孙子侯开国突发寒热，情绪一
度失控，愤然呼道："天下事何在无魔娆耶！"[2]六月初一，清廷
追索愈急，老仆管科持吴淞总兵李成栋所发公文前来，县衙的
张胥吏也逼迫岐曾向李成栋行贿，令他不知如何应对。此时侄
儿玄瀞又因疟疾病倒，侯岐曾便叹道："天人气候如此，吾敢
为盍旦之鸟，未明求旦乎哉！"[3]苦痛绵绵，未有竟时，让他不
敢对今后的生活抱有什么期望。不过，正如创伤与压力并非不
可缓解，侯岐曾也有一套方法对付疾病引起的负面情绪，即培

1　"疾病是生命的加速……患病意味着患者或其亲属与朋友进入非日常化状
　　态，族人的起居、饮食、行为、情感甚至心理都会随着疾病的到来和生命
　　进入不确定状态而发生变化。"见刘希洋、余新忠：《新文化史视野下家族
　　的病因认识、疾病应对与病患叙事——以福建螺江陈氏家族为例》，《安徽
　　史学》2014 年第 3 期。
2　侯岐曾：《侯岐曾日记》丙戌五月十一，第 530 页。
3　侯岐曾：《侯岐曾日记》丙戌六月初一，第 542 页。

养精神"钝感",提高心理承受力。九月初一,侯岐曾自母亲以下,至于侍妾、婢女,女眷无一不病。他便告诫自己:"若使燕处逍遥,安能破除烦恼。一至于此,'蹇'之时用大矣哉!"[1]但随着他本人也陷入与疟疾的鏖战,一度摆出的从容姿态也就一去不复返了。

二、问疾与护理

明清时期的医疗空间已相对多元,治疗可以发生在病人或医者家中,也可以发生于寺庵等第三方场合[2],但从整体上看,因公共医疗体系不发达,此时的医护活动仍大多在家庭内部展开。[3]经济条件较好的士绅家庭往往将医者请到自家诊断病情,更不太会考虑让病人在其他场合接受养护。在中国传统文化的语境中,家庭不仅是救助、护理病人的医疗空间,也是处理复杂伦理关系的场域,使孝道与医道彼此缠绕[4],深刻影响了相关文本的书写方式。士人的病患叙事常限于对卑幼孝顺长辈

---

1 侯岐曾:《侯岐曾日记》丙戌九月初一,第 578 页。
2 参见涂丰恩:《择医与择病——明清医病间的权力、责任与信任》,《中国社会历史评论》第 11 卷,天津:天津古籍出版社,2010 年。
3 余新忠:《中国家庭史(第四卷·明清时期)》,第 307 页。
4 参见刘希洋:《明代士大夫家庭的医护活动研究》,第 18 页;王玉德:《试论中国古代的孝道和医道》,《中华医史杂志》2003 年第 3 期。

的颂扬，并被统摄在儒家思想所倡导的道德价值与规范之内。[1]这类病患叙事的文本载体一般是传记、行状、寿序、墓志等文体，收载于各类文集之中。它们确能反映士人家庭内部的一些真实情况，但也具有明确的写作目的，如塑造特定人物形象或感叹道德力量的伟大。因此，在写作时可能会特意突出某些医疗情节，而对其他不便宣传的案例予以裁剪。例如，丈夫精心照顾妻子的案例就很少见，可能是为了免受"过情"之讥。其结果是，这类病患叙事容易给研究者留下这样的印象：在儒学观念愈发深入民间的明清时期，尊长所接受的医护活动远多于卑幼，尊长对卑幼患病的反应似也较为淡漠。但从《日记》来看，事实并不完全如此。

侯岐曾对家人的病痛颇为关注，以"关心备至"形容并不过分，也难以看出他依照伦理等级观念将家人区别对待。对于患病长辈，侯岐曾自然倍加关注。某次他因参与祭祀留宿外地，忽然接到母亲龚氏霍乱复发的消息，立即"仓皇呼灯疾驰"[2]，匆匆赶回探视。倘若子侄辈乃至孙辈身体有恙，他的心情也同样急切。丙戌年四月十四，岐曾尚在嘉定县城办事，玄泓来信告知其孙侯棠突患感冒，病情严重。岐曾一时震骇，急

1　参见刘希洋、余新忠：《新文化史视野下家族的病因认识、疾病应对与病患叙事——以福建螺江陈氏家族为例》，《安徽史学》2014 年第 3 期。
2　侯岐曾：《侯岐曾日记》丙戌八月廿七，第 576 页。

忙中断手头的工作，邀请沈俨斋与自己一同出城。他们刚刚出城，玄泓就已赶来，表示侯棠已经退烧，转危为安，岐曾遂放下心来，仍与沈俨斋回城。沈俨斋的身份虽不能详，但岐曾在得知侯棠病情决定约他而出，得知无恙后又与之回城，同行目的性很强，因此他很可能是一名医生，甚至不排除是儿科医生的可能。[1]可见岐曾匆匆赶回家中，可能不仅是为关心病情，还有为孙辈提供医护的考虑。

他也经常写信关心家人病情。对体质稍弱的玄泓，他多次致信询问病况："汝伤风何至于失音，甚念！甚念！好自将摄，切勿过于驰动也"[2]，"闻汝夜来亦发热，静养神气，俟其自复，勿轻投药物也"[3]。他对儿子身体状况的细微变化非常敏感，玄泓唾中微带血丝，岐曾马上写信询问，得知症状已止才放心。侄儿玄瀞患上感冒，他也去信告诫："侄体热为风雨暗伤，从此慎之！从此慎之！"[4]有时还派奴仆询问病情，倘若不佳，则为之悬心。中国传统文化虽极重视被称为"天伦"的父子关系，并以之为家庭关系的主轴[5]，但由于"强调礼制义务的孝和

1　明代已出现了各类专科医生，体现出医学内部专业化分工的趋势。参见涂丰恩：《救命：明清中国的医生与病人》，北京：商务印书馆，2017 年，第65—90 页。

2　侯岐曾：《侯岐曾日记》丙戌四月初七，第 518 页。

3　侯岐曾：《侯岐曾日记》丙戌五月十八，第 532 页。

4　侯岐曾：《侯岐曾日记》丙戌五月廿八，第 540 页。

5　参见冯尔康：《清代的家庭结构及其人际关系》，《文史知识》1987 年第 11 期；费孝通：《乡土中国》，北京：北京大学出版社，2012 年，第 66 页。

强调慈爱和情感的孝之间一直存在张力”[1]，导致父子之情在表达时反而常受礼法的严格约束，使“严父孝子”成为模式化的父子关系。在此情况下，“子”的角色显然使为人子者感到紧张压抑[2]，为人父者也不能尽情表达对子女的钟爱，而是须将内心情感置于礼教框架内倾诉。侯岐曾对几位子侄身体状况的关心正体现了传统父子关系具有的张力：他的问候往往以居高临下的姿态出现，以指示的口吻表达对子侄健康的期冀，甚至带有一丝严厉，而两句“甚念”又难掩内心深处的舐犊之情。

　　在更多的时候，侯岐曾会选择亲自探视病人。此时侯岐曾一家散居在嘉定乡下，包括紫隄村老宅、厂头镇恭寿庄[3]、白塔别居[4]、惠宁庄、南翔镇别居等处[5]，《日记》中经常出现他为探视亲人而奔走各处的身影。这些地点彼此距离都不太远，一般

1　［美］沈艾娣著，赵妍杰译：《梦醒子：一位华北乡居者的人生》，第44页。
2　参见赵园：《家人父子：由人伦探访明清之际士大夫的生活世界》，第149页。
3　恭寿庄是玄汸在国变前购置的产业，由侯峒曾取名“恭寿”。见侯玄汸：《月蝉笔露》卷下，第10页。
4　白塔在嘉定厂头镇北百步许，相传为古海口，东南望对岸，竭目力不可见。赵宋时，其口犹阔，建炎初，韩世忠驻军于此，筑两塔以标舟渡，其北塔即后白塔。其地在明清之际有侯氏田产。见钱以陶：《厂头镇志》卷三，载《上海乡镇旧志丛书》第3册，上海：上海社会科学院出版社，2004年，第30页。
5　因南翔镇别称槎溪，此房在《日记》中多被称为“槎楼”，侯岐曾在丙戌年春季曾在此住过一段时间，后一度借给夏完淳居住。

一天内均能抵达。侯岐曾多数时候乘船[1]，因恭寿与惠宁二庄距离极近，有时他会步行来回（他在丙戌年五月后基本长住恭寿庄）[2]，偶尔还会坐轿。往返探病毕竟费时费力，但岐曾直到自己罹患疟疾之前，在家人患病时都尽力探视。探视对象不仅包括在伦理次序中居长的母亲与嫂氏，也包括辈分、家庭地位均较低的儿媳、侄媳与孙辈，连已出嫁的女儿蓁宜也不例外。侯岐曾对此丝毫不觉得有什么问题。某次宁若生、孙俪箫两位儿媳均患疟疾，症状严重，他特意提及自己"都缺省视"，可见他反而可能在潜意识中认为探视晚辈是他应尽的责任。又有一次，侄儿玄瀞与儿媳夏淑吉同时疟疾发作，因天降大雨，侯岐曾未能冒雨探视，但仍指挥奴仆不断往来报告病情进展。次日雨停，又与玄汸亲自探视。以长辈的身份探视晚辈病情的还不止岐曾一人。在宁、孙二媳病势沉重之时，厂头镇纷纷传说清兵即将下乡捉拿侯氏家属，八十余岁的太恭人龚氏却镇定自若，仍打算亲自探望两位孙媳。在儿媳李氏病危之际，她也前去探病。有趣的是，在士人文集与地方志中，孝妇、节妇对舅

---

1 侯家所乘船只有些为自己在市镇购置，有时则雇佣他人船只。分见侯岐曾：《侯岐曾日记》丙戌五月十四，第 530 页；丙戌二月十六，第 496 页。有关明清时期江南地区交通运输中船只的作用，可参冯贤亮：《太湖平原的环境刻画与城乡变迁（1368—1912）》第四章《环境刻画：舟船交通与水乡人生》，上海：上海人民出版社，2008 年。

2 侯岐曾：《侯岐曾日记》丙戌六月廿五，第 554 页。

姑或夫家祖辈侍奉汤药乃至割股疗亲的例子不胜枚举[1]，但侯家女眷反而是长辈着力关心、探视的对象。这说明士人家庭日常生活中的医护活动未必依照辈分与性别呈现出上下秩序森严的面貌。

侯岐曾探视的主要目的是"问疾"，即通过亲身观察与倾听对方的诉说了解家人病情，并给予言语安慰，属于精神护理的范畴。如女儿蓁宜疟疾发作时，他数次前往探视，"察其病状"。蓁宜以"不关性命"宽慰父亲，岐曾也勉强相慰。[2]岐曾本人也曾接受来自晚辈的精神护理。在他患上疟疾、经久不愈之后，长子玄汸借祭祀侯震旸与岐曾妻张氏之机，一并为岐曾祈福。他虽不愿使用道术祈禳，但因家祭于礼有征，对儿子的举动倒也不便多言。至于对患者在身体方面的护理（如煎药），《日记》中并未提及，可能仍由侯家的众多奴仆完成。

延请医者也是侯岐曾为家人提供的医护服务。中国古代从未建立严格的医者职业资格准入制度，从业者的医术参差不齐。因此对危重病人来说，延医是一项非常慎重的决定，需要首先对医者的声望与能力作综合考量，颇能体现延医者的眼光

1　参见邱仲麟：《不孝之孝——唐以来割股疗亲现象的社会史初探》，《新史学》第 6 卷第 1 期，1995 年 3 月；刘希洋：《明代士大夫家庭的医护活动研究》第二章《疾病救治的多元图景》。
2　侯岐曾：《侯岐曾日记》丙戌七月十九，第 564 页。

与魄力[1]，这正是侯岐曾的职司。在嫂子李氏病重时，他便主持迎医，为此先征得了李氏本人的同意。打算等母亲龚氏与两个儿子到齐后，再于病榻前一同商议。次日，岐曾请到了镇江医生钱润，先听他对李氏症状的判断，觉得有理，才放手让他诊治。但钱润来回诊治多次，均未奏效。岐曾又听另一位医生李真如说李氏之病由外邪所致，言之凿凿。侯岐曾便同意李氏服用李真如所开药剂，随后又与真如共饭。[2]李氏虽终不治，但侯岐曾的医护之劳亦不可泯。

第二节　驱除疟魔：侯岐曾与疟疾的斗争

现代医学定义的疟疾（malaria）由蚊虫叮咬传播，最明显的症状是周期性的寒颤与高热使体温反复变化，常伴有头痛、恶心、呕吐等反应。一个发病周期后全身发汗，汗后体温下降，使患者在疲惫不堪的同时亦感轻松，随之入睡，直到下一个发病期的到来。中医传统中的"疟"最早见于《素问》，并按脏器被分为心疟、肝疟、脾疟、肾疟等类，之后又按症

1　参见涂丰恩：《择医与择病——明清医病间的权力、责任与信任》，《中国社会历史评论》第 11 卷；祝平一：《药医不死病，佛度有缘人：明、清的医疗市场、医学知识与医病关系》，《台湾"中研院"近代史研究所集刊》第 68 期，2010 年。

2　侯岐曾：《侯岐曾日记》丙戌六月廿五，第 555 页。

状、发病时间、诱发因素等标准各自分类，所有与寒热交作相关的病症都可称之为"疟"，与现代医学中的"疟疾"不完全对应。[1]目前国内疾病史研究主要关注历史上的瘟疫（特别是烈性传染病）[2]，以分析瘟疫对社会的影响，并在中西互动的脉络中关注疾病概念的形成，近年来还开始探究疾病背后的社会文化内涵。[3]由于除恶性疟疾外，疟疾一般不会致命，它也不像麻风病、肺结核等饱受污名化的疾病那样有着沉重的文化烙印，因此在上述两种疾病史研究取向中都遭到冷落。[4]但不能忽略的是，非致命性且社会影响不大的疾病也可能深深影响着许多人的日常生活。在金鸡纳霜等特效药普及之前，疟疾的病期甚至可以长达十几年，使患者感到极度虚弱与疲惫。由于看不到彻底治愈的希望，精神与身体一并经受长期折磨，生活

1　因此，有些医家批评后世滥立疟名的做法。参见李经纬：《疟疾史述要》，《中医杂志》1963 年第 8 期。

2　如曹树基对鼠疫的研究。见曹树基、李玉尚：《鼠疫：战争与和平——中国的环境与社会变迁（1230—1960 年）》，济南：山东画报出版社，2006 年。

3　参见余新忠：《20 世纪以来明清疾疫史研究述评》，《中国史研究动态》2002 年第 10 期；梁其姿著，朱慧颖译：《麻风：一种疾病的医疗社会史》，北京：商务印书馆，2013 年；余新忠、陈思言：《医学与社会文化之间——百年来清代医疗史研究述评》，《华中师范大学学报（人文社会科学版）》，2017 年第 3 期。

4　相对疟疾，肺结核、难产与小儿天花因致死率较高，受到学界更多的关注。参见程国斌：《明清江南地区的医疗生活》，南京：东南大学出版社，2022 年，第 58—62 页。

质量也大为降低，因此由疟疾引发的身心痛苦可以被视为"慢性疾痛"。疟疾在江南属常见病，对很多士人来说，疟疾一经缠身便成为摆不脱的梦魇，成为日常生活的一部分。疾病医疗史研究若寻求与日常生活史更深刻的结合，这类疾病便值得研究者加以重视。那么，疟疾在江南士人的日常生活中究竟占据什么位置？士人如何在特定文化经验下理解和描述患疟的身体体验，又如何看待它对生活状态的改变？这些都是亟待解答的问题。

侯岐曾在丙戌年八月底患上疟疾，直到次年五月死前仍未痊愈。在这八个多月的时间内，他对自己的患疟经历有着极为详细而连贯的描述，这即便在同时代的日记中也属罕见。[1]侯岐曾在创痛与压力的折磨下又添新疾，也使他习惯从当前的生存状态出发理解病痛、做出反应，留下了江南士人患疟体验的珍贵史料。

一、疾痛叙事

疾痛（illness）是医学人类学的核心概念之一，它与疾病（disease）的不同之处在于，后者属病理学概念，前者则是未

1　明遗民叶绍袁的《甲行日注》对自己与亲友的患疟经历就记述得非常简单，往往只有"病疟""病疟止"数字，病痛体验与医疗过程则一概不提。

经生物医学概念规范的身体反应，其表达受到社会文化因素的影响，相似的身体病理能产生不同的疾痛。疾痛叙事（illness narrative）则指病患基于个人体验，根据特定的社会环境与文化背景，将身体病痛"转变为具有文化、社会与主观意义的分析文本"[1]。医学学者借助对患者疾痛叙事的分析与诠释，能够深入到患者疾痛的生活经验中，设身处地理解患者的身体经验，在医患之间取得理解，减轻慢性疾痛对生活的负面影响。[2] 引入疾痛叙事的概念研究侯岐曾的患疟经历，将有助于理解他对疟疾的认识与体验，以及疟疾对生活造成的影响，代其立言，从而真正走入历史人物的内心与生活世界。

　　在国破家亡后的第二年（丙戌），侯岐曾的身心状况同样糟糕。春节还未过完，他便患上严重的目疾，几乎不能见客。目疾未愈，嗽疾便至，突发的牙痛成为压垮意志的最后一根稻草，使他不得不大声抱怨"余生累我"[3]。在之后的半年，他又先后呕吐、伤风、腹泻。身体屡有不适自然对生活有所影响，但与清廷急如星火的追索和家境的日渐窘迫相比，疾病给生活带来的困扰尚属有限。九月以后，由于疟疾来袭，情况却几乎

1　刘希洋：《制度变迁与明代官员病患叙事的演变》，《中国社会历史评论》第 17 卷，天津：天津古籍出版社，2016 年，第 129—130 页。
2　参见［美］凯博文著，方筱丽译：《疾痛的故事：苦难、治愈与人的境况》，第 9 页。
3　侯岐曾：《侯岐曾日记》丙戌正月十二，第 486 页。

颠倒过来。

八月二十九日黄昏，侯岐曾突然感到身体有些不对劲，"似寒非寒"，次日起床后又"似热非热"，强烈的不适感让他直犯恶心，只能僵卧在床，不得不让玄汸代己接待两位前来吊唁嫂子的亲戚。当晚发汗后，他认为病情已经好了八九分，可能只当成一次普通的感冒。其实疟疾的种子早已在体内生根发芽，现在只是刚刚结束一轮发病期而已。之后的六天，寒热每隔两日准时发作，这一疑似疟疾的症状让岐曾狐疑不已，但仍抱有侥幸心理。第七天，寒热突至，打破规律，他反而心头窃喜。不料更大规模的寒热在次日便如海啸般袭来，立即将他拍倒在床上动弹不得，连重阳佳节都懵然无觉。侯岐曾终于意识到问题的严重性，请来医者唐朝翔与之商议。由于当晚热症不剧，岐曾还心存幻念，打算对病情做最后一次验证。第二天，他特意等发汗后再起床，推掉了一切俗务，独自观察身体情况，期待当晚寒热能够转轻。不料，入夜后症状不仅未轻，反而更甚，他的最后一丝幻想也破灭了。继两儿一侄之后，自己罹患疟疾已是不可否认的事实。他在日记中沉重地写道："疟者，虐也，三日疟乃不意身尝之。祸患平生未经，则疾疢亦应平生所未经也。"[1] "疟"既通"虐"，即象征着身体经受的严峻

1　侯岐曾:《侯岐曾日记》丙戌九月十一，第580页。

考验，侯岐曾从此在创伤、压力之外又要承担一层"平生未经"的痛苦。他似乎做好了应对的心理准备，但疟疾对生活的影响仍然超出想象。

疟疾最突出的症状就是体温周期性地剧烈变化，而且冷热交替甚为迅速，令患者苦不堪言，侯岐曾多次形容这种感觉为"脱凝冰而沸汤"[1]，"变换不知凡几"[2]。寒热一至，便如同瞬间置身于疾雷暴雨之中，往往只能昏迷在床。汗发后热症消退，身体也已疲惫不堪。疲惫之后还不得安寝，经常彻夜不眠，需要在早上起床用餐后返榻补觉。长此以往，体质变得极为虚弱，生活规律也被完全打乱：除了正常的休息得不到保证，饮食也经常因寒热突发而中断，与好友的社交难以进行，素来重视的家祭不能参与，甚至在重大的危机关头都无法及时作出反应。丁亥年三月底，侄儿玄瀞与南明鲁王政权通信一事暴露后，侯家人相顾错愕，急忙商量对策。侯岐曾听闻消息后，恰逢发热，沉沉睡去，事后表示："此固病态，不敢自云泰定也。"[3]可见疾病的折磨使他对危机的反应能力大为降低。

其他病症也在深深困扰着他，有些是疟疾的并发症，有些

---

1 "沸汤"之前疑少一"入"字。侯岐曾：《侯岐曾日记》丙戌九月十八，第582页。
2 侯岐曾：《侯岐曾日记》丙戌十月初三，第585页。
3 侯岐曾：《侯岐曾日记》丁亥三月廿二，第624页。

则是新疾。在大多数情况下，它们不像寒热发作那样严重干扰生活节奏，但带来的身心痛苦却不逊色。例如，耳鸣的症状从八月底患疟后一直持续到新年，侯岐曾自称："予最苦者，耳鸣不止。"[1]将其视为寒热袭来的先兆。呕吐也在折磨着他，一般在早起无汗时发作，严重时一天呕吐数次，直到呕出苦水为止。痒症则在十二月后频频出现，很可能源于不同的疾病。岐曾数次提到下体发痒，似疮非疮，可能是某种股癣。在更多的时候是全身发痒，常被形容为"肢节寸寸作痒"[2]，由于一般在热透汗后发作，可能是疟疾的并发症。这两种痒症都让他痛苦不堪，搔抓不止，而且与寒热相作用，令他难以安眠，感叹："忍痛易，忍痒难。"[3]最令岐曾感到痛苦的可能还是便秘，为此常用"极苦""艰苦殆所未有""极人世之难堪"来形容排泄过程。他对寒热的周期性发作无能为力，对浑身发痒的症状只能强自忍耐，但为应付便秘可谓竭尽全力，不断尝试各类药物与偏方，但最大的痛苦恰诞生在治疗过程中。丙戌十一月廿七，在连续六七天未排便后，侯岐曾在清晨连服润肠丸，但效果并不明显，大便干燥如故。因此他决定加大力度，又连日混用蜜箭与母亲传授的芥菜汤，于是"积秽顿下，皆至坚成块。每下

1　侯岐曾：《侯岐曾日记》丙戌十二月十三，第 604 页。
2　侯岐曾：《侯岐曾日记》丙戌十一月十四，第 596 页。
3　侯岐曾：《侯岐曾日记》丙戌十月廿四，第 590 页。

一块，极其痛楚"[1]。之后三天他又继续服用，决心一鼓作气清除"积秽"。结果这一过程极其艰难，他甚至以"真生死关头"形容。尽管有通便药物的帮助，排泄时仍需要全力以赴，气力稍懈，便前功尽弃。因此"每至临下，叫号欲绝"，"刻刻在痛楚中"[2]。他几乎把全部精力都投入到与"积秽"的较量中，这几天连日记都中断了。

当疾痛对日常的影响到了这个地步，社会生活其他方面的重要性就随之下降。侯岐曾多次强调，《日记》只应记载所谓"穷乡异闻"，以备后世野史采择。但实际情况是，《日记》几乎囊括了侯岐曾日常生活的方方面面，大事琐事无一不包。他对此并不满意，在丙戌年底便要求自己对日用酬答仅做大致记录，除夕时又提出："日纪自今年始，务略之又略。"[3]但略来略去，《日记》在丁亥年对疾病的记录依旧不减，基本天天未断，有时一连几日除了病痛外再无其他记录。可见他对自己的身体状况极为在意，连发病前令他焦虑不已、唯恐有一刻耽搁的籍没事务，在寒热大作时也只能暂时被抛诸云外了。[4]

疾痛不仅打乱了侯岐曾的生活节奏，还使他对自己的生

1　侯岐曾：《侯岐曾日记》丙戌十一月三十，第601页。
2　侯岐曾：《侯岐曾日记》丙戌十二月初四，第602页。
3　侯岐曾：《侯岐曾日记》丙戌十二月三十，第608页。
4　"大事既不可期，身家水火，日甚一日。予倦则假寐，醒则摊书，余都付如醒入呓矣。"见侯岐曾：《侯岐曾日记》丁亥四月十七，第634页。

存状态产生了新的认知。《日记》中提及对疾病的体验时最常用的是"恙"与"苦"二字，前者的使用频率有 20 余次，后者高达 40 余次。有时很难分清这是一种客观的身体感受，还是对生活的综合体悟。但在侯岐曾的认知中，患疟前后的生活状态确实截然不同。即便在患疟后，寒热发作前后的状态也相去天渊，他曾以不乏夸张但又极为沉重的语气对儿媳夏淑吉表示："每当热发，昏沉彻昼夜，几入鬼录。稍平，则复为人矣。"[1]原因在于，患病之后的精力主要用于关注病况，其他事务则再难顾及，"几抛身无事甲矣"[2]。另外，疾痛对生活的严重影响也让他对个人生命的微渺产生了深刻认识，心中随之涌起强烈的虚无感。他对陈俶致信时即表示"弟自此番病后，弥悟业躯如幻"[3]，对陈子龙也称："如弟迂愚老生，理乱俱无所用。迩来一病自废，迹有类托之暗聋者。"[4]生活感知的变化还催生出以疾病为中心的自我认同，即所谓"病夫""病子"。侯岐曾常如是自称，反映出他在潜意识中已自认为被疾病主宰。这一认同可能还源于他对外貌的观察，"瘦"是他所认为最显著的外貌变化。患病两个半月后，岐曾便认为自己已形销骨立，亲

1　侯岐曾：《侯岐曾日记》丙戌九月廿五，第 583 页。

2　侯岐曾：《侯岐曾日记》丙戌十二月廿五，第 607 页。

3　侯岐曾：《侯岐曾日记》丁亥三月廿七，第 628 页。

4　侯岐曾：《侯岐曾日记》丁亥五月初二，第 638 页。

友眼见，无不惊异。后又自叹："羸瘦益甚，血肉去其七分矣。所能自保者，神气耳。"[1]

中医理论虽多认为疟疾由外感所致，风、寒、暑、热、湿、食、瘴、邪等因素均能引发疟疾[2]，侯岐曾却认为自己患上疟疾主要源于内因。他在确认患疟的当天便总结道："予致病有四大端：有不尽哭之哀，有不敢声之怒，有微而渐著之劳，有宿而愈壮之火。"[3]在他看来，自己患上此症是负面情绪长期累积的必然结果，在根本上源于前述创伤意识与危机心态，因此治本之策只能是依靠"学力"平复心绪。倘若处理不当，病症将立即发作。丁亥年四月，侯岐曾记道："日来予自叹学力未坚，心事作恶，万缘姑付一枕，疟魔转益相牵。"[4]此外，他时常有意无意地强调"心"对"体"的单向影响。某次挟汗而睡，岐曾稍有察觉，就不再发汗，他便认为是"心动"之故。给顾咸正致信时也提到"连日体痒为苦，正是心痒所致，所云'有诸内，形诸外'耳"[5]。这一观念与中医传统有深刻联系，即身体是一个开放的系统，连接着自我与社会关系，与社会乃至

1　侯岐曾：《侯岐曾日记》丙戌十一月廿四，第600页。
2　参见陈邦贤：《疟疾史》，载陈邦贤纪念文集工作组编：《"医史研究会"百年纪念文集》，2014年。
3　侯岐曾：《侯岐曾日记》丙戌九月十一，第580—581页。
4　侯岐曾：《侯岐曾日记》丁亥四月廿二，第636页。
5　侯岐曾：《侯岐曾日记》丁亥四月十三，第633页。

天地宇宙相互感应。外部环境影响心绪，最终会表现在身体症状上。因此，侯岐曾执着于将自己的疟疾与生活感知建立联系，这在现代生物医学看来可谓一厢情愿，但在当时的医疗文化传统中却合乎逻辑。这套思维方式也被亲友认可，门生陆元辅就说岐曾因"忧愤成痁，头须并白，可谓义不负君矣"[1]。陆氏认为其师因"忧愤"引发疟疾，确实符合岐曾在日记中的自我表述。但"义不负君"的解读显然把岐曾的"四大端"之说过分简化，有意将传主朝"忠节"的方向塑造。

侯岐曾还一度相信自己的疟疾存在其他致病原因，比如疟鬼等超自然因素。疟疾由疟鬼作祟所致的观念在明清相当流行，是文人作"驱疟文"的文化根源。侯岐曾也经历了一个从拒斥到接受的过程，对自己心理活动的描绘相当细致而生动，故不惮赘冗，在此全录：

> 人言疟有鬼，予殊不信，及身试之，而知其然。先是，九月下旬梦中有物来据予身，觉而以为魇耳，然终有异者，不几日而病作。吾母素不喜媚鬼，至是不能自坚。予至出矢言相谢，词气微觉过峻，而遇鬼亦已严矣。久之，复梦一人强来就宿，叩之则不答。觉而思之，此鬼之

1　陆元辅：《陆菊隐先生文集》卷十六《明故太学生侯雍瞻先生私谥弘义议》，第541页。

　　求食不得，转而求宿者也，技殆将穷乎？（自注：予梦不
　　告一人，适静姝与予同病，述梦如一，亦奇事也）至今
　　夕，复变为女人，淫躬抚摩，而汔不能动予。予病似将瘳
　　也，索笔识之。[1]

　　显然，梦境是刺激侯岐曾与母亲龚氏观念转变的关键因
素。梦境能否发挥作用，取决于梦者的解读，解读方式则源于
各自的文化经验。侯岐曾虽长期秉持儒家"子不语"的原则，
对疟鬼之说持否定态度，但由于生活在崇信鬼神的江南民间文
化传统中，对其内容并不是一无所知。这应该是他下意识将梦
境比附疟鬼之说的原因，"觉而思之"的举动更说明他自觉在
头脑中将梦境予以"转译"。几场梦境便分别被他解读为疟鬼
上身、求宿不得与诱惑不成的故事，原本模糊朦胧、难以揣度
的梦随之被情节化了，并建立了彼此的因果链条，最终得出
自己即将痊愈的结论，对疟鬼之说的信仰随之建立。之后的病
症加剧却无情地推翻了这一猜测，疟鬼之说也再未被侯岐曾提
及，大概已被他在沮丧之下彻底抛弃。不过，从中仍能窥见当
时士大夫对鬼神的思维方式，"子不语"在日常实践中看来是
一个极富弹性的"准则"。

1　侯岐曾：《侯岐曾日记》丙戌十一月初五，第 593 页。

二、治疗历程

侯岐曾重视致病的社会与心理因素，并不意味着他排斥药物治疗的手段。他长期对痊愈满怀希望，积极尝试各种治疗方式。除竭力与清廷周旋，与病魔搏斗是侯岐曾在鼎革之后的另一条生活主线。它在宏大叙事的视野中并不那么引人注目，在他本人看来却同样惊心动魄、百折千回。

在现代生物医学的观念中，理想的医疗应该是病人自愿把自己完全托付给医者与医疗系统的过程，病人也能由此获得"尊重科学""服从治疗安排"的褒奖，但在医学专业化的霸权尚未形成的前近代社会中却并非如此。传统中医观念认为，每个人的身体都自成一体，因此应该比任何医者都更了解自己的身体，相关的疾痛叙事也就最具说服力。也正因此，如果病人的身体经验得不到医生的重视，可能会果断换掉医生。倘若患者也具备了一定的医学知识与社会地位，对自身医疗进程的控制力便会显著增强，医疗时常是由自己或家人主导的。[1]即便有专业医者加入，也很难使病患对医者俯首听命，而更多地需要医患相互协商。

1　这方面最极端的例子是皇帝与医者的关系。参见拙作：《医疗史视野下的晚明"红丸案"——以医患关系为中心的探索》，《中国社会历史评论》第24卷，天津：天津古籍出版社，2020年。

　　明清时期的士绅阶层大致就是这样的一个患者群体。他们居于四民之首，大多拥有官职与较高的科举功名，社会地位远高于普通医者[1]，形成了他们的心理优势。明代的医学知识趋于普及化、大众化，亦使士人的医学素养大为提升。另外，由于明代印刷技术的发展与出版行业的兴盛，使医学入门书和包含医学知识的日用类书大量刊行，让有财力购买书籍的士人阶层更容易获得医学知识。[2]宋以后理学影响力的扩散，也促使与儒学共享同一套价值观的、具有浓重学术色彩的正统医学逐步形成[3]，医学文本对于士人更易理解。这使得大量无缘仕途的下层士人拥有新的谋生方式[4]，并努力塑造"儒医"的

1　元代医官地位较高，但在明代明显衰落，医官成为封闭的官僚子系统。明前期尚有许多儒者从医官转为其他官阶，一些太医院官也借助近臣身份获得政治利益。明中叶后地方医学更不受官方重视，医生通过医学晋升的途径几乎丧失，清代更甚。直到清末民初，医者在地方志中都基本被置于"方伎"一目，与卜师、书画艺人和棋手并立，社会地位较低。社会上虽然流行着"良医良相"的说法，却无助于从根本上改善医者的社会地位。参见余新忠：《"良医良相"说源流考论——兼论宋至清医生的社会地位》，《天津社会科学》2011年第4期；王涛锴：《明前期士大夫的医学化与医、儒互动》，《福建师范大学学报（哲学社会科学版）》2018年第5期。
2　参见梁其姿：《明代社会中的医药》，载《法国汉学》第6辑，北京：中华书局，2002年，第345—361页。
3　参见梁其姿：《面对疾病：传统中国社会的医疗观念与组织》，北京：中国人民大学出版社，2012年，第15—26页。
4　参见祝平一：《宋明之际的医史与"儒医"》，《台湾"中研院"历史语言研究所集刊》第77本第3分，2006年9月；邱仲麟：《医生与病人——明代的医病关系与医疗风习》，载余新忠、杜丽红主编：《医疗、社会与文化读本》，北京：北京大学出版社，2013年。

个人形象以赢得社会声望，也让一些衣食无忧的士人以习医自娱或用以诊视家庭成员。纵观侯岐曾的治疟经历，便能发现侯岐曾始终主导着自己的医疗进程。他长期对病愈满怀信心，也有着强烈的、有时甚至显得不切实际的渴求。这使他积极尝试各种治疗方案，也容易因疗效不如预期或自己误判病情而陷入苦恼。

侯岐曾主要从个人的身体感受出发，选择治疗方案。他坚信只有自己才最了解自己的身体，最有资格确定医疗方案，表示："予每谓人身自有一天地，岂独俗医不知，今所号为名医者，岂能知之哉！"[1]因此，他对患疟后身体状况的监控可谓无微不至，经常记录每日寒热发作的时刻、程度与热退发汗的时间，由此判断病情走向。倘若寒热来得迟，退得快，他便认为"略有战胜之机"[2]。侯岐曾最重视的还是发汗。在他看来，发汗是体温降低的唯一正途，此后方能安睡。有一次汗未发而体先凉，岐曾甚至认为是幻觉。然而发汗经常求之不得，有时他彻夜发热，只是痛恨未能及时发汗。假如寒热在汗后依旧不退，他就会极为失望。侯岐曾还经常将呕吐、饮食不甘等症状，归咎于未发汗或"汗力未透"。反之，发汗在他看来除寒热外还能缓解其他症状，甚至包括他最为头疼的便秘。他得出

1　侯岐曾：《侯岐曾日记》丙戌十一月十一，第 595 页。
2　侯岐曾：《侯岐曾日记》丙戌十月廿八，第 591 页。

这些认识并不令人意外，因为发汗往往意味着一个疟疾发病期
的结束，使患者得以喘息，但他显然将发汗赋予了更重要的含
义。一次岐曾请来医生钱润为自己开药，特意嘱咐后者以"治
标为急"，因为"得一大汗，即无余事耳"[1]。于是他顺利拿到了
药方：胡桃七枚，细茶三钱，白糖四钱，姜三片。虽然服用后
当晚即连绵发汗，但病症并未有显著缓解。发汗本身是疟疾发
病期的一种症状，却被侯岐曾一厢情愿地视为治疗的途径，自
属本末倒置，不可能对疟疾奏效，但恰能反映侯岐曾的医疗观
念：适合自己的治疗方式应源于并顺应自己的身体感受，而外
部建议或规范仅能起到参考作用。

如果说发汗被侯岐曾理解为"治标"之举，更重要的当
然是治本之策。孜孜不倦地确认"病根"是侯岐曾治疟历程的
一条主线，这同样以自己的身体感受为依据。在患疟的一个
多月后，侯岐曾由自己的"败气不止"，首次怀疑疟疾在体内
存有"病根"[2]。半个月后，他又感觉"败气复来，病根中人深
矣"[3]。"败气"似不是一个严格意义上的中医概念，在《日记》
中指某种发自于肠胃的气体[4]，多与饮食不甘和呕吐相连，与侯

1　侯岐曾：《侯岐曾日记》丙戌十二月十七，第 605 页。
2　侯岐曾：《侯岐曾日记》丙戌十月初七，第 586 页。
3　侯岐曾：《侯岐曾日记》丙戌十月三十，第 592 页。
4　"是午予与茂昭相对，忽咯血二口，胃间觉有败气，幸而神气如初。"见侯
　　岐曾：《侯岐曾日记》丙戌六月初九，第 545 页。

岐曾提及的"臭秽之气"或可等同[1]，起初被他视为病根在脏腑之间的表现。但岐曾很快就推翻了这一结论，因为次日（十一月初一）"败气"忽然自上而下流动，他顿时欢欣雀跃，认为寒热必能大减。不料入夜后寒热两症各自甚剧，又长期不得发汗，令他痛苦不堪，不得不更换思路。四天后的清晨，岐曾鼻间突然流出浓涕，顿时有了思路，连忙唤来玄泓翻阅医书，确证是否为"脑漏"。于是两个儿子一齐行动，花费一天为他搜检各类医书，不仅让他确认了"脑漏"之症，从而判断病根在于"下虚"，连他之前所困惑的"败气"也在《本草》中找到了答案。自行确认原因后便是对症下药，当天他就服用玄泓所合的加减地黄丸，初九日以参汤配服，并陆续用紫苏柴胡汤、藿香汤、加减四兽汤等方，但效果亦不明显，反而让他肠胃不适，于是节食停药。十一月中旬，岐曾严重便秘，又开始怀疑病根是腹中"积秽"，故强忍痛苦，在药物的配合下着力排便。十一月三十，他成功排便，自以为将"积秽"清理干净。岂料次日寒热反而变本加厉，程度几乎前所未有，这对他的打击是毁灭性的，自感"积秽已驱，略无寸效，尤觉难堪"[2]，终于难抑情绪，大发狂躁。后三天再试通便，寒热仍不稍减，只是入夜得汗，稍感安慰。在屡屡受挫之后，侯岐曾基本放弃了"治

1　侯岐曾：《侯岐曾日记》丙戌十一月初五，第 593 页。
2　侯岐曾：《侯岐曾日记》丙戌十二月初一，第 602 页。

本"的努力，但求医生优先"治标"。新年以后，他虽然未完全放弃病愈的希望，但治疗态度更趋消极。《日记》在丁亥二月中旬后再未出现请医服药的记录，可见他再也不愿以身试药，为求证自己的猜测而全力以赴了。总之，侯岐曾的疾病认知与治疗方案主要根据自己的身体感受而不断调整。身体感受既是一个提示器，让他由此努力确认病因与医疗方案；也是一块试金石，倘若疗效不如预期，之前的猜测就会被立即抛弃，医疗方案也要随之调整。

侯岐曾的治疗以身体感受为依据，以寻找"病根"为主线，体现出他对医疗进程的控制力。相较之下，专业医者在侯岐曾医疗进程中的地位并不高，发挥的作用也有限。诊断、开方与服药是三个基本的医疗环节，但它们在《日记》中都可以完全没有医者的参与，这类情况甚至占多数。即使有，也常以协商的形式进行，医者对医疗的控制力很有限。例如岐曾在与医生唐朝翔交往的过程中，便先与之商议，决定不轻用药物。之后又经协商，决定用补，最后干脆与他商量停药一日，观察病情。可见侯岐曾渴望医者首先接受自己的疾痛叙事，再进行治疗。这并不是说侯岐曾就不尊重医者的意见，只是不唯医命是听而已。与李日华等系统研读过医书的士大夫相比，侯岐曾虽然有自己的一套医疗观念，但具体的医学知识应该较为有限，否则也不会命玄泓替他查阅医书，也未见到他对医学有系统阐发。所以他才会频频寻求医者的援助，希望借助后者诊断病情，并提供他本人不具备的医疗知识。唐朝翔、钱润等医者所开的药方，岐曾也大多接受，甚至当天就按方服药，体现出他对医者专业能力的信任。但在他看来，自己的身体感受才是健康状况最重要的指标，而医者的诊断却时常与之相悖[1]，故只能作为参考，二者的主次关系很明显。自己真正的病因与最适宜的治疗方案，则必须由自己摸索。唯其如此，侯岐曾才发出"不读医书，不得为大儒"的感叹。[2]

专业医者在医护进程中的权力还被侯岐曾的亲朋好友所分割。例如，他在患病后因体质虚弱，饮食多用粥糜。友人张鸿磐不以为然，劝他进些肉食。岐曾马上吃些鸡肉和面食，傍晚又进粉糕，但都感觉难以下咽。另有一次，他以参汤服用加减地黄丸后，腹中作痛，饮食也受影响。彷徨之时，友人颜羽风来访，认为"药决不可乱投"[3]，岐曾便立即停药。侯岐曾还尝试了好友顾咸正提供的药方，他在通便时服用的与蜜箭相搭配的芥菜汤之方也由母亲龚氏提供。

医药之外的治疗与养护活动也基本由侯岐曾自主进行。在

---

1 "三日不下，得下颇更易，已不甚枯燥。伯远诊脉，亦谓渐就和平，而何寒势如昨耶?"侯岐曾:《侯岐曾日记》丙戌十二月十七，第 605 页。
2 侯岐曾:《侯岐曾日记》丙戌十一月初六，第 593 页。
3 侯岐曾:《侯岐曾日记》丙戌十一月初九，第 594 页。

物理疗法方面，他会选择以热水熨帖来缓解头痛。饮食方面，侯岐曾因患病后体质虚弱，食欲减退，"即小菜都作苦味矣"[1]，故喝粥的频率较病前大为增加。[2]为培养"胃气"，也吃些陈米饭。他平时会摄入鸡肉、狗肉、河豚等肉类，但只是略尝其味，不能多吃。为对抗寒症，亦会服用白酒，促进身体发热。他还有其他养生理念。例如某次与侍妾闹了别扭，他怀疑自己肝气受损，感叹调摄身体实属不易。这也表明他在日常生活中有明确的身体养护意识。[3]

由此看来，侯岐曾始终在各方面主导着自己的医疗进程：他以敏锐而细致的目光随时检查病况，并根据身体感受不断调整着疾病认知与治疗方案。各路医者虽然多次为他诊断、开药，但基本被他寻找"病根"的规划所牵引，并被要求为这一规划服务，在医疗空间中不拥有支配性的权力。这除了反映出侯岐曾对本人医疗进程的控制力，还体现着他的疾病认知。在他看来，疟疾不是一种不可预测、不可治愈的疾病，而是理应能得到控制。它的症状轻重可以被量化，并成为自己了解当前

---

1 侯岐曾：《侯岐曾日记》丙戌十一月初二，第 592 页。
2 侯岐曾喝粥的记录在《日记》中共出现 22 次，在患病前的丙戌正月至八月仅出现了 7 次。
3 养生自古多被中国传统医学、仙道与部分权贵所关注，儒家则不甚强调。但明中叶以后，养生也出现了世俗化、文人化乃至商品化的趋势，这是侯岐曾养生观念形成的社会文化背景。详见陈秀芬：《养生与修身——晚明文人的身体与摄生技术》，台北：稻乡出版社，2009 年。

病情的指标。消除"败气"、治疗"脑漏"、清理"积秽"等行为则是侯岐曾为减轻症状的努力,也是他在希望幻灭前为自己制造的神话。他渴盼通过自己"对症下药"般的努力筑起通往痊愈的坦途,但希望往往转瞬化为失望。一个冷酷的事实是,以抗生素杀灭疟原虫作为疟疾的根治方式,已超出了明清之际的医学水平,甚至超出了侯岐曾的理解范围,他能想象到的所有治疗方式都注定难以收效。凯博文认为,慢性疾痛的患者惯于"把野性的、异常的自然事件改变成一种文明经验,后者或多或少受过教化,有传奇色彩,受某种礼仪的控制"[1],可用以解释侯岐曾的行为方式。疟疾对他来说其实是一片蛮荒、危险而没有尽头的丛林,但他长期拒绝承认,而是不断尝试对医疗加以管控。他的努力虽不会奏效,但当面对事实上难以控制,甚至无从揣度的病休,在徘徊在希望与绝望之间时仍选择全力以赴,毕竟是千万年来人类与疾病斗争的宿命。

　　鼎革之后,各类疾病严重困扰着侯岐曾一家,特别是疟疾对侯岐曾的日常生活产生了全面冲击。寒热交作的症状将他原有的生活规律震荡得支离破碎,耳鸣、体痒、便秘等其他疑似的并发症亦平添了难以耐受的痛苦。更重要的是,在病痛的长

1　[美]凯博文著,方筱丽译:《疾痛的故事:苦难、治愈与人的境况》,第54页。

期折磨下，他逐渐将患病视为一种基本的生活状态，甚至是个人的存在状态，并产生了相应的自我认同。在侯岐曾的疾痛叙事中，疟疾存在内外两方面的致病原因，因此可以被预测，也能够被控制。他的治疟历程随之展开，尽管因为病情始终未见起色，而显得有些意气萧索。

研究侯岐曾一家的日常生活与疾病的用意不仅在于个案呈现，也希望借此丰富有关明清士大夫家庭疾病医疗的一般性认识。首先，士人家庭的男性家长在家庭医护活动中所扮演的角色不宜被低估。侯岐曾对家人患病的应对态度相当积极，对晚辈关怀备至，频频写信问候、探视问疾、延请医者。可见士大夫家庭的生活实态与公开表述之间存在明显距离[1]，研究者的认识不宜被以孝子、孝妇为叙述中心的医疗文本所局限，而应重视医疗风习、医患关系在日常生活中的真实展现。其次，疟疾的致病机制在现代医学中已很清楚，但在明清之际的士人眼中仍具有较大的解释空间。在侯岐曾看来，疟疾更多的是哀、怒、劳、火等负面情绪长期累积的结果，本质上仍反映出他对

1　熊秉真提出，16 世纪末至 17 世纪初，由于东南地区经济状况的迅速变化，社会风俗趋于自由开放，男性越来越直接而热情地参与家庭事务，一种更温柔、温暖、友善的父亲、丈夫和男性的形象得到更多欣赏。侯岐曾在家庭医疗活动中的积极态度，或为上述时代氛围所熏就。参见熊秉真著，周慧梅译：《慈航：近世中国的儿童与童年》，桂林：广西师范大学出版社，2022 年，第 104—105 页。

家势在易代之后骤然跌落与生活方式被强行改变的不适应。士人疾病医疗观的形成，看来既植根于以中医典籍为基础的传统医疗文化，也依赖于明清易代等特定的时代背景与生活情境。最后，从侯岐曾与疟疾的斗争来看，明清时期的士人生活中不仅有庙堂之上的高谈宏论或亭台楼榭里的诗酒流连，在相对原始简陋的医疗条件下，各类身体病痛对士人生命的影响可能超出今人想象。疟疾等慢性疾痛所改变的不只是士人的生活规律或状态，还有生活观念与自我认同等意识层面的内容。对这一主题的研究，将有助于为业已五彩斑斓的明清士人生活史研究继续嵌上一块不可或缺的拼图。

毫无疑问，侯岐曾与疟疾等病痛的较量是一场漫长而痛苦的战争，而希望总被证明是脆弱而虚幻的。侯岐曾起初对病愈信心十足。他小心翼翼地对待身体的每一个细微变化，积极从事医疗与养护，还不时用幽默化解难堪。[1]但随着各种"治本"之策的相继破灭，他逐渐意识到这场战争永无尽头，并很可能最终将自己嘎吱作响的病体拖入绝望的深渊。在这样的痛苦之下，除了象征生命力量的诗文之道以外，侯岐曾还能坚持的大概唯有"奉母保孤"的信念。他曾向朋友倪长圩抱怨包括病情

1　"连日尤苦耳鸣，予尝以此症为自鸣鼓。然此鼓不以鸣吾君，而以鸣吾耳，其何裨于天下国家之数哉？"见侯岐曾：《侯岐曾日记》丙戌十月廿七，第591页。

在内的"万苦千荼"，但依然表示："然而万念灰烬之余，仍不得不力护此壳漏。"[1]事实上，除了负重前行以外，他的确别无选择，更多的苦难还在路上。

1　侯岐曾：《侯岐曾日记》丙戌十一月十五，第 597 页。

第四章　蓟庭萧瑟故人稀：侯岐曾的社会交往

　　易代之变宛若惊雷，不仅将日渐兴盛的嘉定侯氏一夕打入绝境，也让许多坚持反清的江南士绅家族遭到清洗，使幸存者的内心往往被浓重的孤独感所笼罩。侯岐曾多次感叹"平生至交，十九捐躯赴难"[1]，"而吾友靡靡愈索，每叹吾道非耶"[2]。他看到了好友的相继离去，也从"吾道非"的层面敏感地观察到原来的世界也一并消逝。当平生至交如落叶般在鼎革的秋风中纷纷飘零，自己也必将迎来一个无情的冬天。他为免招忌，力求减少与外界的往来，却仍然渴望获得友谊的慰藉。他自恃清贵，不愿与眼中的卑琐小人结交，但为保存家业又不得不俯首迁就。种种思虑与挣扎，交织出侯岐曾斑驳迷离的社交图景。

1　侯岐曾：《侯岐曾日记》丙戌二月廿二，第 499 页。
2　侯岐曾：《侯岐曾日记》丙戌九月初一，第 577 页。

第一节　吾友靡靡：侯岐曾的社会网络

社会网络由人的各种社会关系交织而成，是社会学研究中的核心概念之一，与社会群体均为社会结构分析的重要视角。20 世纪 60 年代以后，在社会学领域中，具有流动性的、内部存在"多重相互迭压和交织的权力"的社会网络，逐渐成为人们解构和重构社会的新思路。[1] 以侯岐曾为中心发散出的社会交往与社会关系纽带的集合，也可被视为他的社会网络，用以考察明清之际江南士绅社会交往的基本形态。

《日记》所见侯岐曾社交对象的统计（见附录），可知在《侯岐曾日记》记载的十六个月中，侯岐曾的社交对象共有 135 人（不包括家庭亲属与奴仆），他们与侯岐曾存在至少一次往来（包括通信）。其中，男性为 127 人，女性仅有 8 人，且均与侯岐曾有血缘或姻亲关系（但不属于以侯岐曾为家长的家庭），说明士人的社交对象以男性占绝对多数，与异性的交往则受到很大限制，往往需要依托亲缘关系展开。

在 127 位男性中，能确定具士人身份的有 80 人。此处的"士人"取最宽泛的定义，只要受过系统儒学教育并追求儒学价值观者均属士人之列，不论是否有功名或官职。这一定义落

1　参见肖瑛：《从"国家到社会"到"制度与生活"——中国社会变迁研究的视角转换》，《中国社会科学》2014 年第 9 期。

实到统计中，则具体为以下三条标准，满足三条之一者即被视为士人：一，有功名或官职。二，是具有较高科名的士绅群体的子辈。因为士绅家长为长保家势，须让子辈接受儒学教育。三，拥有其他受过儒学教育的证据，包括参与党社、出版文集、文章被名士评点等。

在这 80 位士人中，有 23 人功名不详或无功名，37 人为生员（包括贡生、监生与地方生员），10 人为举人，10 人为进士或贡士。80 人中还有 17 人有官职，其中 11 人首次获得官职的时间是崇祯十七年北京失陷之前，3 人的官职为南明政权初颁，另有 3 人在清朝首度入仕。侯岐曾本人的功名仅为副榜贡生，且从未仕宦，但在《日记》中，功名与官职对他的社交似未产生明显制约。一方面，侯岐曾能自如地与钱谦益（曾任礼部尚书）、申绍芳（曾任户部右侍郎）等高官往来，并获得后者帮助，与张采、陈子龙、倪长玗、叶绍袁等进士以兄弟相称[1]，与顾咸正、杨廷枢、姚宗典、许自俊、陈偲、苏渊等举人亦保持亲密关系。另一方面，科名不如他的晚辈如龚元侃、陆元辅、顾天逵等人也能与他谈笑风生，交往频次甚至超过其他任何友人。原因可能是副榜贡生虽在生员之列，但已有任官资

---

[1] 明代士人在通信中以兄弟相称不意味着他们真的建立了某种拟血缘关系，但应说明双方关系不至悬若天壤。另外，"弟"的自称也仅用以表达谦虚，未必说明自己的年龄小于对方。

格，属于"上层绅士"[1]，并配以本人的门第与名望，使侯岐曾在选取社交对象时享有更高的自由度。

籍贯方面，80 位士人中有 38 人为嘉定籍，接近总数的一半。21 人来自苏州府其他州县，包括吴县、长洲、昆山、吴江、太仓等。10 人来自南直隶（顺治初改为江南省）除苏州外的其他府，以松江府最多，达 8 人，涵盖所辖华亭、青浦、上海三县。这应源于嘉定县位于苏州府最东端，与松江接壤，构成两地士人交往密切的基础。来自外省者有 5 人，其中浙江 3 人，江西 1 人，河南 1 人。另有 8 人籍贯不详。可见，此时侯岐曾的社会网络以嘉定为基点，在县境内最为密集，延展范围则基本限于苏州、松江两府，籍贯位于两府的士人达 68 位，超过总数的百分之八十。这一范围相对于鼎革前应该是大为缩小了，侯岐曾在苏州、松江之外的朋友有一些如祁彪佳（山阴人）、吴应箕（贵池人）已死于国难，另一些如方以智（桐城人）、冒辟疆（如皋人）则断绝联络，在《日记》中从未出现。原因显然包括鼎革战争造成大量士人的死亡，并制造交通上的阻碍，但同样重要的是侯岐曾在外部压力下的自主选择。侯家

1　张仲礼认为副贡属生员中的特殊群体，虽"不能参加会试，故被称为'半个举人'，但也属于上层绅士"。张仲礼著，李荣昌译：《中国绅士：关于其在 19 世纪中国社会中作用的研究》，上海：上海社会科学院出版社，1991 年，第 23 页。

因参与抗清，已成为清朝官府整治追索的对象。为免树大招风，侯岐曾唯恐自己不能销声匿迹[1]，有意识缩小社交圈，对一些好友也"惟以废绝往来为真往来"[2]。他也提醒同样关乎"物色"的好友顾咸正："而最吃紧者，尤在谢绝往来，使人莫知所处。"[3]侯岐曾本人也确实是这样做的，在丙戌年五月长住厂头镇恭寿庄以前，他"往来无定所，所至阖户养疴，家人都不使知之"[4]。这种做法或许显得过于谨慎，但真切地反映了他如履薄冰般的恐惧。

除士人外，侯岐曾的社交对象还包括医者（8 人）、地方职役（3 人）与其他平民（1 人），所占比例很低。其中与平民龚贤的交往值得注意，他在日记中记载："有龚贤者，感予旧恩，馈鱼酒甚侈。风雨周旋，谁谓慕义不出匹夫耶！"[5]"匹夫"一词说明龚贤只是一介平民，也反映出侯岐曾在潜意识中将"匹夫"与自我相区隔的心理。龚贤在侯家患难之际以鱼酒相赠，自然让岐曾心中感动，但这种感动却建立在自己的心理优越感上。"恩"的使用也说明，侯岐曾自认为在双方交往中

1　"诛求日甚，藏迹恐不深。"见侯岐曾：《侯岐曾日记》丙戌七月十三，第562 页。
2　侯岐曾：《侯岐曾日记》丙戌十月初三，第585 页。
3　侯岐曾：《侯岐曾日记》丙戌六月廿一，第552 页。
4　侯岐曾：《侯岐曾日记》丙戌三月十九，第511 页。
5　侯岐曾：《侯岐曾日记》丙戌二月初八，第494 页。

占据了支配地位。"匹夫慕义"的表达在认可对方之余，还隐
含着对下位者所展现的道德品质的惊奇，这同样体现了士大夫
的心理优越感。无独有偶，遗民叶绍袁也有类似的感受。船夫
张安偿还所欠借款，叶氏便表示："小人好义如此，故识之。"[1]
酒家金奉川兄弟因慕其不仕清朝，特来拜访，赠送橘栗等果
品，他也感到"市井中有好礼如此"[2]。学人已注意到明末士大
夫"对于卑幼者道德能量、道义情怀的欣赏、肯定"[3]，此举虽
有借机讽刺同辈变节者的考虑，但仍以自身社会地位与道德品
质的优越感为前提，史家对明季奴仆殉主事迹大加赞扬的理念
也发端于此。[4]士大夫与平民的身份差距表现在社会交往的各
个方面，除彰显道德优越感，雅俗之辨也常被士大夫用于自我
区隔。侯岐曾某次托一位殷姓保人前往吴淞办事，专门让老仆
管科请殷氏在行前与自己见面。见面时正值深夜，岐曾在灯下
披衣与之恳谈，不料大失所望，事后嫌恶地记录道："而不意

1　叶绍袁：《甲行日注》卷一，第3页。

2　叶绍袁：《甲行日注》卷一，第13页。

3　赵园：《制度·言论·心态——明清之际士大夫研究续编》，北京：北京大
　　学出版社，2015年，第198页。

4　如在著名的"画网巾先生案"中有两位仆人随主而死，死前不忘对主人叩
　　头表示："奴先往泉下扫除。"温睿临称赞道："观其义化二仆，即平生之学
　　术可想见矣。"将卑幼展现的道德情怀归因于尊长的"义化"，所反映的等
　　级意识相当强烈。见温睿临：《南疆逸史》卷三九，第292页。

其为粗中人也。"[1]侯岐曾对自己的家仆也往往不假辞色，多嫌其"俗"。今人多判断中晚明士人的社交对象出现下移趋势，与僧道、商人、手工业者乃至名妓的交往大为增加。[2]《日记》呈现的情况是，侯岐曾的社交仍依托士人交游圈展开，与其他阶层成员的交往极为有限。他在与平民、奴仆交往时透露出的等级意识，应当是长期阻碍双方展开密切交往的重要因素。看来，侯岐曾等著姓望族出身的士大夫因自恃身份，其社交对象下移的程度不宜被过分高估。

社交频率也能说明侯岐曾社会网络的一些特点，相关统计见下表：

表2　侯岐曾的社交频率

社交频率（次）	人数	百分比
1	59	44%
2—5	46	34.3%
6—10	12	9%
11—20	11	8.2%
>20	6	4.5%

1　侯岐曾：《侯岐曾日记》丙戌六月初七，第544页。
2　参见徐林：《明代中晚期江南士人社会交往研究》，上海：上海古籍出版社，2006年，第117页。

可见，40%以上的社交对象与侯岐曾在丙丁之际仅见过一面或通信一次，这类社交仅作为蜻蜓点水般的存在。接近80%的社交对象与侯岐曾的交往频率在5次以内，真正与侯岐曾保持较密切联系的朋友只有一二十人，全程、全方位地参与侯岐曾日常生活的好友不超过五六位。限于资料很难确定这是易代之后的新变化，但从另一个角度仍能捕捉到某些信息：社交频率大于20次的6人分别为顾咸正、顾天逵、龚元侃、陆元辅、侯鼎旸、侯艮旸，他们与侯岐曾不是存在血缘或姻亲关系，就是岐曾的弟子门生。这说明在鼎革之初的滔天危机中，以上两类具有义务性的关系是侯岐曾对外依靠的主要对象。

侯岐曾的社会网络确实因明清鼎革的冲击而出现收缩，这既来自鼎革战争对江南社会与交通的破坏，也与他在外部压力下的危机心态密不可分。不过，社交范围的收窄幅度还远不到"废绝往来"的地步。从《日记》来看，侯岐曾对自己的社交对象也有意识地进行拣选，对社会网络做出了整合与优化。使它在应对危机时显得精简有效，也为自己提供了相当程度的情感慰藉。

第二节　各显其能：侯岐曾的社交类型

在社会网络本土化研究的历程中，费孝通提出的"差序格局"具有里程碑式的意义[1]，黄光国的人情面子理论则反映了当代研究的较高水准。[2]他提出，中国人在儒家伦理影响下会将社会交往的关系分为情感型、工具型与混合型，这一概念值得借鉴。不过，这三种社交类型在概念上并非截然对立，侯岐曾也有不少社交关系兼备多种类型的特征。本书借鉴黄氏理论，仅用以突出某一类关系的主要特点，把握其在侯岐曾生活中发挥的作用。在每一类关系中，将选取数位具有代表性的人物，介绍他们与侯岐曾的交往。

一、忘形之契：情感型社交

情感型社交建立在彼此坚实的感情基础之上，情感是决定交往频度与深度的核心因素。由于情感奔腾起伏、难以约束，使这类社交未必遵守理性交易的一般准则，而可以是一种单向

1　有关国内外社会网络研究的发展历程与相关理论，参见肖冬平、梁臣：《社会网络研究的理论模式综述》，《广西社会科学》2003 年第 12 期。

2　详见黄光国：《人情与面子：中国人的权力游戏》，北京：中国人民大学出版社，2010 年。

付出，无意向对方索取回报。对侯岐曾来说，这是他最为珍视的一种关系，也是他在乱世艰难求活的慰藉。

（一）顾咸正

顾咸正，字端木，号毂庵，出自昆山名门，曾祖乃嘉靖朝内阁大学士顾鼎臣，其父顾谦服曾任四川马湖府同知。[1]顾咸正早在青年时代就与侯岐曾相识，双方"云龙之契，订于卯角"[2]，长期往来密切。二人在江南时文评选的舞台上均有一席之地，学术观点颇有共鸣，侯岐曾还多次为顾咸正所编房稿题序。顾咸正长子顾天逵娶侯岐曾之女，更是两家关系进一步加深的证明。崇祯六年（1633），顾咸正考中举人，十三年（1640）以会试副榜任延安府推官。随着明王朝步入末路，他本来平淡的宦历也变得跌宕起伏。崇祯十六年（1643）冬春之际，大顺农民军攻占全陕，顾咸正试图组织抵抗，反被农民军俘获拘禁。一年后清军攻入潼关，他又被韩城百姓推为领袖，为响应声言复明的吴三桂，起兵斩杀大顺政权县令王业昌。[3]但他很快发现吴三桂已降清，遂逃入韩城山中隐居近一年。"偷生异域"的经历对顾咸正是一种折磨，他在给岐曾的信中说自己"无刻不经历龙潭虎窟，宛转刀山剑树之下，待死

1　归庄：《归庄集》卷七《两顾君大鸿仲熊传》，第 407 页。
2　侯岐曾：《侯文节集》不分卷《序顾端木制义》，无页码。
3　计六奇：《明季南略》，北京：中华书局，1984 年，第 260 页。

而已"[1]。丙戌年三月底，他终于寻机逃回家乡昆山。这一段万里返乡的旅程肯定充满了惊心动魄的情节，因为顾咸正不仅在鼎革之际的战火与混乱中平安抵家，还奇迹般地保住了自己的头发。侯岐曾得知后，便盛赞其"死拒伪命，生入里门，不独全其眷属，且全其发，遂为千古全人矣，岂非忠义之报"[2]。

四月初三日，顾咸正抵家才刚满三天，约见老友侯岐曾的心情就已十分迫切，专门让家仆陶蝉致信订期，几番来回，才最终约定在五月上旬见面。然而好事多磨，先是盗匪王招焚烧嘉定县衙与府库，使城中一时大乱，城外交通也为之阻绝。随后籍没、取租二案反复不定，使侯岐曾疲于应付，不得已又推迟晤期。后来侯岐曾认为双方晤谈已无可再拖，决意派两个儿子代己赴约，不料长嫂李氏突然病危，连这一计划也不得不取消，只好满怀歉意地向顾咸正"专遣僮奴百叩"[3]。二人直到八月十四日才在泾南见面[4]，乱后重逢自然百感交集，甚至让岐曾感到如在梦中，不由叹道："此真幻生中尤幻之境。就幻境中有此团聚，莫谓此缘易得也。"畅聊过后就是大醉一场，侯岐

1　侯岐曾：《侯岐曾日记》丙戌正月廿一，第 489 页。
2　侯岐曾：《侯岐曾日记》丙戌四月初三，第 515 页。
3　侯岐曾：《侯岐曾日记》丙戌六月廿一，第 552 页。
4　泾南是侯家别业，后暂借顾天逵夫妇居住。顾天逵的好友归庄记载天逵随岳父侯岐曾住在嘉定厂头镇，可见泾南与侯岐曾常住的恭寿庄同在厂头。见归庄：《归庄集》卷七《两顾君大鸿仲熊传》，第 408 页。

曾自称离乱以来从未如此醉过。二十八日，二人再度聚首，痛饮高歌，岐曾也感慨此举"复呈卅年前本色"[1]。此说绝非无据：崇祯六年冬，侯、顾在酒酣聚话之后，长啸不止，又秉烛踏霜，直赴山巅，继续痛饮。[2]二人交往中的狂欢色彩，在鼎革之后也一如既往。此后顾咸正频频登门拜访，成为与侯岐曾交往频繁的友人之一，社交频率高达50次。

侯岐曾与顾咸正的往来基本不由实用性的目标驱动。侯岐曾除偶尔向顾咸正打探南方战局，或拜托他与南明政权联系以外，几乎看不出发起社交的明确意图。二人的社交也基本是在轻松愉快的场景中进行，不是"痛饮高歌"，就是端坐"清对"，双方在精神上都没有什么负担。情感型的往来不意味着这类社交没有实际作用，而是以另一种隐蔽的、连当事者都未必充分意识到的形式呈现。首先，乱离丧亡之后与老友重逢能带来莫大的安慰，侯岐曾便不乏兴奋地对顾天逵表示："不意乱离悲痛之余有此一场狂喜……中年离合，昔人所重，况此是何等离合，尚敢斤斤守其不出壤之戒乎？"[3]其次，侯岐曾的聊天、下棋、饮酒、诗词唱酬等消闲活动有相当部分发生在与顾咸正的交往中，自有放松精神、排遣心绪之效。他在丁亥年春

1　侯岐曾：《侯岐曾日记》丙戌八月廿八，第577页。

2　侯岐曾：《侯文节集》不分卷《序顾端木制义》，无页码。

3　侯岐曾：《侯岐曾日记》丙戌四月初三，第516页。

节期间与顾咸正屡有唱酬，明确提及此举能够"借以遣兴，几忘病魔"[1]。四月二十三日，顾咸正又邀请侯氏子侄叙话，侯岐曾见天气晴朗，便与子侄坐船同往，借此排忧解闷。岐曾的《除夕》《元旦》诸诗相继草成，顾咸正读后称赞，也让他获得了被肯定的满足感。双方还会通过其他举动表达情谊，有一些是正式的仪式，如顾咸正专程前来拜祭侯峒曾，并执意要求为峒曾设立遗像，拜奠尽哀后才离去。另一些则表现于日常生活的细节中，如侯岐曾向顾咸正赠送一大樽花露酒，顾咸正则为罹患疟疾的侯岐曾提供药方。

二人的深厚感情是维持高频度社交的决定性因素。侯岐曾对顾咸正的感情近乎毫无保留，《日记》中处处可见他对这段友谊的重视。顾咸正以全发返家，顿时在当地引起轰动，侯岐曾便担心引来清朝官府的注意，敦促他速速率家离开昆山，搬到别处避居，还同时给顾天逵写信，请他催促其父尽快搬家。他私心盼望顾咸正能直接搬来嘉定，"使两家有望衡对半之乐"[2]，对老友的关切之情处处可见。

侯、顾二人均以明朝遗民自居，但在政治上的言行举止截然不同。侯岐曾坚持"奉母保孤"，生活低调，始终拒绝参与复明运动。顾咸正恰好相反。他以忠孝大节自命，国仇之外

---

1 侯岐曾:《侯岐曾日记》丁亥正月初九，第610页。
2 侯岐曾:《侯岐曾日记》丙戌四月初三，第516页。

兼有家恨：二弟钱塘知县顾咸建因拒降被清朝处死，幼弟举人顾咸受参与昆山抗清之役，城破后死于清军屠城。[1]或因如此，顾咸正在丙丁之际积极从事地下抗清活动，意志坚定，百折不回。他曾多次劝说侯岐曾从事复明运动，岐曾均予婉拒，反而提醒他"此至危至危之事，将来无数杀机尽在其中"[2]。咸正有所不满，又专门给岐曾再致一信，声称明朝复兴指日可待，力劝岐曾不必过于"畏慎"，篇幅长达数千字。侯岐曾对这封长信颇感为难，"十句只答得一两句"[3]。顾咸正在复明运动中总是显得行事粗率、盲目乐观，更让岐曾感到苦恼。早在二人重逢的七天后，他就含蓄地规警顾咸正："从来处大事者，敬忌未有不成，夸诩未有不败。"[4]丁亥年三月"通海案"暴露后，侯岐曾在给清苏松提督吴胜兆的幕僚戴之俊致信时，也为顾氏开解，说他复国之志有余，成事之谋不足，自己早就预感他会遭殃。事后，惊魂未定的侯岐曾再次告诫顾咸正行事务必谨慎，但他完全听不进去，反而以百炼成钢自许，发誓绝不退缩。双方的政治立场虽有所不同，但彼此情谊并未受到影响。四月初五，顾咸正再携陈酒来访，侯家恰好宾客齐集，于是众人"倾

1　温睿临：《南疆逸史》卷三三，第233—234页；同治《苏州府志》卷九四，第23页。
2　侯岐曾：《侯岐曾日记》丙戌五月廿九，第540页。
3　侯岐曾：《侯岐曾日记》丙戌六月十八，第549页。
4　侯岐曾：《侯岐曾日记》丙戌八月廿一，第575页。

倒尽欢"，令岐曾几乎忘记自己身体抱恙。欢乐的气氛一如往昔，之前的不愉快似乎从未发生过。

然而，这段因乱后重逢而愈发牢固的友谊很快走到了尽头。"松江之变"被镇压后，清廷对参与复明运动的江南士人展开大规模搜捕，谣言日甚一日，使四月中旬后一直在侯家逗留的顾咸正愈发不安，决定提前回家探视。侯岐曾已有了不祥的预感，当晚不禁在枕上默默流泪，次日又主动约顾咸正饮酒叙话，这大概是这对老友最后一次见面。第二天，即四月二十六日，顾咸正匆匆启程，来不及与侯岐曾再见一面。五月十一日，侯岐曾被清兵逮捕，经过三天简单的审讯后便遭处决。顾咸正也在五月底被捕，并被清廷视为"通海案"的"叛首"，于当年九月在南京遇害。[1]

总的来看，侯岐曾与顾咸正的社会交往由二人的深厚友谊所决定，基本不由实用性的动机驱动，但仍具有分享情感、排遣心绪、获取认同等功能，在他的社交中占据举足轻重的地位。侯岐曾对顾咸正的情谊之深，言行表露之热烈，在《日记》中绝无仅有。明代的朋友关系位居"五伦"之一，但概念界定并不明晰，在应用时也有很大弹性，对彼此义务的强调可

1 　详见归庄：《归庄集》卷七《两顾君大鸿仲熊传》，第 408 页；《江南各省招抚内院大学士洪承畴题本》，《明清史料·己编》第 1 本，台北：台湾"中研院"历史语言研究所出版，1957 年，第 34 页。

能超过情感的诉求，师友并称便说明了这一点。[1]侯岐曾与顾咸正年龄相仿，社会地位大致相当，既是知交好友，又是儿女亲家，因此他们在《日记》中展现出的关系反而与现代强调平等、亲密的友谊比较相近，这种情况在侯岐曾的社交关系中十分少见。

（二）金熊士

金熊士，字渭师，是侯岐曾的外甥，其父为嘉定贡生金德开，其母侯氏为侯岐曾之妹。顺治二年嘉定城破后，金德开死于清兵屠城，侯氏投水自尽，三子吉士、堪士、仲士一并遇害。另一子金起士随侯峒曾、黄淳耀守城，城破后逃到乡下，写《七哭》诗悼念遇难亲人，随即忧愤交加，呕血而死。[2]金熊士遂成为侯氏所出诸子中唯一的幸存者。他痛念家国之悲，每逢节庆都落落寡合，不是对食而叹，就是放声大哭，直闹到满堂亲友各自不乐。[3]侯岐曾对这位至亲丧尽的外甥不乏爱怜之意，在日记中沉痛地记录道："痛哉吾妹遗种，亦仅存此子矣！"[4]金熊士于丙戌年正月来访，岐曾对他以"忠孝大节"相

---

1 ［英］柯律格著，刘宇珍等译：《雅债：文徵明的社交性艺术》，第26—27页。

2 潘履祥：《罗店镇志》卷五，载《上海乡镇旧志丛书》第11册，上海：上海社会科学院出版社，2006年，第222页。

3 陆元辅：《陆菊隐先生文集》卷七《赠金渭师序》，第401页。

4 侯岐曾：《侯岐曾日记》丙戌正月十二，第486页。

勉，还免去金氏所欠的一笔六十两白银的债务。金熊士后将剩余的款项归还，岐曾便欣然赞道："即此财利间，吾甥义心古道，所云无我负人者，于此站定脚跟矣。欣慰！欣慰！"[1]

在《日记》中，侯岐曾与金熊士共有 12 次交往，频率不算太高。这些交往基本在情感主导下展开，没有实用性的动机。更准确地说，双方交往主要由金熊士对侯家单方面的感情所推动，侯岐曾则有些半推半就。一个最具代表性的事件是，丙戌年四月，侯岐曾组织家人将浮厝于城中的亲属棺木用船只移出安葬，金熊士与妹夫陈仲晋特来帮忙移棺，并坚持留下奠金。侯岐曾在写信道谢之余，也指出此举实为"过情""过礼"：

> 移殡非举襄也，至亲实无一到，独吾甥重茧远涉，此为过情。至于奠金苦留，则又过礼之极矣。昨戏对吾母云："吾甥从此直当以此事为戒。"然亦不可尽谓之谑论耳。专童返谢，并道一饭未设之惭。陈氏妹倩，烦多多致谢。[2]

另一个例子是，长嫂李氏过世后，侯岐曾又专门给金熊

1　侯岐曾：《侯岐曾日记》丙戌三月十八，第 511 页。
2　侯岐曾：《侯岐曾日记》丙戌四月二十，第 523 页。

士写信，以"颇关耳目""阖室卧病"为由请他不必前来吊丧。但两个月后，金熊士仍与举人王霖汝一并登门致奠，并拜见岐曾之母龚氏，坐谈许久，又与岐曾小酌一番。金熊士还向岐曾馈赠人参（但被谢绝），并多次登门造访。其中一次甚至发生在岐曾疟疾发作时，双方在床头叙话。总之，金熊士对侯家可谓情深义重，由登门觐母、床头叙话等细节也能看出两家的亲密关系。

侯、金关系是情感型交往的另一种类型，与侯、顾关系不同，它的维系主要表现为金熊士的单向付出，侯岐曾本人似无强烈的社交需求。但在丧亡乱离之余，仍能从亲戚处获得这样的情感支持，想必岐曾心中不会毫无感念。

（三）夏完淳

夏完淳，字存古，松江华亭人，几社名士夏允彝之子。他年少聪慧，在文学方面极有才华，"才藻横逸，江左罕俪"[1]，以其浪漫瑰丽、沉郁哀婉的风格，与其师陈子龙被今人誉为明代诗歌之殿军[2]，近人陈去病赞叹其《大哀赋》有庾信《哀江南

---

1 温睿临：《南疆逸史》卷十四，第98页。
2 在当代文学史著作中，陈、夏通常被归入明代文学复古派的行列，创作风格与"前七子""后七子"相承接。在地域视角下，二人也因籍贯被视为云间派的成员，这一文学学派的形成与明末几社的兴起有直接关系。参见廖可斌：《明代文学复古运动研究》，北京：商务印书馆，2008年；刘勇刚：《云间派文学研究》，北京：中华书局，2008年。

赋》的手笔，读之"几疑开府复生"[1]。弘光元年九月江南武装抗清运动失败后，夏允彝投水自尽，完淳则改名为复[2]，积极投入复明活动，顺治四年因与鲁王政权联系一事泄露，被清朝逮捕处死。[3]

侯、夏两家的姻亲关系，以及侯岐曾对夏完淳的态度，使侯、夏之交带有情感型交往的色彩。夏允彝是侯岐曾的亲家，岐曾次子玄泂娶允彝之女淑吉。侯岐曾虽年长夏完淳逾四十岁，却相当重视与他的关系，并未止于表面上的尊重，而是在内心里愿意亲近，认为二人"惟当事事相喻以精微"[4]，是名副其实的忘年交。在《日记》初始的半个月，侯岐曾对夏完淳都亲热地称呼他的乳名"端哥"，此后才改称其字"存古"。侯岐曾对夏完淳的诗歌评价甚高，多次赞赏，还专门向陆元辅索要完淳诗稿。二人也经常会晤面谈，岐曾甚至不惜抱病出见。

1　陈去病：《五石脂》，载《丹午笔记・吴城日记・五石脂》，南京：江苏古籍出版社，1985 年，第 272 页。

2　此前有观点认为夏完淳初名复，国变后方改为完淳。但夏完淳的好友陆元辅明确提及夏氏"初讳完淳，复其乱后所改名"，可知此说为误。陆、夏二人在丙丁之际多次见面，谈论古今，夏完淳还将自己撰写的《续幸存录》托付给他收藏。以这样亲密的关系，陆元辅不可能弄错夏完淳的名讳。见陆元辅：《续幸存录序》，载《夏完淳集笺校》，第 848 页。

3　有关夏完淳的主要研究成果，参见台湾学者孙慧敏《书写忠烈：明末夏允彝、夏完淳父子殉节故事的形成与流传》（《台大历史学报》第 26 期，2000 年 12 月）、《天下兴亡，"匹夫"之责？——明清鼎革中的夏家妇女》（《台大历史学报》第 29 期，2002 年 6 月）两文。

4　侯岐曾：《侯岐曾日记》丙戌五月十六，第 531 页。

除侯岐曾外，夏完淳与同辈的"上谷六龙"几乎都有往来，在国变后同病相怜，彼此的关系又被进一步拉近了，夏氏文集中存有不少他寄给侯氏兄弟的诗篇。[1]连侯岐曾的母亲龚氏也对这位才华横溢的少年青眼相加，特意向他赠送酒米。

侯岐曾对夏完淳十分关心，积极为他提供力所能及的帮助。例如，岐曾对当时江南士绅秘密联系南明政权的做法充满疑惧，认为"今日传来某忠臣予恤，明日传某名士拜官，此至危至危之事，将来无数杀机尽在其中"[2]，不忘提醒夏完淳在联系南明政权时"凡凡慎之"[3]。某次夏完淳来侯家做客时受风发热，侯岐曾力劝其留宿养病。侯岐曾为夏完淳提供的最重要的一次帮助是为他提供住所。夏完淳曾在丙戌年春参加进士吴易领导的太湖复明武装，不久后即离开军中，居无定所。岐曾便与夏淑吉商议，将侯家在南翔镇的别业让给夏完淳暂居，为此专门写信邀请。夏完淳欣然接受，六月十八日即搬入南翔。

但入秋之后，帮助者与受助者的关系就调转过来。此时侯氏面临的籍没压力进一步增大，此前疏通官府的尝试被证明毫无效果，余财也在不断地贿赂打点中消耗严重，局势几乎到

1　包括《忆侯几道云俱兄弟》《丙戌四月七日寄研德武功叔侄并序》《赠徐似之侯智含》《秋日避难畷东柬智含》《寄研德》等。
2　侯岐曾：《侯岐曾日记》丙戌五月廿九，第540页。
3　侯岐曾：《侯岐曾日记》丙戌三月三十，第512页。

了山穷水尽的地步。侯岐曾在万般无奈之下，决定行"背城借一"之策，向正担任清朝内阁中书舍人的老友李雯求助。他除了向老友写信求情，也托夏完淳帮忙疏通。夏完淳随即写下著名的《与李舒章求宽侯氏书》[1]，据说李雯读后动情流泪，承诺相助，随即遣弟李霁向嘉定署篆疏通，侯家的燃眉之急得以缓解。

侯、夏关系说明，情感型交往虽通常不由实用性动机驱动，在实用方面却具有相当潜力。一遇时机，与对方的情感联系就能转化为相应的社会资源，使彼此形成帮助者与受助者的关系，这一关系也随时可能因局势变化而倒转。

侯岐曾与顾、金、夏三人的社会交往可被归为情感型，但二者也各自有别。如果说侯、顾关系的主导情感是友谊，主导侯、金关系的是亲情，侯、夏关系中则二者兼有。双方虽不在意能否从这段关系中获得现实回报，但意识到彼此关系的非功利性恰能带来精神上的安慰。在特定情况下，情感基础也能迅速转化成社会资源，使双方同时受益。它对侯岐曾来说，是一类足以倾心依靠的社会交往，但适用面仅限于少数亲友。其他社交关系则更为复杂，将情感与利益纠缠一处。

1　详见夏完淳著，白坚笺校:《夏完淳集笺校》，第 500—504 页。

二、将本图利：工具型社交

工具型社交总是存在一个或多个明确具有实用性的动机。社交发起者希望从关系中获取现实利益，社交过程也多是双方交换资源的过程，但不意味着情感因素不存在或不重要。这类关系的维持着实让侯岐曾费尽心机，也是士绅社交艺术的展现。

（一）沈弘之

沈弘之，字茂之，嘉定人。随着明末的军事情势、社会氛围日渐紧张，谈兵说剑的风气在士人群体中迅速蔓延[1]，沈弘之便是其中的一位佼佼者。据说他精通军事，"深于史术，凡九边要害，抵掌如在心目"[2]，虽只有生员的功名，活动能量却不小。他先入蓟辽督师袁崇焕的幕府，后坐馆于内阁大学士冯铨之家，又费五年编出了一部《武事全书》，由冯铨上呈崇祯帝，得到皇帝的赞赏。[3]南京兵部尚书范景文在所纂军事理论著作《战守全书》中[4]，十余次提到"沈弘之曰"，其中一部分是对关外宁远战事的分析，更多的则是沈弘之对火铳、火箭等远程武

---

1 参见赵园：《制度·言论·心态——明清之际士大夫研究续编》第二章《谈兵》，第79—154页。
2 嘉庆《直隶太仓州志》卷三七，嘉庆七年刻本，第12页。
3 康熙《嘉定县志》卷十六，第687页。
4 《战守全书》成于崇祯十一年。有关此书的编纂背景，参见杨绪敏：《范景文与晚明时期军事史的编纂》，《鲁东大学学报（哲学社会科学版）》2015年第6期。

器的论断。范景文对沈氏显然颇为推崇，这或许也反映了二人的私交。

在史籍记载中，沈弘之生平最耀眼的事迹当属崇祯十二年（1639）向族弟沈廷扬提供五卷《海运书》，以建言献策的方式帮助后者完成了漕粮海运的壮举。明永乐后江南漕粮多由运河发往北京，积久弊生，运输成本不断攀升。加之明末山东一带战火频仍，漕运受阻，遂引发漕粮海运之议。但明代长期独赖漕河，海运基础已失，贸然实施将牵动各方利益，在朝中多不能行。[1]沈廷扬在户部尚书倪元璐支持下，顶住各方压力，试行漕粮海运，四年内节省白银数万两，其中不无沈弘之的功劳。他因此多被时人描述为意气飞扬的"江东豪士"，明亡后又对故国多有眷恋，以遗民形象出现。顺治四年，沈廷扬抗清被杀，沈弘之还出面将廷扬安葬于苏州虎丘，作传纪念[2]，从此归隐田园。清初年高望重的松江诗人唐汝询便以"风雅翩翩自不群，荣华入目总浮云"一诗[3]，称赞沈氏的卓尔不群、品行

1　参见吴缉华：《明代海运及运河的研究》，台北：台湾"中研院"历史语言研究所出版，1961 年，第 346—347 页；樊铧：《政治决策与明代海运》，北京：社会科学文献出版社，2009 年，第 366—367 页。

2　沈弘之：《海运郎光禄寺少卿沈廷扬传》，佚名：《江东志》卷八，载《上海乡镇旧志丛书》第 14 册，上海：上海社会科学院出版社，2006 年，第 163 页。

3　朱彝尊：《明诗综》卷七十，载《景印文渊阁四库全书》集部第 1460 册，台北：商务印书馆，1986 年，第 28 页。

高洁。

　　然而，沈弘之在侯岐曾笔下却完全是另一种形象。据《日记》所载，沈氏此时正在清朝江宁巡抚土国宝幕中任职，这一信息不见于其他史料。江宁巡抚一职系清初江南省的最高行政长官，身为土国宝座上宾的幕客自然也是炙手可热的人物。[1] 侯岐曾的朋友故纷纷劝他打通沈弘之的关系，以缓解侯家日益深重的籍没危机。但侯岐曾对沈弘之并无好感，也无力投入大量金钱经营这段关系，即所谓"不独安于义，直限于力耳"[2]。但仅在十天后，岐曾便接到消息，称沈弘之有"侯产必当籍"一语[3]，顿时悚然心惊，终于意识到与沈氏的关系实有破费经营的必要。即便不指望沈弘之出手相助，也得防止他落井下石。

　　三月初六日，老仆管科传来沈弘之正在嘉定县城的消息，侯岐曾立即抓住机会与之联系。沈弘之次日传下话来，要求侯家出一年田租作为酬谢。这在岐曾看来是一个不可思议的天文数字，愤愤然在日记中写道："租事，谓每亩五钱也。纵使幸而复济，立斥产应之，千金装亦难卒办，况必不济乎？"遂与

1　明清之际的幕宾普遍受到幕主的礼敬尊崇。直到清咸丰后，因幕宾人数增多，且参加了治军作战、筹款、征收等实际工作，随之与幕主形成上下级关系。但幕主对不参加实际行政工作的幕宾，依旧保持原有礼数。参见郑天挺：《清代的幕府》，载氏著：《清史探微》，北京：北京大学出版社，2011年，第245—246页。

2　侯岐曾：《侯岐曾日记》丙戌二月十九，第497页。

3　侯岐曾：《侯岐曾日记》丙戌二月廿九，第504页。

两位族叔鼎旸、兑旸借酒浇愁，欢声笑语一时化作愁眉相对。经过一番讨价还价，侯岐曾同意以白银五百两相酬，但沈弘之犹嫌不足，要求再加二百两。侯岐曾大为气恼，但考虑到一旦"中变"就将前功尽弃，在家人劝说下只得妥协。九天后他接到消息，称沈弘之已应允北上，替侯家向冯铨（时任清朝内院大学士）与钱谦益（时任清朝礼部侍郎）疏通，顿时喜上眉梢，对沈弘之的印象也大为改观，连称呼都悄悄换成了饱含敬意的"沈老"。然而，籍没一案的走向总与岐曾的愿望背道而驰，沈弘之的疏通并未收效，但事后仍不忘派女婿向侯家索要报酬。岐曾不由连呼"异哉"，只得勉强回信一封，半推半就。推，是因为沈弘之办事不利，岂能得酬；就，是为防止沈弘之恼羞成怒，肆意攀咬。八月初，侯岐曾通过夏完淳等人，请老友李雯帮忙疏通官府。李雯慨然相助，使籍没一案一度迎来转机。但侯岐曾唯恐沈弘之贪他人之功以为己力，借机再次索取巨额贿赂，便对儿媳夏淑吉表示："（李雯处）收效以后，这边必有确据，方可塞那边之口。不然，将来又让攘功，此任事所以难也。"[1]可见他对沈氏的厌恶与戒惧之意毫无掩饰。此后沈弘之在《日记》中再未出现。

侯岐曾与沈弘之的社交是工具型交往中较为极端的一类。

1　侯岐曾:《侯岐曾日记》丙戌八月初八，第571页。

二人虽为同乡，但彼此关系缺乏感情基础，完全依赖侯家提供的物质利益。侯岐曾对开启这段关系本就不情不愿，奈何情势所迫，才以金钱为筹码与之周旋。沈弘之也未尝不心知肚明，不断提高价码，处处寻机攫取额外的利益。侯、沈关系的本质是以经济资源交换政治与社会资源，但由于沈弘之依傍气焰熏天的江宁巡抚土国宝，侯岐曾则是清廷刀俎之下的鱼肉，二人地位并不对等，导致交易结果每每不利于侯岐曾。即使在这项不公平的交易中止后，岐曾仍不敢断然与沈弘之决裂，只能继续虚与委蛇。不过，侯、沈关系即便在侯岐曾的工具型社交中也属罕见。在更多的时候，工具型社交仍需建立在情感基础上，并通过其他方式尽力掩盖作为交易的实质。

（二）许自俊

许自俊，字子位，嘉定人，生于万历二十八年（1600）左右。[1]其父许大达是当地名士，与赵世鼎、陈拱辰共称"北里三逸"。[2]许自俊本人少有文名，临文之时，"笔不停缀，绝丽惊奇"[3]，中崇祯癸酉科（1633）举人，但两次会试仅得副榜，未能考中进士。后被荐举，奉旨特用，终未赴任。许自

1　许自俊于清康熙九年始成进士，年过七十。照此推算，生年应在万历二十八年左右。见康熙《嘉定县续志》卷二，第906页。

2　乾隆《江南通志》卷一六八，载《景印文渊阁四库全书》史部第511册，台北：商务印书馆，1986年，第40页。

3　康熙《嘉定县续志》卷二，第906页。

俊在当地颇有名望，入清后出任康熙《嘉定县续志》的主纂。[1]
许自俊与侯岐曾在国变前的具体交往虽不能详，但他与侯峒
曾、黄淳耀往来密切[2]，黄淳耀甚至以"知己"称之[3]，说明他应
为执嘉定士林之牛耳的侯、黄社交圈中的核心成员，与侯岐
曾的交谊应当同样深厚，从《日记》中的记载也能看出端倪。

许自俊在丙丁之际多次自发为侯家排忧解难。清江南副总
兵沈豹有意设局对侯岐曾不利，许自俊竭力排解，使诈局"已
发复收"，侯岐曾在日记中感激地表示"皆子位排解之力也"[4]，
并致信答谢。许自俊还为侯家子弟的婚事牵线搭桥，侯岐曾在
惊喜之余，亦感念于心，记道："此老乃欲以古人自处，予滋
愧绝。"[5]二人在生活中偶有互访。丙戌二月二十，许自俊登门
留宿，侯岐曾与他和姚宗典、朱子素等人在当晚大醉一场，气
氛轻松欢乐。

然而，侯岐曾在发起与许自俊的交往时明显具有功利性。
在丙戌上半年，二人的交往存在一条清晰的主线，即侯岐曾希

1　与挂名主修的官员不同，县志主纂具体负责的事宜甚多，包括确定凡例、
　　资料搜集与整理、具体书写等，往往由有相当地位的士人出任，致仕乡居
　　的地方缙绅系主纂首选。参见李晓方：《县志编纂与地方社会——明清
　　〈瑞金县志〉研究》，北京：中国社会出版社，2015年，第72—74页。
2　"会剃发令下，友人赵以调、许子位就教峒曾。"张岱：《石匮书后集》卷
　　三四，第287页。
3　黄淳耀：《陶庵全集》卷十三《送许子位再游江右二首》，第10页。
4　侯岐曾：《侯岐曾日记》丁亥五月初三，第639页。
5　侯岐曾：《侯岐曾日记》丙戌正月廿一，第489页。

望借助许自俊的关系，托一位似乎颇有政治能量、定居于吴淞的"朱翁"出面，缓解侯家的籍没危机。他在三封于正月、三月、五月寄给许自俊的信中均提及此事，四月又亲自乘船拜访许自俊位于石冈的寓所，再做叮嘱，显得有些迫不及待。文学在这一段有求于人的交往中扮演着重要角色，现以侯岐曾三月所寄的信件为例说明。此信一开篇就对许诗极尽赞誉："梅花诸咏，于精微得飞动，吟研入骨，每共子侄辈叹拟议日新之妙。"并以诚恳的语气向对方索要更多诗篇以供欣赏："迩定复多所得，肯尽发枕中秘乎？"[1]再陈述本人居无定所的近况，最终过渡到请求帮助的文句。夸赞对方的语句在旨在求助的通信中出现，便难免有阿谀奉承之嫌。但此信风格尚属自然，大体保持了作为求助人的体面。五月一信则不然，在此全录，以供读者形成更直观的认识：

> 携归新制，坐我珠渊玉海者四十余日，是何鲛人水客，不爱其奇而倾囊相授也。弟所尤醉心者，如"水白山青人强饮，乌啼花落画生寒""芳草多情人渡水，桃花无语客关门"。此等秀句，与前咏梅云"人间好友有孤种，天下伤心无几枝"，其妙处在声光香味以外，真绝调也。

1　侯岐曾：《侯岐曾日记》丙戌三月十九，第511—512页。

弟缪谓此是子位今我，其它楚艳燕佳，争奇斗丽，犹是子
位故我耳。不审子位肯点首此言否也？朱翁处曾否为寒门
道其款曲，草草相候，兼申恳祷。[1]

在这封信中，除末句外，通篇都是对许诗的赞誉，而且
程度十分夸张，几近谀词。但侯岐曾并非简单地堆叠赞誉，而
在文句组织上颇费心思。开篇首先以"珠渊玉海""鲛人水客"
等词对许诗予以盛赞，接着从自己的阅读体验出发，选取数句
予以点评，指出其妙处所在，以彰显赞誉之诚。随后，进一步
归纳诗篇的整体风格，表示它是作者"今我"与"故我"两种
风格的绝妙交融，并恳求作者本人的认可，整体显得异常谦卑
小心。信至末尾，才仿佛在不经意间轻声询问"朱翁处曾否为
寒门道其款曲"，在平静的语句中流露出紧张与期待。由于信
中文学讨论所占比重过大，又缺乏相应的过渡，使末句的转折
颇为生硬，多少反映出对许诗的赞誉另有目的。尚难确认文学
在这类交往中发挥了多大功效，但侯岐曾作为当事人无疑相信
赞美许诗有助于达到自己的目的，否则不会让它在信中占据偌
大篇幅，并倾注如许心力。可见，在士大夫的社交文化中，文
学鉴赏作为审美行为也能转化为文化资本，用以交换社会资

1　侯岐曾：《侯岐曾日记》丙戌五月廿八，第539页。

源，但可能需要以双方具备一定的情感联系为前提。即便交换资源的目的没有完全达到，文学的妆点至少也软化了交易的本质，使它变得更为精致和隐蔽。

侯岐曾与许自俊的情谊不可不谓深厚，但由于对许氏的求助牵引着社交活动的展开，使二人在丙丁之际的社交具备工具型交往的特征。在《日记》中，固以侯岐曾向许自俊求助的次数较多，但许氏对岐曾恐怕也非全无所求。从丙戌年十月到丁亥年三月，他先亲自登门，后两度寄来信件，内容均与荡田有关。[1]《日记》仅简单地称其为"荡事"，只能由许自俊的第二封信随信寄来"荡价五十"推测[2]，许氏可能有意购买侯家名下的荡田。与沈弘之不同，侯岐曾与许自俊的地位大体平等，又以双方的情感联系为基础。二人直到岐曾被捕都保持联络，或许说明这类交往能够收到良好效果。

（三）杨廷枢

杨廷枢，字维斗，吴县人，礼部尚书杨成之孙。他是晚明党社运动中的著名人物，早年为诸生时便以气节自任。天启六年，权阉魏忠贤下令逮捕东林党人周顺昌，杨廷枢便率士民数千人拜谒巡抚，请求巡抚上书申救。虽未成功，但在当地引起

---

1 荡田指在江河湖海沿岸等低洼积水地区开垦的田地，田赋较普通田地为轻。
2 侯岐曾：《侯岐曾日记》丁亥三月初八，第622页。

轰动，他也以此闻名。[1]崇祯三年，杨廷枢一举考中乡试解元，声名愈重，与张溥、张采等文坛名流分庭抗礼。鼎革之后，杨廷枢拒绝降清，也不愿剃发，先避居于学生戴之儁在周庄镇的住宅，后转移到苏州西部毗邻太湖的邓尉山隐居。改姓名为庄复，自号"中道人"。[2]

杨廷枢与侯家有亲戚关系。其父诸生杨大溁娶侯震旸之妹，故廷枢与侯岐曾是表兄弟，岐曾居长。两家关系颇为亲密，岐曾声言自己与杨廷枢有"棣萼之好，宛然同气"。[3]由八尺镇宴饮之际有关殉国死法的漫谈，可知杨廷枢经常参与侯家亲友的活动。但在国变后的丙丁之际，侯、杨二人分别居于苏州府的东西两端，距离较远，且中间横亘江宁巡抚土国宝驻节的苏州府城，沿路盘查严密，不便于未剃发的二人直接往来[4]，只能通信。身处战乱时节，侯、杨又都有隐姓埋名的考虑，使彼此通信也存在困难。侯岐曾对杨廷枢表示："然而判年以来，欲通双鲤，直如九折羊肠，不独为干戈阻绝也。吾弟名高于斗，处处宜防物色。吾家积祸如山，时时恐蹈危机。处境微

1　温睿临：《南疆逸史》卷十三，第91—92页。

2　侯岐曾：《侯岐曾日记》丙戌正月十三，第487页。

3　侯岐曾：《侯文节集》不分卷《序杨维斗小题选》，无页码。

4　杨廷枢偶尔也会离开山中与朋友交际。叶绍袁在丙戌年十二月初二与丁亥年正月初一两度前往圣恩寺，杨廷枢也都在场。圣恩寺与邓尉山直线距离仅为五六里，可见杨廷枢的活动范围应较有限。见叶绍袁：《甲行日注》卷五，第69页。

异，敛迹略同。"[1]岐曾还多次听闻有关杨廷枢身陷危机（如被清朝逮捕）的谣言，因难以立即向杨氏本人求证，只能根据其他亲友的见闻辟谣，足见局势艰危、往来不便。在《日记》中，侯岐曾共给杨廷枢寄出七封信，除两封未存稿外，余下五封均对杨氏有所请托，而不仅是亲戚之间的问候起居。因此，侯、杨虽有血缘关系，友谊也无可置疑，但至少此时的社交确实表现出了工具型交往的特点。

侯岐曾向杨廷枢寻求的帮助主要有三类。第一类是借助杨廷枢的关系与南明政权取得联系[2]，或询问前线战局的最新消息。侯玄瀞筹划向鲁监国上疏陈情，为其父峒曾讨得赠官、谥号，岐曾便代侄向杨廷枢询问此举是否可行，之后又请他在"燕翁相国"处为自家陈情。[3]对南方战局的询问更为频繁，有时甚至是寄信的主要目的。在丙戌年四月十九日一信中，侯岐曾即开门见山地表示："寒暄都废，只欲讨大事消息。"在简要介绍自己的近况后，于篇末仍不忘要求"详示上流闻见为

1　侯岐曾：《侯岐曾日记》丙戌二月廿二，第 498 页。

2　隆武朝廷先后授杨廷枢为兵部主事、山东道御史。见陈燕翼：《思文大纪》卷五，载《台湾文献史料丛刊》第五辑第 99 册，台北，大通书局，1987年，第 87 页。

3　侯岐曾：《侯岐曾日记》丙戌五月廿九，第 541 页。"燕翁相国"应是鲁监国政权中的大学士，身份失考。鲁监国元年（1646）在任的方逢年、张国维、宋之普、朱大典、谢三宾等大学士字号中均无"燕"字。

祝”[1]。五月廿五日信中也恳请对方将近日见闻一并告知。

第二类是依靠杨廷枢的社交关系在他人面前替自己转圜，如姚宗典。姚宗典是著名东林党人姚希孟之子，也是侯峒曾的儿女亲家，其女姚妫俞嫁侯峒曾子玄演。在《日记》中，姚宗典与侯岐曾交往密切，竭力为侯家打通嘉定知县杨之赋的关系，对侯家提供的报酬则一概严词拒绝。但五月以后，谣言兴起，严重影响了侯、姚关系，“察之不止噆肤，殆将销骨矣”[2]，令岐曾甚感苦恼。在五月廿五日给杨廷枢寄信时，他又另寄一幅，专门谈及此事，恳求杨氏替他在姚宗典面前开解。这封信的语言颇有艺术，首先强调谣言为祸甚烈，令自己“郁懑之极”。随即笔锋一转，表达对姚宗典的信任，认为二人平生交好，不必卖力向他澄清什么。之后转入其他话题，直到篇末才又切入正题：“见废老时，试倘然言之，相与付诸一笑可也!”[3]看似轻松豁达，其实难掩焦虑，亟需杨廷枢出手相助。[4]或因杨廷枢斡旋，姚宗典于九月初四日拜访侯家，岐曾与之谈论家事，自感“婉而透，从此或已拔去谗囮矣”[5]。二人此后保持往

1 侯岐曾:《侯岐曾日记》丙戌四月十九，第522页。

2 侯岐曾:《侯岐曾日记》丙戌五月廿五，第537页。谣言具体内容不详。

3 侯岐曾:《侯岐曾日记》丙戌五月廿五，第538页。

4 侯岐曾在主信中提及:“吾弟试览吾别幅，其又能助吾张目否耶?”可见向杨廷枢寻求帮助的用意十分明确，“别幅”中的云淡风轻只是刻意为之。见侯岐曾:《侯岐曾日记》丙戌五月廿五，第537页。

5 侯岐曾:《侯岐曾日记》丙戌九月初四，第579页。

来，大约和好如初。

最后一类是直接向对方请求经济援助。在五月廿五日信中，侯岐曾亦对杨廷枢抱怨家庭经济的窘境，表示："吾弟虽谊切一体，其能为吾分痛否耶？"[1]又云："吾弟试览吾别幅，其又能助吾张目否耶？"请求杨氏代己向姚宗典转圜。两句句式相同，可知"分痛"一句即指借钱，只不过用试探性的语气委婉言之。侯岐曾也向他人借贷，如丙戌正月廿三日向太仓士人王瑞国写信告急，三天后就借到一笔高达三百两白银的款项。

国变后侯岐曾与杨廷枢的往来基本被前者的接连求助所推动，可归入工具型交往。儒家文化以言利为耻，使侯岐曾需运用文字技巧尽量不着痕迹地提出请求，相信同为文人的杨廷枢自能闻弦歌而知雅意。另外，尽管求助性文字被加以修饰，但仍能看出侯岐曾在明白无误地向杨廷枢求助，既不似结交沈弘之那样以金钱相诱，也无须像对待许自俊那样刻意奉承。原因或在于侯、杨在友谊之外，还有血缘关系，彼此负有某些义务。侯岐曾也在有意无意强调这一点，在信中频频称呼对方为"吾弟"，甚至将他与兄长侯峒曾并列。[2]这当然是一种亲近的表示，但也未尝不是在提醒对方，彼此既共享一条血缘纽带，

---

1 侯岐曾：《侯岐曾日记》丙戌五月廿五，第 537 页。
2 "吾兄已矣，惟赖吾弟灵光尚存。"见侯岐曾：《侯岐曾日记》丙戌二月廿二，第 498 页。

也应当在大难临头之际守望相助。

　　侯岐曾与沈弘之、许自俊、杨廷枢的交往代表了工具型社交的三种类型。与沈弘之的交往是纯粹的相互利用，依靠物质利益方能维持，但由于缺乏情感润滑，双方地位亦不对等，使这类关系相当脆弱，维持起来困难重重。除沈弘之外，侯岐曾与嘉定知县杨之赋与县衙的张、冯两位胥吏的交往均属此类。与许自俊交往的前提有二：一是双方的社会地位大致相当，彼此均有可供交易的社会资源[1]；二是双方长期存在的情感纽带有时能软化交易的实质，有时也能换来单方面的帮助，使双方的交往不一定总是遵循理性与利己的原则。侯岐曾与大多数士人友朋的社交即属此类，以钱谦益、李雯、陈俶、苏渊等人较明显。侯岐曾与杨廷枢的交往则是与沈弘之相对的另一极端。由于与对方存在不可动摇的血缘或姻亲纽带，使对方位于本人"差序格局"中的内环，故能放心大胆地向其求援，暂时不必考虑回报。除杨廷枢外，侯岐曾与姚宗典的交往也接近这一类型。总之，工具型交往并不排斥情感的存在，毫无感情基

1　社会学中的交换理论认为："社会交往实际上是一种资源交换过程，每个人在交往过程中总会有意无意地考虑自己的报偿能力和对方的回报能力。而社会地位恰恰是交往各方用以识别各自资源交换量的象征。"见郑杭生主编：《社会学概论新修（第四版）》，北京：中国人民大学出版社，2013年，第287页。

础的往来也难以持久，只不过其发起与展开主要由实用性动机
驱动罢了。侯岐曾素来清高自矜，但面对家境困难、有求于人
的现实，有些话再难启齿，有些人再不愿交往，也不得不屈身
相从。

三、义不容辞：混合型社交

混合型社交作为情感型与工具型交往的综合体，发起动机
是不确定的，可以是向对方寻求情感方面的慰藉，也可以是获
得现实层面的利益，二者在生活中往往交错出现，互不妨碍。
另外，混合型社交中的情感与现实需求存在更为错综复杂的联
系。侯岐曾与陆元辅、顾天逵、龚元侃三人的交往属于这一
类型。

陆元辅（字翼王）、顾天逵（字大鸿）、龚元侃（字得和）
三人是侯岐曾社会网络的核心成员，社交频率分别高达 39、
42、62 次，侯岐曾平均每三天就至少要与他们中的一人打交
道。三人均为生员，且与侯岐曾存在具有义务性的关系：顾天
逵既是岐曾好友顾咸正的长子，又是他的女婿。龚元侃为秀水
教谕龚用圆之子[1]，亦是侯岐曾的女婿。女婿虽不属于岳父家庭

1　龚用圆在嘉定抗清运动中与侯峒曾、黄淳耀共同抗清，城破后自尽。传见
　　康熙《嘉定县志》卷十六，第 686 页。

的成员，但也须对后者尽某些义务，在士人阶层中甚至是格外郑重的。[1]顾咸正的长子顾天逵与侯岐曾往来甚密，幼子顾天遴却从未在《日记》中出现[2]，说明天逵与岐曾的频繁往来并不源于其父与岐曾的友谊，而是他本人作为侯家女婿的身份。陆元辅与侯岐曾虽无血缘或姻亲纽带，但他身为岐曾的门生，所形成的恩庇关系在士人文化中同样是负有义务的关系，即所谓"先生有事，弟子服其劳"。这些具有义务性的关系使他们与侯岐曾之间存在特殊情谊，为彼此交往的频度与深度提供了保证。情感与义务在社交中相互渗透，使寻求情感支持与满足现实需求这两种动机在交往中同时存在、平分秋色，因此是混合型交往的一种典型。

在《日记》中，侯岐曾对这几位后辈近乎完全信任，视若子侄，对其开放了自己绝大部分的私人生活空间。三人经常联袂参与侯岐曾的消闲活动，包括士人社交中最常见的饮宴与诗词唱酬。侯岐曾也希望在这类活动中借助双方的情感联系排遣心绪，如一次与陆元辅夜酌后，二人携手出屋，"步月空庭"[3]。又有一次，岐曾吃过早饭后便与陆元辅相对谈天，"欲遣其瞆

---

1 参见［英］柯律格著，刘宇珍等译：《雅债：文徵明的社交性艺术》，第18—19页。
2 顾天遴此时经常与父兄共同出现在叶绍袁的社交中，《甲行日注》中就有八条记录，说明他与侯岐曾保持距离是有意为之。
3 侯岐曾：《侯岐曾日记》丙戌五月十五，第531页。

眩，而卒不能遣也"[1]。三人也会主动为侯岐曾提供情感支持。在岐曾患疟后，他们都有登门探病的经历。

与侯岐曾的特殊关系也使龚、顾、陆三人必须经常为侯家分忧解难，乃至帮助岐曾完成许多生活琐事。侯岐曾派他们办事也不仅是对友人的拜托，也隐含着尊长对晚辈的支配性权力。岐曾偶尔将这类举动居高临下地称之为"命"[2]，就能看出这样的请求不容置疑，也无法拒绝。其中一些事务由三人共同承担，如侯氏家藏文献的整理与誊录，以及陪同岐曾接待外客。但在更多时候，三人替岐曾办理的事务各有不同：龚元侃住在城中，且身为嘉定抗清人士的遗孤，与侯家同时面临清廷籍没的威胁。因此，岐曾最常托他探听官府消息或与官吏交涉，有时还需要他前往苏州府城。龚元侃在嘉定屠城中丧父，其母、弟、妹在石冈村避难时也被清军杀害[3]，但他强忍悲痛，在追索危机中展现出了过人的定力，使岳父侯岐曾佩服不已："予又甚服得和之不慌不忙也。盖籍事果成，得和亦有千金之费。其为破胆，岂减于我耶？"[4]侯岐曾另有一些家庭私事也交

1　侯岐曾：《侯岐曾日记》丁亥二月初二，第614页。
2　"大鸿黎明入城，兼衔予命，订弦老即日入塔。"侯岐曾：《侯岐曾日记》丁亥四月初四，第630页。
3　龚元侃：《石冈别》，萧鱼会、赵稷思：《石冈广福合志》卷一，载《上海乡镇旧志丛书》第1册，上海：上海社会科学院出版社，2004年，第19页。
4　侯岐曾：《侯岐曾日记》丙戌八月初七，第570页。

给龚元侃办理，如分两次给予白银一百两，托他为老母龚氏提前购买寿材。友人张懿实想挑一处住所隐居，岐曾也托龚元侃前去看房，然后写信回报，林林总总，不一而足。顾天逵则经常充当侯岐曾联系其父顾咸正的信使，并替侯家向浙东鲁监国政权陈情。陆元辅作为侯岐曾的学生，还肩负起教导侯檠（玄洵子）、侯棠（玄泓子）两位孙辈的职责，侯家为此举行了郑重的拜师仪式。这些工作虽然是晚辈对长辈所尽的义务，但本身也是侯岐曾信任与亲近的表现，越是私人性的事务可能越是如此。因此，当事者大概也不会以之为苦，而是为自己在社会网络中寻得一个合适的定位而感到心安满足。

不过，恩庇关系规定的义务乃是双向的。在和平年代，侯岐曾也需要为子侄、女婿与门生等晚辈遮风挡雨，着力提携，有意抬高他们的声望，具体方式包括在其他名士面前予以引荐，允许他们陪同出席重要的社交场合，为其文集撰写序言等。在《日记》中，这类义务主要表现在三人均受到来自侯岐曾的经济援助。龚元侃在乙酉家破后经济困难，乃至需要其妻侯蓁宜闭门纺纱[1]，不得不向岳丈求援。但侯岐曾此时也颇为拮据，对龚元侃的告急"惟摇手耳"[2]。他事后思虑再三，终究有所愧疚，仍从卖产所得中挤出白银三两随信相寄，特意在信中

1　沈善宝：《名媛诗话》卷一，清光绪鸿雪楼刻本，第5页。
2　侯岐曾：《侯岐曾日记》丙戌三月十三，第507页。

提及"已对吾儿就吾女商之"[1]，可见他确实认为经济援助是自己在翁婿关系中应尽的义务。顾天逵有意前往浙东，侯岐曾与侄子玄瀚均替他出资路费。侯岐曾对陆元辅的经济援助不止一回。某次陆元辅计划入城买书，却苦于无钱，侯岐曾"姑以一金助之"[2]，之后又为其家眷提供少许路费。

从互动频率、亲密程度与互惠交换等标准来看，龚、顾、陆三人与侯岐曾的关系可谓社会学理论中的"强关系"。[3]三人深度介入了侯岐曾的日常生活，彰显了彼此的情感联系。侯岐曾也利用这类关系具有的义务性，以"命"的姿态使三人供己趋使，所吩咐的工作既有关乎侯家存续的重要事务，也有不少生活琐事。这使侯岐曾与他们的交往频率超过了绝大多数友人，也让这类社交发挥了无法取代的功能，使风雨飘摇中的侯家深受其益。

侯岐曾与以上九位社交对象的往来，只是《日记》中复杂繁密的社会网络之一角，但通过简笔勾勒也大体呈现出它的基本面貌。可以看出，侯岐曾穿梭在多种类型的社交场合中，会根据社交对象的不同而选择应对策略，扮演起对应的社会角

1　侯岐曾：《侯岐曾日记》丙戌三月十八，第 510 页。

2　侯岐曾：《侯岐曾日记》丙戌二月廿二，第 498 页。

3　参见肖冬平、梁臣：《社会网络研究的理论模式综述》，《广西社会科学》
　　2003 年第 12 期。

色：在夏完淳面前，他是对故人之子充满温情与尊重的保护者；在许自俊面前，他以谦卑与奉承的姿态精心织出一封封热情洋溢的信件，以换取对方在势要处的一个招呼；在杨廷枢面前，他对这位表弟不加遮掩地展示自家的窘境，并带些赧然与羞涩恳请对方的帮助；在女婿与门生面前，他充分利用了自己作为尊长的地位，将其在情感与实用方面的潜力发挥到最大；只有在老友顾咸正面前，他似乎才能卸下那件色彩斑斓又变化莫测的社交外衣，酣畅淋漓地做一回自己。即便身处浩劫之后的满目荒芜，侯岐曾也展示出位居复杂人际网络与利益关系中的晚明士绅操控社会关系的娴熟能力。

虽然僻处嘉定城郊的厂头镇，甚至被后世形容为"遁荒于野"[1]，侯岐曾的生活状态也与真正意义上的隐居相去甚远，他的日常生活始终与社会交往紧密相连。在连遭丧乱的丙丁之际，侯家的几处别居依然弦歌不绝，狭窄的厅堂里回荡着亲朋好友的欢声笑语，灯下也常常出现侯岐曾给友人奋笔疾书的身影，偶尔连疟疾发作时都不例外。侯岐曾的消闲活动也有相当一部分发生在社交场合，自娱自乐的情况只是少数。可见，鼎革之变改写了侯岐曾的人生，却没有中断他以社交为代表的基本生活方式，更没有改变士人通过社交获取情感支持与社会资

1　金元钰:《题跋》,《侯岐曾日记》，第 482 页。

源的旧习。恰恰相反，对社交对象的精心选取，对社交过程的谨慎调控，是侯岐曾在大难之后仍能勉力维系家势的重要原因。为避免树大招风，侯岐曾有意缩小社交圈，还曾想过彻底"废绝往来"，为此不止一次拒绝了好友来访或长期不回信，甚至在长嫂李氏去世后还向好友广发告示，恳请他们勿来吊唁。但他最终意识到，现实中的人情往来无法因个人意志而断绝。为了彰显他与特定友人的关系，他不得不一次又一次地破例[1]，在不知不觉间就放开了大多数的交往限制。到丙戌下半年，"废绝往来"之类的宣言几乎不再提了。而且，随着清朝官府在籍没、取租二事上步步紧逼，侯家的处境"益深益热"[2]，侯岐曾的每一段人际关系都有可能成为灭顶之际的救命稻草。只有依靠交往，调动起旧时苦心经营的社会网络，才可能抵消政治力量对自家的正面冲击。但悲剧在于，明清易代不止意味着中央政权的交替，也在地方社会掀起了狂风巨浪。此时的侯家正如一艘千疮百孔的漏舟，作为舵手的侯岐曾为阻止它原地下沉，就已经使出浑身解数，再也无力扬帆远航。浊流滔天，瞬息将至，他唯有企盼这艘小船能够撑过风浪。

---

1 如侯岐曾在给沈卜玮、孙和鼎的信中表示："忍谢他客，决不忍谢两兄也。"见侯岐曾：《侯岐曾日记》丙戌四月十二，第520页。
2 侯岐曾：《侯岐曾日记》丁亥四月十六，第633—634页。

第五章　凤凰变回衔泥燕：
侯氏家族与清朝官府

　　侯氏家族因家主侯峒曾领导嘉定抗清之役，在鼎革后便从本邑的著姓望族沦为新朝打击的对象。清朝当局以"籍没"与"取租"为由，向侯家追索大批财产，态度多次反复，令主持家业的侯岐曾焦头烂额、疲于奔命。如果说前述消闲、医疗与社交是侯岐曾日常生活的几个侧面，那么侯家与清廷的周旋则是贯穿整部《日记》的一条基本线索，影响生活的方方面面。侯岐曾对清朝满怀敌意，不仅在于他对亡国丧家难以释怀，也在于清朝官府对侯氏家产的穷追不舍，让他除了仇恨别无选择。清初江南士绅与清朝政权的对立，在侯岐曾的挣扎中纤毫毕现。

第一节　满目胡尘：侯岐曾眼中的新朝

相对于疆土日蹙而对外族充满警惕的两宋，以大一统王朝姿态出现的明朝对夷夏之辨的强调却有过之而无不及。[1]原因既有夷夏之辨是明初政权合法性的重要来源[2]，也包括明代北疆长期受蒙古部落侵扰等现实因素。到明朝末年，建州女真政权迅速成长为明廷的心腹大患，更使士人心中的民族情绪发展到空前地步。面对清朝入关，占据中原，江南士人不免心怀抵触。但随着弘光政权在清军铁蹄下灰飞烟灭，自己在乡邦沦陷之际的反抗换来的也只是无情血洗，他们唯有对清朝统治江南的事实表示承认。少数人则拒绝妥协，亡身不恤，或南下投奔南明朝廷，或在本地参与秘密抗清活动。侯岐曾顾忌身家，无意继续抗清，但也没有归附清朝的意愿，他将自我定义为暂时栖于敌占区的苟活者。

侯岐曾虽不愿投身秘密抗清运动，但始终自视为明朝臣子，对清朝统治极为拒斥，这突出表现在对清朝制度和官员的认知上。《日记》中的相关称呼分两类，均采取在相关名

1　参见杨念群：《何处是江南？——清朝正统观的确立与士林精神世界的变异》，第253—261页。

2　详见张佳：《新天下之化：明初礼俗改革研究》，上海：复旦大学出版社，2014年。

词前增加前缀的方式。一类是加"贼"或"伪"字，如"贼令""贼船""伪邸抄""伪官""伪命""伪海防"等，与"我兵""我舟师"相对，体现作者对旧朝的忠诚和对新朝合法性的否认。另一类则加"虏"字，占大多数，且有不少后因避忌被涂去，但仍有一些保持原貌，包括"虏令""虏官""虏兵马""虏帅""虏船""败虏"等，反映出作者极强的民族情绪。这两类在《日记》中混用，没有一定之规。无论是何种称呼，都能看出在侯岐曾心中"我方"与"他者"的界限非常明确。

拒斥的根源大约是仇恨。在《钦定胜朝殉节诸臣录》等清朝官修文献中，虽不乏忠臣殉难前的慷慨陈词，但内容大多是对"不仕二姓"的誓言与"成仁取义"的期待，也不涉及任何反清或反满的情绪。[1] 这其实是一种被政治力量规范后的表达，用以强调传主的忠君节操，劝励天下士民尽忠本朝。《日记》所流露的却是一种未经修饰的刻骨仇恨，往往针对个别与新朝相关的人事，但也由此针对整个异族政权，并透露出渴望复仇的急切愿望，例如侯岐曾对嘉定知县杨之赋的态度。

杨之赋原为明朝贡生，是著名东林党人杨涟之子，清军南下后降清，顺治二年由临淮知县转任嘉定。[2] 他在任上多次收

1　参见陈永明：《〈钦定胜朝殉节诸臣录〉与乾隆对南明殉国者的表彰》，载氏著：《清代前期的政治认同与历史书写》。

2　康熙《嘉定县志》卷十，第 602 页。

受侯家贿赂，卸任前又以打点上级为名向侯家索要巨额贿金。侯岐曾对他的贪婪恨之入骨，每每称其为"虏令""伪令""贼令"，还多次在《日记》中蔑称为"乞儿"[1]。丙戌年四月底，盗贼王桂等人焚烧嘉定县城的公署与府库，杨之赋颇受了一番惊吓。侯岐曾听闻消息，积攒的恨意顿时爆发，他既遗憾杨之赋并未死于变乱，又充满快意地表示这是清人对嘉定施暴的报应："吾邑受□祸最先，今□受祸亦最先。"[2]次日，他又听说遭劫之后的杨之赋孑然一身，官威全无，向仆役哭诉自己平日对盗匪过于严厉，顿时鄙夷不已。在座的门生陆元辅也对杨之赋的生还十分遗憾，岐曾便开解道：人人都说清人愚蠢，只怕被打，不怕被杀。因为鞭打零零星星，连续不绝，反而令人痛苦难忍。如今清朝即将土崩瓦解，形同凌迟，真正惨酷的恶报就要到来。杨之赋糊里糊涂，还以为此番生还算是幸运，其实好戏还在后头呢。[3]陆元辅听后不觉拊掌，反映出二人对清朝共同的恨意。[4]

这种强烈的感情不能完全由士人的忠节观念解释，而植根

1　侯岐曾：《侯岐曾日记》丙戌五月廿三，第534页。

2　侯岐曾：《侯岐曾日记》丙戌四月廿七，第525页。□应为"虏"字。

3　侯岐曾：《侯岐曾日记》丙戌四月廿八，第526页。

4　叶绍袁对降清官员也有类似的情绪，他在日记中记载了这样一个故事："虏令李承尹潜据周麟伯家中，顷念翁先生（自注：麟伯尊公，名道登，东阁大学士尚书）空中击承尹，自楼坠下，几死，足以见天之厌恶矣。著先生之灵，以自泄愤耳。原欲留正典刑，快心西市，故未死也。"日记在记载此事之前，恰提及自己在吴江的宅邸被焚于一旦，暗示了前后情绪的承接关系。见叶绍袁：《甲行日注》卷七，第115页。

于鼎革战争时清军对江南的屠戮。七月中旬，嘉定狂风大作，暴雨倾盆，对当地农作物打击甚巨，侯岐曾便戏云："飓风杀稼至如贝勒杀人耳。"[1]这句"戏语"自然不会是无心之言。《日记》还对清兵过境抢劫、屠戮之事记载甚多，其中有些是自己或家人眼见，如岐曾之母龚氏在床边眺望时亲见清兵闯入民居，强索餐食。有些来自耳闻，如岐曾听陆元辅描述新泾镇一带被清军淫掠甚惨，城中十门九闭。还有一些则纯属猜测。岐曾于丁亥年二月听返自苏州的家仆谈及有关清朝贝勒率军过道的告示，便预感"老者告狙，少者统兵，恐有蹂躏"[2]。可见清兵先前在江南的屠戮淫掠给侯氏亲友必定留下了极为深刻的印象[3]，既催生出对新朝的憎恶，也丧失对清兵军纪的希望。他们日后耳闻目见的各类清军劣迹，更是为内心滋长的仇恨之火源源不断地提供柴薪。

也正因此，侯岐曾对清朝统治的土崩瓦解翘首以盼。虽然他在内心深处多少能意识到，清朝对江南的统治其实日趋巩固，复国大业遥遥无期。但越是深陷绝望，就越需要寻找希望

1　侯岐曾：《侯岐曾日记》丙戌七月十七，第 563 页。

2　侯岐曾：《侯岐曾日记》丁亥二月初一，第 614 页。

3　夏完淳也在诗中提及"室处有荼毒之淫，竖发有髡髯之累"。见夏完淳：《大哀赋》，《夏完淳集笺校》，第 313 页。笔者已另文讨论清初江南屠城的若干议题，参拙作《易代之殇：明清之际江南地区屠城事件研究》，《清华大学学报（哲学社会科学版）》2023 年第 2 期。此外，明遗民还经常提及清军掳掠江南妇女的情况，相关诗文不在少数。

尚存的证据。他由清廷宣索牡丹盆景便认为，清朝已使民怨沸
腾，势必不能长久。岐曾还抓住一切机会对清朝的统治举措讽
刺挖苦。嘉定劫狱事件发生后，他认为知县杨之赋难辞其咎。
听闻江宁巡抚土国宝要亲来县城善后，便满心期待杨氏遭到惩
办。不料土国宝在嘉定只处死盗匪八人[1]，侯岐曾大失所望，愤
然评道："明明受贿，为之弥缝，诚哉其为□□之政刑也。"[2]明
末官场腐败已极，官官相护的现象自非清朝特有，侯岐曾的讥
讽并不公正，多少显示出在仇恨驱使下的偏执。另有一次，嘉
定县衙不顾吴淞总兵李成栋对侯家"十分征七"的规定，又
发批向其追索全额田赋。侯岐曾极为愤怒，又记道："十分征
七，乃李督初檄，何不立于申明，转相追索，□□□□□□，
亦何至于此极也。"[3]内文所缺六字显系抨击清朝，大抵为"狡
虏言而无信"之类，可见他对清朝的统治在心中早已存在否定
性的评价。现实的不如意则会刺激心态，将这类评价继续推向
极端。夏完淳也以"三省衣冠新墨敕"形容清朝政府的人员配
置[4]，"墨敕斜封"为唐代典故，指官吏通过非法途径获得任命。
但不论清朝选官机制再严密，统治再清明，都无法获得他们的
认可。政权合法性的缺失，难以通过具体的治理技术弥补，即

1　《江宁巡抚土国宝揭帖》，《明清史料·己编》第 1 本，第 16 页。

2　侯岐曾：《侯岐曾日记》丙戌五月三十，第 541 页。

3　侯岐曾：《侯岐曾日记》丙戌五月十八，第 532 页。

4　夏完淳：《简顾伟南》，《夏完淳集笺校》，第 360 页。

所谓"草木不欣秦正朔，衣冠犹想汉威仪"[1]。

但耐人寻味的是，侯岐曾对清朝江宁巡抚土国宝与吴淞总兵李成栋二人的态度却有所不同。他对二人采用姓氏加官衔的称呼，即"土抚""李督"，既未直呼其名，也没有在官衔前加上"伪""贼""虏"字，《日记》中从无例外，这几乎是一种尊敬。鉴于土国宝对侯家籍没一案的态度多次反复，李成栋更是先前组织嘉定屠城的"元凶巨魁"，与侯家仇深似海，侯岐曾对二人的称呼显然无关好感，想必另有原因。联想到土、李二人在处置侯氏家产方面握有的巨大权力，结合侯岐曾在清朝圣旨与部咨前同样未加"虏""伪"等字，或许说明他在潜意识中对能够主宰自家命运的力量抱有畏惧之心。侯岐曾虽不认同清朝入主中原的合法性，也可以私下对清朝的政治制度与为政举措大加攻击，但不得不承认这个政权对江南的统治权力确实存在，这应该能说明以他为代表的一类江南士大夫对清朝的认知。他们因不愿在政治上与清朝合作而遭到鼎革战争的正面冲击，随之家破人亡、饱经创伤。导致对清朝的态度在"不仕二姓"的忠节观之外，还存在某种强烈的恨意与复仇心理，使他们与新政权长期存在难以弥合的裂痕。侯岐曾作为个案则说明，这类士大夫对新朝的深深敌意不仅来自过去蒙受的创伤，

1　夏完淳：《十二月十八立春》，《夏完淳集笺校》，第397页。

还源于后者的举措时刻在给自己制造新的痛苦。

第二节　忠孝之罚：侯家的追索危机与应对[1]

乙酉七月的屠城之变让侯家痛失众多至亲，但这只是家族苦难的开端。在之后的两年，清朝的籍没威胁与取租严令严重破坏了侯家的家庭经济，甚至影响到它的存续。由于侯岐曾本人将籍没与取租概括为"追索"[2]，故不妨以"追索危机"一词形容侯家在官府压力下的窘境。[3]这番危机渊源有自，过程漫长曲折，使侯家的日常生活始终弥漫着紧张的空气。

一、追索危机的起源

侯家的追索危机直接源于清朝的籍没与取租政策。"籍没"

1　本节原文修订后曾以《"生活与制度"视野下的明清士绅——以侯岐曾应对籍没为例》为题，发表于《历史教学（下半月刊）》2021 年第 1 期，内容调整后重新收入本书。

2　由《日记》中"又发征取全租一檄，追索如火"（第 538 页）与"况新令追索不休，容知此房不终在籍数"（第 510 页）两句可知，"追索"一词在侯岐曾看来可以同时指代清廷的籍没与取租行为。

3　与追索危机有关的内容在《日记》中分量极重，且涉及清初国家与江南士绅的关系，学界颇为重视。不过，现有研究主要是概括追索危机的过程，对其前因后果、演变脉络的考察尚有探讨余地。参见周绚隆《易代：侯岐曾和他的亲友们（修订本）》，桂林：广西师范大学出版社，2021 年。

指将某家财产、人口登记并没收入官的惩罚，此刑在秦律中已有，在传世文献中首次出现则在《三国志》中。[1] 唐宋以后，法律逐步将籍没定性为对谋叛等重罪的附加惩罚[2]，明清两朝予以沿袭[3]，其名在清中叶后逐步演变为"抄家"。在明清鼎革之初，清廷常以此法惩治或威胁江南士绅中的不合作者[4]，如清军攻陷松江后即张榜告示："诸生不至者，家产籍没。"总兵李成栋也发出威胁："凡乡绅不投谒者，家产籍没，以叛逆论。"这一招果然奏效，"于是绅士进见者日多。"[5] 至于参与抗清运动或南明政权的故明文官武将，清廷在战后则直接籍没其家，包括两广总督沈犹龙、福建巡抚张肯堂、兵部尚书张国维、兵部侍郎朱大典、江南副总兵吴志葵、金山卫指挥同知侯承祖等[6]，对

1　陈寿著，裴松之注：《三国志》卷十一，北京：中华书局，1999 年，第 259 页。

2　罗彤华：《唐代反逆罪资财没官考论——兼论〈大圣令·狱官令〉"犯罪资财入官"条》，《台大历史学报》第 43 期，2009 年 6 月；林煌达：《宋代官吏籍没家产之惩处》，《淡江史学》第 25 期，2013 年 9 月。

3　《大清律例》规定："凡谋反叛逆之罪，照律连坐，籍没其余。"《大清律例》卷三十七，载《景印文渊阁四库全书》史部第 673 册，台北：商务印书馆，1986 年，第 10 页。

4　杨海英：《洪承畴与明清易代研究》，北京：商务印书馆，2006 年，第 216—221 页。

5　曾羽王：《乙酉笔记》，载《清代日记汇抄》，第 22 页。

6　相关史料分见叶梦珠：《阅世编》卷五，上海：上海古籍出版社，1981 年，第 133 页；《浙闽总督张存仁等启本》，《明清史料·丁编》第 1 本，上海：商务印书馆，1951 年，第 3 页；《江宁巡抚土国宝揭帖》，《明清史料·己编》第 1 本，第 3 页；《松江总兵李成栋揭帖》，《明清史料·己编》第 1 本，第 8 页。

此后参与秘密抗清活动的士人也照此处置。如吏部侍郎朱永佑从子朱明卜因参与苏松提督吴胜兆谋叛案事泄，"家产入官，世业荡然矣"[1]。一方面，此举确为清初王朝更迭、民族矛盾尖锐这一特殊历史背景的产物。据统计，顺治朝对抗清人士的籍没案件计 365 例，占清代以"叛逆"为名所行籍没的百分之七十以上。[2]但在另一方面，执行籍没的清朝官员时常声称自己是依"法"办事，中央政府亦表示认可，乃至加以敦促[3]，证明清廷内部对籍没政策的适用范围有明确规定，可能即援引顺治三年颁行的《大清律集解附例》。这反映出清初对抗清者的广行籍没已超出临时性政策的范畴，具有一般意义上的制度性质，也承续着唐宋以来籍没"叛逆"的制度传统。

在理论上，籍没的对象是一切形式的家产，包括田地、房屋、金银珠宝、贵重家具等，酒器等稍有价值的小件器物也在籍没之列，但处理方式根据财产类型而有所不同。清廷对侯家的籍没方式便体现出相应的财产分类观念：将一部分财产（如侯家位于嘉定县城的宅邸）予以没收，对另一部分（如田地）进行统计、折价，再要求侯家缴上与折价数额相等的现金。籍

---

1 叶梦珠：《阅世编》卷五，第 148 页。

2 云妍：《从数据统计再论清代的抄家》，《清史研究》2017 年第 3 期。

3 浙江当局破获原署建阳县事吴柏玉潜通南明案后，上本请示人犯家产是否需要籍没。获旨："家产自有定律，何得两请？"见《浙江巡抚萧起元题本》，《明清史料·己编》第 1 本，第 35—36 页。

没政策一旦严格执行，被籍者势必倾家荡产。不过，籍没既以登记家产为首要环节，就存在各方势力操纵文书制度的空间。被籍之家希望尽量保留财产，经手籍没的官吏也每每借机牟利，将部分被籍财产截归己有，导致巨细靡遗的籍没时常只停留于纸面[1]，以容易隐匿、混报的田地与房屋为甚。清廷在对方国安、朱大典、张国维等南明鲁王重臣的籍没时就碰到这类问题，当事官员被迫再三要求"田按亩数，房按间架，彻底精心细查，确估价值，寸椽尺土，毋许遗漏"[2]。这项工作前后持续了一年多才稍有头绪。

"取租"指收取田赋。晚明江南士绅往往滥用优免权，将仅适用于自家徭役的优免扩展到本应正常向国家缴交的田赋，因此欠赋情形普遍存在。入清以后，清廷决心予以整治，便以打击效力南明的"伪官"家族为名，于顺治三年四月下令"将前代乡官、监生名色尽行革去，一应地丁钱粮、杂泛差役，与民一体均当"[3]，将其优免权一笔勾销。顺治四年三月清朝举行殿试，策问部分也强调明季士绅"往往压夺田宅，估攫货财，

1　柏桦、刘延宇：《清代抄家案件与抄没法律》，《西南大学学报（社会科学版）》2010 年第 4 期。

2　《浙江巡抚萧起元揭帖》，《明清史料·丁编》第 1 本，第 41 页。

3　《清世祖实录》卷二十五，顺治三年四月壬寅条，第 217 页。《吴城日记》也提到"是岁复有旨下，凡明朝职官及监生俱革去"，可见这条谕旨确已在江南颁行。见佚名：《吴城日记》卷中，第 221 页。

凌暴良善，抗逋国课……以致贵者日富，贫者日苦"[1]，询问与考士子如何痛改积弊。可见，清廷对江南士绅的逋赋情况确实甚为在意，并出手整治了一些士绅家族，如崇祯朝大学士钱龙锡的子孙"以逋赋毁家，闻之流离实甚"[2]。不过，此时清廷仅主要打击不愿附从的士绅，对归顺己方的士绅则加以笼络，继续赋予特权。[3]

侯氏家族自然不属于被清廷笼络的对象。相反，他们在鼎革之际选择站在清朝的对立面，尤其是侯峒曾领导嘉定抗清运动被清廷明确定为"谋逆"之举[4]，依律籍没正在情理之中。除籍没外，清朝官府还多次以"取租"为名勒令侯家上缴欠赋，并威胁惩办侯家私占荡田、诡寄田亩之举。这两类追索势若千钧，一旦落实，已处解体边缘的侯家必将承受灭顶之祸。侯岐曾不由叹道："寒门之受劫于令，又大彰忠孝之罚。"[5]"忠孝"明明是儒家最为推崇的道德品质，对它的坚持却招致家破人亡的结局，让侯岐曾心中不无苦涩。原因正如夏允彝的兄长夏之旭

---

1 《清世祖实录》卷三十一，顺治四年三月丙辰条，第 255 页。
2 叶梦珠：《阅世编》卷五，第 132 页。
3 参见［韩］吴金成著，崔荣根译，薛戈校：《国法与社会惯行：明清时代社会经济史研究》，杭州：浙江大学出版社，2020 年，第 174 页。
4 《刑部尚书吴达海题本》，载邓之诚：《骨董琐记全编》，北京：生活·读书·新知三联书店，1955 年，第 578 页。
5 侯岐曾：《侯岐曾日记》丙戌五月廿五，第 536 页。

所言："新朝之所谓叛，乃故国之所谓忠也。"[1]

在泰山压顶之际，侯岐曾并未束手待毙。为了应对这场家族史上空前严重的追索危机，他尽可能动员了家族的全部力量与自己旧日的人际关系，力求在貌似无可商榷的籍没、取租二令中撬开缝隙，使侯家在新朝艰难求活。他应对追索的过程委宛曲折，惊心动魄，细节毕现，是诠释士绅运用非正式手段对抗正式制度的绝佳案例，严峻的局势也的确因他的努力而数度出现转机。

二、追索危机的过程

《日记》从顺治三年正月初一开始记载，清廷在此前已声称要籍没侯家，但命令尚未正式下达[2]，局面仍有挽回的机会，故侯岐曾在年初致力于使自家免入籍没之列。他首先对嘉定县衙示弱，说明自己对可能到来的籍没表示顺从，正在"速图弃产，完各衙门事，不敢分毫弛缓也"，并指示家仆朱国俊对外

1　温睿临《南疆逸史》卷十四，第99页。

2　清廷所下籍没令于二月初四日下达嘉定县。据侯岐曾所言，籍没令此前是"从院达部"，此时是"从部移院"。"部"指主持籍没的清朝户部，"院"指江宁巡抚衙门，在《日记》中也称为抚院衙门，因各省巡抚按例兼都察院右副都御史或右佥都御史衔，故名。见侯岐曾：《侯岐曾日记》丙戌二月廿二，第499页。

宣称自己"真病真危，即日呜呼哀哉"[1]，还特意提醒务必让官府知晓，争取对方垂悯。与此同时，他将主要精力和财力注于打点清朝各级官员，对江宁巡抚土国宝、吴淞总兵李成栋与嘉定知县杨之赋，他三管齐下，各致贿赂，相信这番疏通能够为挽回籍没铺平道路。正月十一日，他给朱子功的信中表示土国宝与侯家为难的原因只是贿赂尚不到位，在对知县送去贿赂的前提下再疏通巡抚，便可重新提交免于籍没的申请，"食言不肥，或者免夫"[2]。

问题在于，抚、督、县三方胃口过大，侯家的财力却相当有限。贿赂官员需要大笔现金，但一次性募集百两以上的现银对大多数晚明士绅也并非易事[3]，对历经丧亡破荡的侯家更显困难，借贷与变卖产业便成为必需。正月廿六日，侯岐曾卖掉十七亩田地，这是他变卖产业的开端，同日又贷到好友太仓士人王瑞国的三百两白银。这笔应急资金为数不少，但仍远远不敷各方贿赂所需，使岐曾为分配颇费踌躇，担心一旦事局未成，投入的精力物力将白白浪费。他考虑到知县杨之赋的索求金额巨大、态度急切，打算优先满足。可一旦将借款尽用于

1　侯岐曾：《侯岐曾日记》丙戌正月十七，第488页。
2　侯岐曾：《侯岐曾日记》丙戌正月十一，第486页。
3　参见［加］卜正民著，张华译：《为权力祈祷：佛教与晚明中国士绅社会的形成》，第162页。

此，抚、督两处的贿赂便无从筹措。思来想去，只好打算先听杨之赋等人说明贿额，再做商量。两天后，老仆管科等人催促他向杨之赋行贿，岐曾则认为首先需要与紫隄村诸族亲商议，但诸仆仍不同意，"裂眼相向"[1]，使岐曾不禁发怒，在烦躁之下当即将这三百两银子交付管科。事后退居宴坐，唯有自叹养气功夫尚缺。不料杨之赋仍不满足，索求愈多，使侯岐曾神思不觉烦乱。

相对于杨之赋，侯家与李成栋的关系似乎是更加棘手的问题。在嘉定抗清之役中，李成栋作为清军统帅，与侯峒曾等人组织的抗清武装多次交锋。侯峒曾组织的炮击打死了李成栋之弟李成林[2]，峒曾本人亦在城破时身死，两家可谓有深仇大恨。鼎革之后，侯岐曾虽为自家生存计，有意以卑词重币与李成栋结好，后者却未必领情。《日记》提到"督府恶缘欲了未了"[3]，或指此事。侯岐曾给许自俊的信中也担忧"督府一案，触之多变，引之愈长。芮蜂有毒，何况虎豺，将来恐不止于劫财而已"[4]。他后来多次拜托许自俊联系的吴淞"朱翁"，便是与驻于当地的李成栋疏通。人际疏通之外，贿赂也必不可少。二月初

1　侯岐曾：《侯岐曾日记》丙戌正月廿九，第492页。
2　据朱子素所载，此时发生于乙酉闰六月二十三日。事见朱子素：《嘉定县乙酉纪事》，第40—41页。
3　侯岐曾：《侯岐曾日记》丙戌正月十四，第487页。
4　侯岐曾：《侯岐曾日记》丙戌正月十六，第488页。

一，侯岐曾拨出一部分卖田所得交给玄汸，嘱其偿付给李成栋的贿金。

与籍没相比，取租给侯家制造的麻烦尚未充分显露，但已让侯岐曾颇有压力，并在族内引起了争端。由于李成栋批示只征侯岐曾本家，土国宝则下令征连通族，使侯氏族亲高度紧张，纷纷敦促侯岐曾尽快解决此事。岐曾则强硬地回应："诸宗老昔嫌过急，今又嫌过弛。侄与遗孤惟力肩公费，分文不以相累。倘因公费不及，翻作袖手之观，万一遂至决裂，侄不敢复受埋冤也。"[1]

除籍没、取租两件大事外，其他问题也在不断涌现，例如有卫所军户告发侯家占荡。荡即荡地，"濒海斥卤之地，沮洳芦苇之场，总名曰荡"[2]，明初由国家颁给灶户以煮盐，再由商贩运出，荡地不许买卖。此后随着沙滩面积扩大，逐渐被开垦为田亩，即荡田，赋税较一般土地为轻，故富家大户往往占荡得利，并将灶户转为自家佃户。侯岐曾坚持认为对自家占荡的指控属诬告，但不论侯家是否占荡，都需要在衙门解决诉讼，于是又增一笔花销，使本来已显捉襟见肘的家庭经济更为窘迫。

尽管侯岐曾为使自家免于籍没，耗费了大量财力，却没能

---

1 侯岐曾：《侯岐曾日记》丙戌二月初三，第493页。
2 叶梦珠：《阅世编》卷一，第26—27页。

得到相应的回报。二月初四日，巡抚衙门的胥吏传来消息，声称侯家田房变价的命令系出圣旨，地方官府已无法挽回，公文当晚已发到嘉定县衙。所谓"变价"，指官府派员将侯家的全部财产予以登记、估价，然后向侯家索取与估价等值的费用。这意味着籍没仍然无法避免，扭转的难度与花费都将大为增加，对侯岐曾来说不啻晴天霹雳。他随即沮丧地给玄瀞写信叹道："到底不脱籍没，从前心力皆付东流，不待言矣。从后讲透本名，不知尚费几许斡旋也。"[1]对王瑞国也抱怨："自籍令一下，惟与藐孤痛哭相对，从此枯鱼之肆矣！"[2]侯岐曾在追索危机中的主要任务，随之从避免清朝官府颁布籍没令，转为使官府撤回此令。

清廷所下籍没令即便最终能够撤回，也非朝夕之事，缓和眼下嘉定县衙奉命展开的籍没行动则是当务之急。侯岐曾因此加快了给知县杨之赋行贿的进程，添上出卖圆沙泾墓田的费用，杨之赋才于二月十七日晚收下这笔贿赂。侯岐曾的亲家姚宗典于次日赶到城中，与杨之赋酬酢一番，继续替侯家转圜。经过金钱贿赂与人际疏通的双重作用，效果立竿见影，杨之赋的态度看来有所松动。侯岐曾随后在给杨廷枢的信中感激地表

1　侯岐曾：《侯岐曾日记》丙戌二月初四，第493页。
2　侯岐曾：《侯岐曾日记》丙戌二月廿二，第500页。

示:"若非虞兄双手护持,其能续二十口如丝之命乎?"[1]对玄瀞也称此事虽靠金钱开道,但也得力于姚宗典出手相助。但他仍心怀不安,担心局势过几日又有变故。果然,作为正式籍没的先声,嘉定县衙登记侯家财产的工作很快就全面展开了。

早在侯岐曾向杨之赋行贿之前,嘉定县衙便要求侯家如实上报田房数量,首先报上田数,房数也不能只上报城中一间老宅了事,"恐喝之言,无所不至"[2]。这让侯家顿时陷入被动,不仅城内的宅邸"不能自主"[3],手中的田产也成了烫手山芋,一时难以变卖。仅在行贿的半个月后,官府就派出"居民"三人至紫隄村考察侯家田产并予以估价,然后就在不告知侯家的情况下,上报了一个高达三千一百两的数字,让侯岐曾大为震惊。专为察房的差役也在同一天赶到,虽然岐曾的二位族叔鼎旸、兑旸对前来勘房的嘉定典史闵有义以礼相待,但几日后所报的侯家房价仍高达三千六百两。这还不是官府有意追索的全部,岐曾因此感到籍没之费深不见底。此时的侯家连筹措数百两银子的赈金已属不易,哪怕官府只按前两条报价展开追索,

---

1 侯岐曾:《侯岐曾日记》丙戌二月廿二,第 498 页。姚宗典字文初,国变后更名为虞废文,《日记》中时以"废老"称之。

2 侯岐曾:《侯岐曾日记》丙戌二月初十,第 495 页。

3 侯岐曾:《侯岐曾日记》丙戌二月十二,第 496 页。侯家因此要将浮厝于城中宅邸的几具棺木尽快移出,岐曾叹道:"明知顷刻难举,然如顷刻难缓何?"见侯岐曾:《侯岐曾日记》丙戌二月十三,第 496 页。

侯氏家业也将毁于一旦。侯岐曾深知局势严峻，认为"万万不能听其自然"[1]，他必须抓住症结所在，迅速行动。

籍没令下达后，侯岐曾很快意识到江宁巡抚土国宝是解决问题的关键。他对玄洴谈到，清廷所下的部檄因原系土国宝上报，故"无复中止之理"[2]。因此解铃还须系铃人，如欲清廷撤回籍令，就必须使土国宝的强硬态度有所松动。于是，侯岐曾选择联系土国宝的幕僚沈弘之代已疏通，沈氏借机索要七百两白银的巨额贿赂。他还托友人朱茂昭多次前往苏州的巡抚衙门疏通，并致以路费与贿金。这些努力一时奏效，四月初四日，土国宝发下批示，内有"免变"二字，为侯家赢得了喘息之机，结局则"且待下回分解"[3]。

就在侯家上下焦急地等待官府最终发下的申文时，知县杨之赋又起事端。他在四月的嘉定劫狱事件爆发后卸任，临行前不忘以替侯家向上级疏通为名，继续索要贿赂。于是通过县衙的张姓胥吏，主动对侯家表示："侯家事，乘我在此，包它申文干净，但须助我行资。"侯岐曾愤懑不已，称杨氏"乞子面目，至此和盘托出，翻属可怜"[4]。但他也深知，在此官府申文

1　侯岐曾:《侯岐曾日记》丙戌三月初七，第505页。
2　侯岐曾:《侯岐曾日记》丙戌二月初七，第494页。
3　侯岐曾:《侯岐曾日记》丙戌四月初四，第516页。
4　侯岐曾:《侯岐曾日记》丙戌五月十九，第532—533页。

欲下未下的敏感时刻，杨之赋成事不足，败事有余，如果此时与他决裂，他日难免追悔。因此他还是与母亲龚氏相商，从卖田所得中挤出五十两银子，让管科送到县衙。不料杨之赋大为不满，当众对胥役说："这送你们也不够。"又对在场的管科表示："你家事大，若付掌印手，最少千金。今吾已荡尽，前日汝家送我的，俱化为乌有了。此时随分金犀等器物，皆可助我用。难道我要与你家完局，你家反不理会？只索抛去便了。"[1] 侯岐曾听闻后尚显镇定，"以见闻习惯，都无笑骂"，随后与玄汸竭尽囊藏，又从儿媳夏淑吉处挪用她给其子侯棠预存娶妻的聘金，一并进献。但杨之赋仍不满意，要价进一步提高，言辞也愈发峻厉。侯岐曾只得再次加价，又给管科寄信说明情况。他在这一过程中深感羞辱，特意说明此信言辞猥屑不堪，就不在日记中另行誊录，以免玷污纸张。他也被杨之赋的贪婪无度彻底激怒，在与顾咸正、杨廷枢、陈俶等好友的信中都谈到杨氏遭劫自属"贪残活报"。

在勉强应付杨之赋后不久，五月二十四日，巡抚衙门发下申文，暂时免除对侯家的籍没与取租，语气较为平和，但仅批为"照详"而非"照验"。[2] "照详"指此案尚需详细审阅，"照验"指仅需略做查验，二者在司法实践中差别甚大，前者尚有

1　侯岐曾：《侯岐曾日记》丙戌五月廿一，第 533 页。
2　侯岐曾：《侯岐曾日记》丙戌五月廿五，第 538 页。

翻案的余地,后者则几乎意味着就此结案。明代官员陈霁岩任湖北学政期间,书办故意将照详文书混入照验文书中,被陈氏发现后重责问罪。[1]侯岐曾对"照详"的结果极为不满,认为是当局"欲壑未满"的结果,最为可恨。[2]但对负责疏通的朱茂昭,他还是强作平静,以感激的语气写信表示:"抚院衙门,向来费尽仁兄心力,无如当此时势,自然拿握不定,而非仁兄有所不能得诸于彼也。"并希望退而求其次,得到官府免籍免租的保证,只要官府信守承诺,就算批为照详也无大害。最后又颇为紧张地自记:"两次金钱,这番才见得力,万无又起峰峦之理。"[3]无论如何,这封申文的下达至少让侯岐曾心头稍安,给杨廷枢的信中也说,自己与官府周旋数月,终于使籍没、取租二令被撤回,算是侥幸。在他看来,之后如无意外,一度让自己忧心如焚的追索危机应能告一段落了。

相对平静的局面没能持续多久。六月初九日,朱茂昭从苏州府城赶回,告知侯岐曾"批详有异"。岐曾方生疑虑,就从县城接到消息,巡抚衙门的最新公文对侯家的"产租两案,俱十分严切",丝毫不顾前批已有"免变"二字。侯岐曾半年来的努力与期待就此付诸东流,投入的大量钱财也无法追回,

---

1 冯梦龙:《冯梦龙全集·智囊上》,呼和浩特: 远方出版社,2005 年,第 196 页。
2 侯岐曾:《侯岐曾日记》丙戌五月廿四,第 535 页。
3 侯岐曾:《侯岐曾日记》丙戌五月廿五,第 538 页。

对他来说不啻当头一棒，头一次有了心力交瘁之感，哀叹道："真正天翻地覆，何从愬说。"女婿龚元侃随后探得消息，称局势突变的原因在于"抚院里边要作公帐，岂容一二人独享"[1]。似指侯家仅将财力主要用于贿赂土国宝，未能在巡抚衙门上下打点。侯岐曾想出的应对策略有两条，一是通过抚衙胥吏探听清廷对籍没的一贯政策，"从打结处解结，事或犹可为"[2]，二是想方设法阻止巡抚土国宝将籍没侯家的处置具题上报。

除了继续敦请朱茂昭兄弟疏通巡抚衙门，侯岐曾还开始考虑与嘉定其他抗清死难者的家属联名上呈官府，恳求免籍，即所谓"五家合局"，龚元侃所属的龚氏就是其中一家。侯岐曾为此与龚元侃商议数次，但对效果不抱太大希望，"觉尚落骗钱局面"[3]。对清朝政策的探听结果也令人不安。侯岐曾原本认为，土国宝等人执着于籍没侯氏，不过是为了借机索贿，其实早已准备高抬贵手。但友人夏平南打探来的消息却是昔日抗清之家一概难逃籍没[4]，因为守城抗清较之自尽殉明，更不被清廷接受。由清初的籍没政策观之，夏平南所探基本准确，侯岐曾听罢顿时"恍然"。

---

1 侯岐曾：《侯岐曾日记》丙戌六月十一，第 545 页。
2 侯岐曾：《侯岐曾日记》丙戌六月初十，第 545 页。
3 侯岐曾：《侯岐曾日记》丙戌六月二十，第 551 页。
4 夏平南是夏完淳的从兄，或为夏允彝兄夏之旭子，平南系字，其名不详。

取租的压力也在此时骤然增大。早在二月，官府就开始向侯家催逼钱粮，其火急程度"更有甚于籍没"[1]。各个衙门制定的取租政策也不一致，而且经常出尔反尔。李成栋定下的征率是十分之七，土国宝所下新檄则要全额追租。由于此檄颁于前番"免变"之后，令侯岐曾感到匪夷所思，也让知县杨之赋又找到了勒索侯家的机会。李成栋也随后变卦，亲自前往嘉定县催缴全额田租，侯家拿出李成栋"征七免三"的原牌，让他无言以对，暂且罢休，但侯家已花费三十两银子打点。此后总兵衙门的追租愈加严酷。六月初十日，李成栋命县衙经承书吏给侯家带话，严厉地表示倘若侯家继续拖延交租，必将捉拿侯氏家属。这条实实在在的威胁，让长期与官府周旋的管科顿时"力穷胆碎"，也使侯岐曾生出切肤之忧。第二天，厂头镇就出现了马兵将来侯家捉人的流言。为免受官军骚扰，镇民在恐慌中已整装待窜。侯岐曾对流言并不相信，但还是担忧家属将被官府捉去提问。故一面深居简出，防止家人被擒，一面请县衙张胥吏携重金向李成栋当面恳请。六月十九日，管科回报，称李成栋已暂许宽限一月，但为此花费不菲。嘉定县衙的追索也不甘人后，先是两日一催，又改为每逢二、八日一催，由杨之赋卸任后暂署嘉定县事的官员亲自过问，"万分无姑缓理"[2]。连

---

1 侯岐曾：《侯岐曾日记》丙戌二月廿五，第 502 页。
2 侯岐曾：《侯岐曾日记》丙戌七月初三，第 557 页。

衙门胥吏都奉劝侯岐曾不必再幻想免租，以免增加不必要的支出。他只能尽量满足官府索求，分批交租，到七月底仍欠银二百余两。县衙的态度却没有丝毫缓和，反而改为一日一催，几令岐曾手足无措。除取租外，县衙还声称要追罚侯家在城郊侵占田地与私占荡田的行为，侯家在上海县的田地也将签派重役。清廷尚强迫江南士绅认购人参，侯家父子共被摊派近四斤，即使侯岐曾"领一免三"的期望能够实现，也得交上三十余两白银。[1]

八月初五日，新的噩耗传来，土国宝已将籍没侯家的处置具题上报，免籍的最后希望破灭了。侯岐曾在六月底已痛感财力将竭，数十件家藏器物也变卖过半，打点过程中的巨额花费几乎掏空了家底。他曾戏言自己在这段时间的举动"非营脱，乃营没"，如今一语成谶。此时有好事者窥见侯家的窘境，表示只要能获得报酬，就可帮助侯家免于被官府追查九千两白银的财产、免追三年逋赋与其他杂费。侯岐曾认为这不过是借机讹人钱财，不屑一顾，现在他必须背水一战了。

在危如累卵的局势下，侯岐曾终于改变策略，不再尝试单凭己力，从外部疏通官府，而是动用自己在清廷内部的人际关系，走上层路线免除籍没。在得知土国宝将侯家籍没一事具题

1　侯岐曾:《侯岐曾日记》丙戌八月初二，第 568 页。

上闻的当晚，夏平南就提议向李雯求助。李雯字舒章，是"云间三子"之一，与陈子龙、夏允彝齐名，与侯岐曾亦有往来。[1]他在国变时滞留北京，被随后入主北京的清朝羁留，授以内阁中书舍人之职。他心中颇不情愿，每每自叹失节。顺治三年，他回乡葬父，至八月仍未返京，是有能力亦有意愿向侯家提供帮助的理想人选。侯岐曾对夏平南的提议很感兴趣，次日亲自前往南翔镇与夏平南、夏完淳兄弟详商，第三日又与玄瀞继续谋划，决定破釜沉舟，倾囊从事，大概是为了置办给李雯的酬礼。李、侯交谊未必很深，但夏允彝与李雯是至交，借助夏家的关系联络李雯当更有把握。儿媳夏淑吉自告奋勇，提出与夏平南一道持信面见李雯。夏完淳也写下《与李舒章求宽侯氏书》，代侯家向李雯求情。侯岐曾读后感到"情文斐蔚，或堪动听耳"[2]，心中重新燃起希望。

八月初八日，夏淑吉与夏平南一齐前往松江，十四日带回消息，称李雯接信后为之流涕，承诺必定出手相助，并将礼物一并退回。李雯本人因患病不能亲来，便遣其弟李霁与社友蔡谦奔赴嘉定，与侯岐曾在南翔镇别居相会。十七日晚，李霁与

---

1 李雯：《春日散愁兼答侯雍瞻出处之问》，《蓼斋集》卷二二，载《四库禁毁书丛刊》集部第 111 册，北京：北京图书馆出版社，1998 年，第 6—7 页。
2 侯岐曾：《侯岐曾日记》丙戌八月初八，第 570 页。

蔡谦赶到。侯岐曾设宴招待，还腾出了小楼供二人留宿，自己
迁入楼下的房间。次日，蔡谦前往白塔看望侯家子弟，家中又
有王瑞国及其婿陈全三来吊唁长嫂李氏，但岐曾均无法陪同，
只顾与李霱商讨土国宝的籍没疏，当晚又设宴款待。此时龚元
侃匆匆赶到，诉说城中四姓的取租事宜又被胥吏阻挠、面临波
折，希望岳父能一并向李霱求助。经岐曾恳请，李霱遂于十九
日入城拜谒嘉定署印官。这一谒迅速收效，龚元侃随即声言官
府已经停征。但奇怪的是，尽管侯岐曾已就土国宝籍没疏与李
霱商讨了整整一天，却表示请李霱向嘉定官府顺带谈及此疏是
"事理未便"[1]。李霱返回松江后，侯岐曾随即又请夏平南两度拜
访土国宝。个中原因应在于，李霱兄弟在了解详情后对免除籍
没无能为力，只能帮助侯家暂缓向官府缴租，使侯岐曾不得不
重新向土国宝表示哀恳。但他的努力显然无效，八月二十九日，
侯岐曾得知土国宝的籍没疏早已在十九日发往北京，龚元侃等
四家也名列其中。万般无奈之下，他也惟有"漠然听之"了。[2]

　　李霱兄弟为侯家争取的喘息时间极为短暂。九月中旬后，
官府又开始了新一轮的追租。这回除了先前逋欠的二百两外，
还以"新旧粮、散甲、附郭"为名要求侯家再缴数百两[3]，令岐

1　侯岐曾：《侯岐曾日记》丙戌八月十九，第 574 页。
2　侯岐曾：《侯岐曾日记》丙戌八月廿九，第 577 页。
3　侯岐曾：《侯岐曾日记》丙戌九月廿九，第 584 页。

曾为之懊恼，不得不三番五次遣家仆到县城交租，稍稍应付官府索求。此时，他感到经济压力进一步增大了，在给张采的信中叹道："弟保孤之责愈重矣，而诛求之累亦愈惨。"[1]十月中旬，侯岐曾准备求助于在常熟家居的清朝礼部侍郎钱谦益。钱谦益是侯岐曾之父侯震旸的进士同年，与侯家交谊颇深，也因文坛名宿的崇高地位而受清廷笼络，同样是合适的求助对象。侯岐曾与玄瀞商议，最终将求助钱氏的事宜拜托给友人黄完初。黄完初即黄淳耀之父，淳耀早年曾在钱谦益家塾执教，钱氏对他十分器重，力为鼓吹。[2]南明弘光政权建立后，钱谦益为谋求起复，投靠首辅马士英一党，得授礼部尚书。黄淳耀对钱氏的热衷功名不以为然，黄完初却逼迫淳耀写信称贺[3]，可见黄完初十分重视维持与钱谦益的关系。黄淳耀虽已抗清殉国，但黄、钱交谊势难一笔勾销，侯岐曾父子选中黄完初向钱谦益疏通，确有充足的理由。

出乎意料的是，黄完初还未出发，管科就带来消息，称钱谦益已主动与嘉定署印官沟通，特别嘱咐当局应照顾侯峒曾、黄淳耀两家。这让侯岐曾喜出望外，认为黄完初此行更有把握

1　侯岐曾：《侯岐曾日记》丙戌十月初三，第 585 页。
2　钱谦益：《牧斋初学集》卷五二《黄蕴生经义序》，第 942—943 页。
3　嘉庆《嘉定县志》卷二十，载《上海府县旧志丛书·嘉定县卷》第 2 册，上海：上海古籍出版社，2012 年，第 1787 页。

了。十一月初六日，黄氏捎来钱谦益的回信。初八日，新任嘉定知县唐瑾发出告示，内有"防忠裔之鱼肉"等语，称侯家为"宦族名士"，优恤忠烈的告示将在三日后公布。这意味着嘉定县衙对侯家的态度发生了重大变化，一些曾有意对侯家落井下石的"宵人"也闻风而动、改头换面，让侯岐曾在连呼"可笑可怜"之余，也自知是钱谦益的功劳，心中感念不已。友人张鸿磐给侯岐曾带来了更多消息：钱谦益替侯家到处说项，新知县唐瑾也顺着话头，当面向钱氏表达了对侯岐曾的景仰，声称平生对岐曾的文章多有诵读。侯岐曾闻言记录道："八股微名，尚挂邑官牙颊，亦可笑也。"[1]轻松自得之情跃然可见，通过半生评选时文培养出的骄傲在这一刻又回来了。

　　然而侯岐曾的乐观每每被证明并不可靠。十一月中旬，知县唐瑾去了一趟苏州，对侯家的态度就发生了微妙变化。十七日，唐瑾从苏州府城返回，龚元侃等四家的免征牌也即将发到县城，唯有侯家还须"候旨定夺"[2]，这是一个危险的信号。二十日一大早，县中就发票要追取三年租税，侯岐曾在震惊之余，一时手足无措，连忙与子侄勉强商量出了一个应对方案，即派玄汸、玄泓二子入城当面向唐瑾求告，友人陈俶也将遍约各位举人拜见知县。二十六日，玄汸、玄泓到城下，得知公覩

1　侯岐曾：《侯岐曾日记》丙戌十一月十一，第 595 页。
2　侯岐曾：《侯岐曾日记》丙戌十一月十七，第 598 页。

已经结束，结果尚可。举人王霖汝在公宴上拿出代侯氏家属所上的揭帖，唐瑾当面许诺批发上报。侯岐曾听罢稍感安心，认为之后或可得到停止追租的旨意。但三天过去，唐瑾仍无批揭之意，反而下令催租，这使侯岐曾对他完全失望，称"其词虽极婉转，而手段亦辣"[1]。十二月初八，唐瑾再次从苏州返回，对侯家的态度更趋严厉，"惟闻催科严切而已"[2]。这时友人张懿实出手相助[3]，专程前往苏州，动用自家关系为侯家讨得免租牌。但仅过四天，巡抚衙门的追租牌再次发到，让张懿实费心求来的免租牌立即失效。侯岐曾非常失望，又极感不可思议，不知原因究竟是衙门胥吏为敲诈钱财而暗中作梗，还是官府已下决心将侯家籍产取租。他为此又一次长叹："由今之道，尚能一朝居哉！"[4]次年四月，钱谦益本人也因涉嫌参与复明运动，突然被清廷逮捕，锒铛北上，关入刑部大狱[5]，自身尚且难保，对侯家更是有心无力了。

钱谦益的疏通是这场危机出现的最后一次转机。在之后的半年，官府施加的压力持续加重，催逼日甚一日，深陷危机的

1　侯岐曾：《侯岐曾日记》丙戌十一月廿九，第601页。

2　侯岐曾：《侯岐曾日记》丙戌十二月初八，第603页。

3　张懿实，字德符，南翔镇人，侯玄汸称其为"德符表兄"，说明他应是侯岐曾妻族南翔张氏的成员。见侯玄汸：《月蝉笔露》卷下，第16页。

4　侯岐曾：《侯岐曾日记》丙戌十二月十二，第604页。

5　参见方良：《钱谦益丁亥年被捕事丛考》，《常熟理工学院学报》2010年第5期。

侯岐曾却丧失了争取免籍免租的信心。他偶尔作出的尝试仅限于尽可能降低官府对自家的额外伤害，如期望张懿实打通与胥吏的关系，借此稍稍缓解官府追索。在更多的时候，他只能茫然以对，并在日记中尽情发泄愤怒与绝望。丁亥年四月，唐瑾突然指责侯家行"花诡"之事[1]，与起初温和礼敬的态度相比已判若两人。侯岐曾茫然无措，痛感当前的局势"益深益热，此真顷刻难忍，不识天公究竟何以处之"[2]。紧接着土国宝对籍没一案新下指令，侯氏田产折算为白银缴纳充公时，每亩需多折一两。如以半年前侯氏田产尚有二百亩计，此时又需多缴白银二百两，令岐曾感到唯有习得"削雪成银"之术才能交上。他再转念想到，一年来所有的努力尽数落空，投入的大量钱财毫无回报，更感痛彻心扉："独前此无限膏脂，断送鼠穴，曾不收分寸功，不由不裂眦填膺耳。"[3]他有时也会告诫自己必须调整心态，泰然以对，一味焦虑只会把自己逼上死路。但强作镇定无济于事，他很清楚如今已无路可逃。籍没问题直到最后仍未解决。丁亥五月初九，侯岐曾将玄沨派到县城，专门就籍没一事与官府周旋。因侯岐曾被捕，《日记》在第二天戛然而止。

1　花诡即诡名子户，指伪造或多造姓名与户口，将田产转移到新建的户口中，以逃避自家赋役。

2　侯岐曾：《侯岐曾日记》丁亥四月十六，第633—634页。

3　侯岐曾：《侯岐曾日记》丁亥四月廿三，第636页。

三、侯岐曾应对追索的策略

从结局来看，侯岐曾的诸般努力虽未实现免除籍没的预定目标，但绝非全无效果。倘若没有致以抚、督、县三方的多笔重赂与百般陈情，没有李雯、钱谦益等身在清廷的友人鼎力相助，清朝官府对侯家的籍没不可能再三延迟。侯岐曾作为乡绅拥有的人际网络与雄厚财力，是取得这一成就的基本条件。

（一）动用社会关系

侯岐曾动用社会关系的主要方式是向清朝官吏行贿，或通过亲友向其求情。行贿的本质是试图凭借与各级国家代理人建立起私人关系，回避制度约束，遂成为侯岐曾疏通清朝官吏的基本途径。侯岐曾对替他奔走的朱茂昭、夏平南等人也会致以路费与少许报酬，有时以"取酒"为名，数额在三五两到数十两白银之间，但向官吏行贿则是纯粹的权钱交易，金额也要大得多，如土国宝的幕宾沈弘之所得高达七百余两白银，知县杨之赋也在三百五十两以上。侯岐曾多少了解清朝的籍没政策，夏平南已为他打探到"守城原与死节不同，既尝取租，将来变产自难脱净"[1]，在清廷身居高位的钱谦益也透露"守城殉节者籍，乃彼中画一之法"[2]，一些朋友甚至与衙门胥吏都纷纷提醒

1　侯岐曾：《侯岐曾日记》丙戌七月初六，第 558 页。
2　侯岐曾：《侯岐曾日记》丙戌十一月十一，第 595 页。

他不要浪费金钱。但他仍不愿相信籍没与取租政策真的毫无通融空间，而是认为问题仅出在贿赂是否足量，或是否找对了有足够政治能量的受贿人。直到所有的贿赂都被证明无效，侯家的财力又几近枯竭，侯岐曾才开始尝试其他方法。

侯岐曾坚信行贿有效，原因之一是他既以"奉母保孤"为己任，面对家产籍没不可能坐以待毙。其二是他确实高估了私人关系影响官方制度的效力。与侯岐曾直接交涉的清朝官员主要是江宁巡抚土国宝与前后两任嘉定知县杨之赋、唐瑾，巡抚是决策者，知县系执行人。杨之赋在嘉定名声不佳，对侯家索求无厌，应出自个人操守的缺陷，但土国宝与唐瑾平素的施政风格与对侯家的态度存在显著不同。土国宝原为明朝将领，崇祯末年历任开州参将、河南总兵等职，顺治元年八月降清后[1]，随豫亲王多铎大军南征。他军事才能突出，"熟闲弓马，深晓兵机"[2]。次年闰六月江南抗清运动爆发后，土氏在寡不敌众的情势下，成功镇压苏州府城的反剃发民变，并击退前来策应的前明江南副总兵吴志葵部。随即由都督武职改为文职都察院右

1 李永茂：《枢垣初刻》第一《策励两督击奴疏》，北京：中华书局，1958年，第48页；《苏松常镇总兵将领清册》，载《明清史料丛书八种》第3册，北京：北京图书馆出版社，2005年，第253页。
2 七峰樵道人：《七峰遗编》，载《明清史料丛书续编》第16册，北京：国家图书馆出版社，2009年，第395页。

副都御史，七月加授江宁巡抚衔，开府苏州。[1]明中叶督抚制度定型后，其职均由文官充任，清初则间用武将出身者。除土国宝外，尚有陕西总督孟乔芳、四川巡抚李国英、浙江总督张存仁等，多属清朝入关前就已归附的"辽人"群体。土国宝降清未满一年，资历尚浅，却一跃成为江南财赋重地的封疆首吏。又从武转文，违戾前明旧制，心不自安，便上疏请辞，结果被清廷驳回[2]，证明土氏必有被清廷看重之处。土国宝任江宁巡抚六年，严厉镇压反清势力，但与愿意归顺的江南士绅也不无合作[3]，政治手腕并不僵硬。知县唐瑾系清朝丙戌科新进士，在嘉定优礼绅衿，"日与诸生讲文艺，娓娓无倦色"[4]，官声甚佳，名列县志《名宦传》。但这两位对江南士绅持温和态度的清朝官员对侯家却格外强硬，罕有通融，言行举止多肃杀之气。这表明他们的个人意志被官方制度压倒，清廷惩治抗清人士的决定势难调和。

夏完淳代侯家向李雯求情时，批评清朝的籍没政策反复无常，并无恒规。他提出同为死节之臣，前明詹事府少詹事徐汧与礼部侍郎管绍宁在殉国后并未被清廷没收家产，侯家却面临

1　佚名：《吴城日记》卷中，第215页。
2　《清世祖实录》卷二十，顺治二年九月壬申条，第182页。
3　参见郑克晟：《清初之苏松士绅与土国宝》，载氏著：《明清政争与人物探实》，北京：中华书局，2021年，第136—139页。
4　康熙《嘉定县志》卷十四，第661页。

籍没之祸，实属不公。[1]其实，徐、管二人与侯家的情况并不
相同：徐汧在清廷颁布"剃发令"后就自沉殉发，管绍宁也因
不愿剃发被官府腰斩，二人均未直接参与抗清活动[2]，侯家则是
组织地方士民抗清的领袖人物。从清廷的角度看，既有"守城
殉节者籍""守城原与死节不同"等成规，故籍没侯氏而放过
徐、管，符合既定政策，并无不妥。夏完淳代友陈情，对侯家
窘境多作张皇铺饰之语，自无不可，但所言毕竟不符实情。清
朝官府对侯家籍没的态度忽宽忽严，朝令夕改，确属事实。但
这源于具体经手的官吏受贿赂、人情影响而做出的一时妥协，
清廷的籍没政策并未动摇，反而不断在隐显间"规正"基层官
吏的举动，迫使他们对侯家持续施加压力。晚明士林与官场请
托盛行、贪贿成风，使人情与贿赂能迅速"变现"为政治和社
会资源，这是侯岐曾熟悉的行为模式。鼎革以后，侯岐曾察觉
出清朝官场的贪贿之风依旧[3]，却低估了清朝惩治反对者的意志

1　夏完淳：《与李舒章求宽侯氏书》，《夏完淳集笺校》，第 501—502 页。

2　徐枋：《居易堂集》卷一二《朱先生传》，上海：华东师范大学出版社，2009
　　年，第 279 页；卢宜：《侍郎管公少卿杨公合传》，载管绍宁：《赐诚堂文
　　集》，载《四库未收书辑刊》第 6 辑第 26 册，北京：北京出版社，2000
　　年，第 156 页。

3　清初士人叶梦珠如是描述由明入清江南官场贪贿之风的演变："自崇祯末，
　　而福藩帝于南中，贿赂公行，纪法尽废。然当时京师实甚，外官习俗相
　　仍，礼法犹旧，尚未变也。本朝初定江南，设官委吏，习闻弘光之风，不
　　复寻先朝之度，当事者往往纵情任意，甚而惟贿是求，讼师衙蠹，表里
　　作奸，赋役繁兴，狱讼滋扰，郡县胥吏，得以狎侮士林，旧日（转下页）

与执行力，旧方法在新形势下难以收效就在情理之中了。

行贿之外，侯岐曾也多请亲友出面向清朝官府求情。正是由于姚宗典、李雯、钱谦益等人的先后介入，才使追索危机几度迎来转机，效果反大于一味行贿。还有许多亲友为侯岐曾四处奔走，打探消息，传递信件。倘无个人社会网络的帮助，侯岐曾可谓寸步难行。但侯家的社会关系在追索危机中发挥的作用终究有限。原因在于，清朝入关之初在朝中占据要津的势力是八旗贵族和北方士绅，江南官绅对中枢政治的影响力相对明末大为衰减。[1]李雯与钱谦益作为江南籍官员，自身已退居权力边缘，无力撼动清朝对反清士绅的打击政策。侯岐曾等嘉定士绅虽以"四姓合局""孝廉公觐"等方式试图自救，但只能对县衙产生些许影响，亦无助于挽回全局。侯家的社会关系在明末足以扭转嘉定折漕事件的结果，入清后却不能免除自己的

（接上页）朱门无不破家从事，数十年之间，士风靡弊极矣。"（叶梦珠：《阅世编》卷四，第96页）董含也表示："前朝未尝无差徭之忧，乃据予所目睹，其时贫富熙熙，各安其生。今本朝宽大，近古所无，且蠲诏屡下，而百姓贫者益贫，即富者亦有日蹙之势。细思其故，则牧民者为之也。当预征之令乍颁，虎差四出，索金钱，婪酒食，咆哮骂詈，各饱所欲，而正供先耗其一矣。"（董含：《三冈识略》卷十，第224页）在其他江南文人的记载中，抨击顺康时期的地方官员贪婪无度、衙门吏胥索诈盛行的文字也比比皆是。

1　参见［美］魏斐德著，陈苏镇、薄小莹等译：《洪业：清朝开国史（增订版）》，第267—281页；孟昭信：《试论清初的江南政策》，《吉林大学社会科学学报》1990年第3期。

破家之祸，已预示了江南士绅在日后"江南三大案"中受清廷摧折的结局。[1]

侯岐曾动用社会关系应对籍没，本质是运用一系列非正式手段与制度抗衡。他在过程中也善于利用官僚机构的弱点与制度自身存在的缝隙，如借助江宁巡抚衙门的申文向下级机构施压，以及试图阻止巡抚土国宝将籍没侯家之事具题上奏。对官僚机构与文书制度的熟悉，与体制内人员良好的私人关系，构成了他作为乡绅对抗国家制度的优势，创造出直接"从打结处解结"的条件，大抵为普通民众所不具备。但是，籍没手段自身的严厉性，与清廷有意借此惩治抗清人士家族的特殊背景，大大压缩了侯岐曾在制度框架内发挥社会关系的空间。另外，抚、督、县三方都可从不同的方式、程度上影响籍没结果，这在表面上给予了当事人某些钻营空间，实则迫使侯岐曾同时应对多个衙门，时刻担忧一环出错即前功尽弃，这也是杨之赋、沈弘之等人对他的肆意勒索总能成功的原因。宋怡明（Michael A. Szonyi）强调官僚机构的叠床架屋使不同制度交叠一处，有助于民众自主选择通过何种制度获利，是"制度套利"的一种表现。[2]但从侯岐曾籍没一案来看，多重官僚机构

1　参见范金民：《鼎革与变迁：明清之际江南士人行为方式的转向》，《清华大学学报（哲学社会科学版）》2010 年第 2 期。

2　[加] 宋怡明著，[新加坡] 钟逸明译：《被统治的艺术：中华帝国晚期的日常政治》，北京：中国华侨出版社，2019 年，第 143 页、第 250 页。

与国家制度的交叠一处给民间社会带来的亦不无恶果。

（二）调整家庭经济

进献给清朝官员的贿赂、在各级衙门打点的费用与上交官府的田租，让侯家的财务很快出现了重大危机，侯岐曾常以"皮串骨尽""枯鱼之肆"形容当前的经济困境。为此，他必须想方设法筹措资金，并以分家的形式逃避追索。

为募集资金，除向友人借贷与变卖产业外[1]，侯岐曾还变卖家中的古董与贵重器物，连母亲的钗环都被用于行贿。长嫂李氏病重后，他还希望侄儿玄潚对母以"禅语相劝"[2]，鼓励她拿出积蓄，以纾家难。但因丧葬本身的开销颇大，这笔钱在李氏去世后几日也将告罄。由于尚未变卖的田产也能提供一部分收入，侯岐曾在"重殃叠费，无门可诉"的危局之下，不得不于七月四日召集掌租诸仆，责成其向各处佃户追讨欠租。次日，他将全部精力都用于讨租，连祭奠李氏的佛事都无心过问，九月初二日又遣家仆朱三传谕各乡佃户初六交租。放贷也是他在情急之下考虑的选项，为此给玄汸与诸仆合力经纪的业务投入五十两银子，自任一股。家内产业在迅速消耗，得来的资金却

---

1 变卖产业应是此时侯家最主要的经济来源，所得经常用于临时性的支出。侯岐曾对张懿实表示："迩来寒家八口幸而苟存，只为此时尚有产可斥耳。"见侯岐曾：《侯岐曾日记》丙戌五月廿三，第534页。

2 侯岐曾：《侯岐曾日记》丙戌六月廿二，第553页。

在行贿、交租的过程中"随手便当散尽"[1]，让侯岐曾总怀有一种强烈的危机感，《日记》中随处都能读出他在经济方面的惶急与沮丧。

随着钱财的消耗越来越大，局势愈发令人绝望，侯岐曾遂开始考虑分家。此举虽然会破坏侯岐曾兄弟多年坚持、引以为傲的同居共财之局，但倘若分家及时，官府的籍没和取租又只针对本家，那么侯家通过分裂出新的小家庭，仍有希望保存一部分产业。六月二十三日，侯岐曾头一次产生了分家的想法。他考虑到当前官府追索日急，有限的家财势难充抵，只有分给子侄和孙辈，或许才能保存一些先人遗产。因此，岐曾将子孙都唤来恭寿，将剩余的数十件杯铛器物与书画等古董一并分授，"务使倾筐倒箧乃已"[2]。此后，他还开始有意识地与侄儿玄瀞分财，意味着岐曾与峒曾两脉在财务上分道扬镳。七月二十一日，侯岐曾想到应付官府追索已"所费不赀"，目前仅存的些许田租也不得不上交，心下不甘，特意分出一半寄给玄瀞支配，自己再上缴剩余的一半。他在信中感伤地说："此吾与侄分财之始，亦即吾侄承家之始矣。言之呜咽！"[3]九月初五，侯岐曾专门用板舆将老母龚氏抬来作证，又悬挂兄长峒曾的遗

1　侯岐曾：《侯岐曾日记》丙戌五月廿四，第535页。
2　侯岐曾：《侯岐曾日记》丙戌六月廿三，第554页。
3　侯岐曾：《侯岐曾日记》丙戌七月廿一，第565页。

像，迈出了析产的第一步。昔日昌盛的大家庭衰败到要靠分家才能逃避追索的境地，侯岐曾的心情无疑是复杂的。他形容此事为"析产缘起"[1]，但并未提及所分何产，可能只是举行了一个仪式。十月二十九日，侯岐曾趁家中男女齐集之际，将家中仅剩的二百亩田地一分为三。

平心而论，侯家的日常生活所需还是有保障的，并未受到财政危机的严重影响。饮食是判断生活质量的一大指标。在《日记》中，侯岐曾摄入了鸡肉、狗肉、猪肉与河豚等多种肉类，能吃上白米饭，饮酒也始终未中断，他甚至需要担心"酒食过杂"引发胃肠疾病。[2] 友人过访，岐曾也总以"鸡黍相留"[3]，不留饭的情况是极少数。另外，侯岐曾先后延请了八位医生为自己与家人就诊，服用了大量药物，诊金与药费的数字都不会小。[4] 在保证基本生活的前提下，侯家还有余力从事一

1　侯岐曾：《侯岐曾日记》丙戌九月初五，第 579 页。
2　侯岐曾：《侯岐曾日记》丁亥正月初二，第 608 页。
3　鸡黍原指鸡肉与黍（黄米）。黍在先秦时期是中国人的主食之一，但中古后因水稻与小麦种植普及，在中国人饮食结构中的地位被边缘化，仅在北方干旱半干旱地带少量种植，侯岐曾不太可能以黍待客。"鸡黍"云云，应只是他对招待来客用餐的艺术化修辞，接续的是"故人具鸡黍，邀我至田家"等表达传统。
4　明代药材的费用一般比诊金稍高。参见邱仲麟：《明代的药材流通与药品价格》，《中国社会历史评论》第 9 卷，天津：天津古籍出版社，2008 年；邱仲麟：《医资与药钱——明代的看诊文化与民众的治病负担》，载《中国史新论·医疗史分册》，台北：台湾"中研院"、联经出版公司，2015 年。

些大额支出，如侯岐曾为母亲龚氏提前预备的棺木花费了整整
一百两。侯玄汸为了龚氏的出行便利，又特别雇人开凿了一条
长达四十丈的水道，直接通到龚氏住所，老人只需跨出房门就
能乘上船只往来各庄。这笔花费定然不菲，以至于他人提醒玄
汸：家境艰难至此，岂能大兴土木？玄汸则回应道："吾事太
恭人，能得几时？聊博一欢耳，不知其他。"[1]侯家所兴的土木
之功，还包括在惠宁庄修建的新房、为度夏而修葺的"西偏"
与另修的"东荣一室"，侯岐曾在新修房屋时还亲自坐镇现场，
指挥工匠。这些工程各自兴修的时间跨越丙戌一整年。与侯岐
曾相比，其他不少遗民的隐居生活才真谓窘迫。[2]如浙江举人
李天植在国变后"家酷贫，无子，又病疝气，日仰卧读书，常
累日绝饮，宴如也，无僮仆，独老妻在室，颓然相对"[3]，最后
居然饿死，呈现出一副活生生的惨景。叶绍袁也在日记中留下
了不少对个人生活状态的细致描写。由于他基本丧失了固定的
经济来源，"无半钱粒米寄至"[4]，少许积蓄也尽用于医药，经常
需要辗转寄食，困窘不堪，在临终前一年完全依靠好友吴茂远

1　侯玄汸：《月蝉笔露》卷下，第 14 页。
2　明遗民的贫困化是普遍现象，有关其生计问题，可参赵园：《明清之际士大
　　夫研究》，第 287—299 页；杨念群《何处是江南？——清朝正统观的确
　　立与士林精神世界的变异》，第 125 页；孔定芳：《论明遗民之生计》，《中
　　国经济史研究》2012 年第 4 期。
3　温睿临：《南疆逸史》卷四二，第 317 页。
4　叶绍袁：《甲行日注》卷一，第 15 页。

接济。约每季获济银二十两，共得四次，直到叶绍袁于顺治五年（1648）病逝。如果说侯岐曾的少数借贷只是用于临时性的大额支出，叶绍袁向友人借贷则关乎他的基本生存。叶氏的饮食也甚为粗恶，如一日"村醪如水，下酒只一乳饼，又冷物也，借得豆少许，炒之"[1]，另一日张姓女婿来访，叶家厨房已无余菜，只能派出一位仆人外出借米，竟难以留客[2]，这与侯家的状况又形成了鲜明对比。

这样看来，侯岐曾强调的"菽水之需俱被劫尽"应系夸张之辞[3]，侯家的财政危机与实际生活水平构成的反差，恰反映出一个有着众多产业与收入来源的士绅家族的经济实力。当然，这些抱怨也出自他的真实感受，因为痛苦未必来自实际的生活状况，而往往源于横向（与他人）或纵向（与前后时间）的对比。这体现的其实是侯岐曾等江南士绅对生活质量下降的不适应，以及对家势沦落的焦虑。此外，鉴于在士人文化中"一箪食、一瓢饮"式的贫困时常与品性高洁相连，贫困在遗民群体中也未尝不是一种对自我形象的塑造。如陈子龙在诗中习惯渲染自己的困窘，"终朝惨淡柴门下，有时拾橡还山椒""短衣皂帽依荒草，卖饼吹箫杂佣保""空余鸡骨是，霜雪满麻衣"等

1　叶绍袁：《甲行日注》卷五，第74页。
2　叶绍袁：《甲行日注》卷五，第84页。
3　侯岐曾：《侯岐曾日记》丙戌五月廿五，第537页。

描述相当常见。[1]但此时他仍有轿夫"常给役左右"[2]，说明实际情况可能是另一回事。在《日记》中，侯岐曾对友人强调自家贫困则有着更明显的现实用意。他在给表弟杨廷枢的信中抱怨"菽水之需俱被劫尽"，下一句便请求对方替他"分痛"。[3]在给浙东鲁王政权服务的友人陈俶寄信请托时，他也以"老母晨昏菽水，俱遭劫尽。数口而外，更不能它有经营"为由[4]，对不能资助陈俶留在嘉定的家人再三致歉，声称自己为之梦寐不安。但在给前苏州推官倪长圩的信中，岐曾却主动附上白银三十两，慨然表示要为对方"稍供从者一餐"[5]。可见在侯岐曾处，贫困与其说是当前真实的生活状态，不如说是一种修辞工具。他在不同场景中同时扮演受助者和资助者的角色，从而更有效地调配手中的有限资源，游刃于复杂的人际交往。

侯岐曾对追索危机的应对，反映着鼎革之初的江南士绅与清朝国家意志的较量。面对泰山压顶般降临的籍没、取租二令，侯岐曾并没有轻易屈服。他及时通过变卖产业与筹划分家调整了家庭经济，尽可能募集了一批资金，应付各级衙门的无

1　分见陈子龙：《种柳篇》《岁晏仿子美〈同谷七歌〉》《奉先大母归葬庐居述怀》，《陈子龙全集》，第380页、第381页、第463页。
2　王锡瓒：《陈忠裕公遗像跋》，《陈子龙全集》，第998页。王锡瓒是陈子龙门生王沄的曾孙，所言当非子虚。
3　侯岐曾：《侯岐曾日记》丙戌五月廿五，第537页。
4　侯岐曾：《侯岐曾日记》丙戌六月十九，第551页。
5　侯岐曾：《侯岐曾日记》丙戌十一月十五，第598页。

度索求，并将自己长期经营的人际关系部署到自认为合适的位置，力图从根本上挽回局面。通过他的不懈努力，官府气势汹汹的追索最终演变成一场与侯家漫长的拉锯战。然而，拉锯的双方在力量上终究完全不对等。比起各取所需的权钱交易，侯岐曾对清朝官吏的贿赂更像是后者对他的无情勒索，而他几乎没有反抗之力。即使贿赂成效不大，为了前景未明的追索局面不被作梗，他还必须忍气吞声尽量满足对方的要求，乃至在年节时为其准备礼物。不论侯岐曾怎样努力，追索的压力依旧越来越大，局势越来越坏。巡抚、总兵与县衙的决定，无论哪一条都无法阻止。即便有，也只是暂时拖延了执行的时间，或者不久后就被推翻。随着时间流逝，所有的方法都已尝试，所有的人情都已用完，"征币币穷，求金金尽，寒心销骨，乃在于此"[1]，侯岐曾在这场拉锯战中获胜的希望已经熄灭，使它变得更像是一场对侯家的凌迟。他到最后已意识到清廷惩治反清士绅的决心不容调和，对陈子龙表示："只如籍没一案，若彼必欲盈其壑底，惟当索我于沟中耳。"[2]他还没有放弃挣扎的唯一理由，是侯家无法承受籍没的代价。在挣扎求活的过程中，他蒙受的创伤反复发作，对清廷的仇恨迅速滋长。无论他愤怒也好，泰然也罢，破家之祸已近在眼前。就在此千钧一发之际，

1　侯岐曾：《侯岐曾日记》丁亥三月初六，第 621 页。
2　侯岐曾：《侯岐曾日记》丁亥五月初二，第 638 页。

　　"松江之变"一声炮响，在本已暗流涌动的江南再度掀起反清复明的狂澜，将毫无防备的侯氏家族又一次推上了历史舞台的中央。

第六章　保孤难兮杀身易：侯岐曾与复明运动

　　"奉母保孤"既属于儒学宗法观念中的义务，也象征家族整体利益的存续，是侯岐曾在鼎革之初的主要目标。为此，他在身心遭受严峻考验之际奋力搏斗，显示出异于常人的坚韧，并付出了巨大牺牲。然而，侯岐曾最终仿佛以决然的姿态卷入了复明运动，非但自己以身相殉，也导致家族再遭劫难、分崩离析，"奉母保孤"的使命猝然终结。这一转折从何而来？论者多强调侯岐曾素怀忠孝，"承祖父之遗烈，念君国之深思"[1]，国变后有志复明、殒身不恤，乃当然之事。但事实并不如此简单。危难时刻的孤注一掷，在日常生活早已有迹可循。

1　陆元辅:《陆菊隐先生文集》卷十六《明故太学生侯雍瞻先生私谥弘义议》，第541页。

第一节　岁寒松柏：侯岐曾的忠节观念

　　明季士人殉国者不胜枚举，已成为某种时代现象，学界通常将忠节观念视为其人殉国之举的思想渊源。忠节观源于先秦时期的"忠"，起初并不限指臣子对君王的忠诚，甚有秉公持正、违抗君命的内涵。两宋以降，"忠"已演变为"不事二姓"的绝对忠君思想，将政治认同与道德修为冶为一炉，"忠节"之说由此形成。[1]明代官方推行程朱理学，忠节观念的影响力远播士林，兼之中晚明阳明学与东林思想先后兴起，使士人习惯以追求"名节道义"的奇激之举彰显个性。[2]另有学者提出，明代的政治暴虐助成了士人极端的道德主义，诱成士人通过自虐、殉国等举动表达激情，实现自我宣泄。[3]以上种种，均在

1　参见孟祥才、王瑞起：《"忠"的观念在我国的历史演变》，《历史教学》1984年第2期；宁可、蒋福亚：《中国历史上的皇权和忠君观念》，《历史研究》1994年第2期；魏良弢：《忠节的历史考察：秦汉至五代时期》，《南京大学学报（哲学社会科学版）》1995年第2期；刘泽华：《中国的王权主义》，上海：上海人民出版社，2000年，第256—257页；[法]麦穆伦：《明清鼎革之际忠君考》，载《法国汉学》第1辑，北京：清华大学出版社，1996年，第49页；[英]史怀梅著，曹流译：《忠贞不贰？——辽代的越境之举》，南京：江苏人民出版社，2015年，第54—80页。

2　参见何冠彪：《生与死：明季士大夫的抉择》，台北：联经出版公司，1997年，第4—5页；陈永明：《降清明臣与清初舆论》，载氏著：《清代前期的政治认同与历史书写》，第43页；何宗美：《明末清初文人结社研究》，天津：南开大学出版社，2003年，第89页。

3　赵园：《明清之际士大夫研究》，第10页、第35页；徐茂明：《江南士绅与江南社会（1368—1911年）》，北京：商务印书馆，2004年，第78页。

不同层面揭示了明季士人殉国的思想背景。然而，晚明有关忠节的政治实践，远不如作为"口号"的忠节来得普遍而激越，而往往缠绕着种种人情与利益的考量。[1]对同一种思想，不同个体的解读根据自身现实需要，或也相去甚远，从而做出生或死、仕或隐等人生抉择。可见在抽象的思想观念之外，亦需把握时人的生活情境，在日常生活中观察思想的展开。[2]对侯岐曾而言，他对明朝的忠诚固然无可置疑，却不足以推动他在鼎革后做出殉国的选择。

一、侯岐曾忠节观的表现形式

晚明对"名节道义"的强调蔚然成风，与东林—复社一脉学风颇有关系。侯氏家族自侯震旸一代起在政治上已染上东林色彩，侯岐曾本人也是复社成员，素持忠节之说。在崇祯八年的家庭聚会中，面对表弟杨廷枢询问殉国之法，侯岐曾答以"陷胸决脰，总以成仁，不用决择"[3]。以白刃加颈终结生命，说

1　参见拙作：《党争与忠节：南明弘光朝"从逆案"探微》，《文史》2024年第1辑。

2　由此，近年来思想史研究亦呼吁与社会史、生活史相结合。参见葛兆光：《"唐宋"抑或"宋明"——文化史和思想史研究视域变化的意义》，《历史研究》2004年第1期；王汎森：《权力的毛细管作用：清代的思想、学术与心态》，第8页；陈宝良：《明代士大夫的精神世界》，第86页。

3　汪永安：《紫隄村小志》卷之后，第147页。

明他对未来殉国的惨烈情形早有设想。侯氏族人平日以忠节自勉，于此不难想见。[1]乙酉年闰六月初，清廷"剃发令"尚未颁布，嘉定民情未愤，已准备接受新朝统治。侯岐曾却投笔从戎，赶赴松江明总兵吴志葵军中，逆流而动的背后应有舍生忘死之念。七月初嘉定陷落后，他在情绪崩溃时，原本有意追随其兄峒曾于地下，但很快以"奉母保孤"为由放弃求死。丙丁之际，身处日渐严重的追索危机，时感朝不保夕的侯岐曾确实又多次想过死，"惟刻刻钉一死字于额门"[2]。但这种死亡是外部压力导致的结果，不具备自我牺牲的道德意涵，与忠节观念并无关联。那么，他的忠节观在日常生活中是否仍有所表现？

因痛感家国之难，且身受追索，侯岐曾对清朝的敌意不断增长，与之相对的是他对明朝始终保持忠诚，并将其转移到南方的几个南明政权上。在把清朝官员与军队判定为"贼令""贼兵""贼船"之余，他将明朝皇帝视为"吾君"，将南明军队称为"我兵"，自己"于吾君则为残黎"，亲眼见到明朝光复是活下去的动力之一。在丙戌年的生日，他在日记中记

1　清初嘉定人赵俞如是评论侯家殉国事迹："东林当日多耆旧，到此方能见本根。"见赵俞：《绀寒亭文集》卷六《乙酉纪事诗·侯通政峒曾弟贡士岐曾子秀才元演元洁》，清康熙间刻本，第5页。邓尔麟也认为侯家的忠节观念出自明季东林—复社学风。见［美］邓尔麟著，宋华丽译：《嘉定忠臣——十七世纪中国士大夫之统治与社会变迁》，第164页。
2　侯岐曾：《侯岐曾日记》丙戌六月十九，第551页。

录道"敢不勉留仰事俯育之身，冀睹少康、光武之事"[1]，在给身处浙东鲁监国政权中的友人陈俶写信时，也语气激动地表示"愿睹汉官威仪，然后瞑目"[2]。

侯岐曾的忠节观在日常生活中主要有以下表现：第一是长期保持全发，直到丁亥年三月底才因外出避难而剃去。头发作为明清之际清朝与汉族士民斗争的焦点，被忠于明朝的士人视为政治认同与文化尊严的象征。明遗民为拒剃与保留衣冠几乎穷尽想象力，乃至赌上生死。[3]侯岐曾为了保住头发，也不惜以身犯险。他虽未在《日记》中正面谈及对自己留发的担忧，却警告同样蓄发的侄儿玄瀞，"大意谓剃禁再设，两地皇皇。启行之时，务秘其去路"，并随文记下官府对剃发的最新严令："清发五等定罪：一寸免罪，二寸打罪，三寸戍罪，留鬓不留耳，留发不留头。又顶大者与留发者同罪。"[4]尽管官府未必有余力挨家清查剃发情况，给侯岐曾继续留发保有一定余地，但他离家外出必定面临诸多不便。无锡进士华允诚为留发而三年

1　侯岐曾：《侯岐曾日记》丙戌正月廿八，第491页。

2　侯岐曾：《侯岐曾日记》丙戌六月十九，第551页。

3　参见冯尔康：《清初的剃发与易衣冠——兼论民族关系史内容》，《史学集刊》1985年第2期；参见［美］孔飞力著，陈兼、刘昶译：《叫魂：1768年中国妖术大恐慌》第三章《或现或隐的威胁》，上海：上海三联书店；北京：生活·读书·新知三联书店，2014年；赵园：《明清之际士大夫研究》，第272页；林丽月：《故国衣冠：鼎革易服与明清之际的遗民心态》，《台湾师大历史学报》第30期，2002年6月。

4　侯岐曾：《侯岐曾日记》丙戌三月初一，第504页。

闭门不出，后来仅因一次过访女婿家，不慎被目击者告发，就被官府捕杀。[1] 网巾大袖等明式衣冠也被严禁，士绅"私居偶戴方巾，一夫窥间，惨祸立发"[2]。岐曾直到举家逃难前夕，为掩护行踪才被迫剃发，说明护发在他心目中意义非凡。在天崩地解之际，"人类既为犬羊"[3]，全发在他看来就是人格完整的象征，忠于明朝可能还在其次。好友顾咸正以全发还乡，岐曾便盛赞他"遂为千古全人矣，岂非忠义之报"[4]。这一认识在当时的遗民群体中十分普遍，如苏州名士徐汧在"剃发令"颁布后当即投水自尽，从而"存此不屈膝、不被发之身，以见先帝于地下，见先人于地下"[5]。"完发"之身甚至会被时人艺术化、审美化，嘉定士人王泰际在给黄淳耀写的悼诗即言："完发香身虽入堆，剑气冲天不受摧。"[6] 总之，头发对于明季忠臣与遗民群体的重要性毋庸置疑，可以为了护发使生活方式发生重大改变。

第二是在《日记》中只书干支，不书新朝顺治年号。这是自《春秋》以"春，王正月"表达尊周观念以来，士人在文本

1　计六奇：《明季南略》，第236—237页。
2　王家祯：《研堂见闻杂记》，第24页。
3　侯岐曾：《侯岐曾日记》丙戌五月廿五，第537页。
4　侯岐曾：《侯岐曾日记》丙戌四月初三，第515页。
5　徐枋：《居易堂集》卷一二《朱先生传》，第279页。徐枋即徐汧之子。
6　王泰际：《拜松涯伟恭二黄墓》，转引自上海市嘉定区政协编：《嘉定抗清史料集》，第262页。

中表明政治立场的重要方式，在鼎革后也被许多明遗民采纳。如陈子龙在编辑自撰年谱时仅书干支，并嘱咐学生王沄在续写年谱时照此操作。[1]侯岐曾只书干支，未注南明隆武或鲁监国年号，则源于当时兵荒马乱，鱼雁鲜通，有关南明政权的传闻"遥遥未可为据也"[2]。只有等到南京光复，明朝中兴确凿无疑，他才打算书写南明年号。当然，这个梦想从未实现。

第三是在特定时节悬挂明太祖与家兄侯峒曾的肖像。如在丙戌年九月分家仪式时，侯岐曾悬上峒曾之像。[3]丁亥年元旦，玄汸在家中甲乙轩设明太祖像，将峒曾肖像挂在太祖像左侧，行侍臣之礼，家人依次叩拜。[4]这也是遗民常见的做法，其用意是以神灵作为重大家庭仪式的见证者，也是对神灵本身表达的礼敬。在以气论为基础的理学鬼神观的影响下，明代士人虽不否定各种超自然力量的存在，文人笔记也喜好记载神怪之事，但对神灵的人格化多持保留与怀疑态度。[5]侯岐曾对"疟

1　陈子龙：《陈子龙全集》，第1000页。
2　侯岐曾：《侯岐曾日记》自序，第483页。隆武皇帝朱聿键在乙酉年闰六月于福州即位，侯岐曾直到次年三月才从女婿顾天逵处看到诏书。见侯岐曾：《侯岐曾日记》丙戌三月廿七，第513页。
3　侯岐曾：《侯岐曾日记》丙戌九月初五，第579页。
4　侯岐曾：《侯岐曾日记》丁亥正月初一，第608页。
5　明洪武三年官方革去唐代以来对岳镇海渎等自然神加上的人爵称号，而且祭祀去除偶像，代以木主，这是支持以气论为基础的鬼神观的理学观念渗透的必然结果，响应了宋元以来理学家的呼吁。参见张佳：《新天下之化：明初礼俗改革研究》，第194—198页。

鬼"一说起初就不屑一顾，也不愿子侄借道术为自己祈福。不过，明清之际的士人对忠臣义士殉国成神的事迹却大多愿意相信。原因可能是"忠孝"作为最高等次的道德品质，被认为与"天人之理"直接相连，使忠烈成神具备形而上学的基础，遗民尊明反清的立场与当前的生活状态则是更直接的诱因。明遗民的诗文中充斥着有关忠义有灵的句子，还有不少人热衷于讲述自己与忠义之士魂灵相接的经历，侯岐曾也不例外。他相信兄长峒曾殉难后业已成神，并默默守护着这个家庭。当得知在许自俊的帮助下，徐州、天水两地有人仍愿与侯家联姻，岐曾难掩心中激动，认为此事"当由吾兄忠义之灵，默默感格耳"[1]。丁亥年春"通海案"暴露后，侯家一度处于危境，因及时打通苏松提督吴胜兆的关系才转危为安，岐曾事后也感慨道："安危倚伏乃有变幻如此者，此银台之默佑也。"[2]他还听来一个据说是嘉定典史闵有义身历的神异故事，即闵氏夜巡之际，"见有绯衣神蹑其后，大惊。回首问从者，从者亦见之，云这是侯二老爷"[3]。两个月后，侯岐曾在给杨廷枢的信中又讲起了这个故事，现录于下：

1　侯岐曾：《侯岐曾日记》丙戌正月廿一，第489页。

2　侯峒曾被南明弘光朝廷授左通政，雅称"银台"。侯岐曾：《侯岐曾日记》丁亥三月廿六，第626页。

3　侯岐曾：《侯岐曾日记》丙戌三月十三，第507页。

三月中，嘉定县官夜巡时，遇绯袍神人，仪仗甚盛，呵殿相逼。惧而问从者，从者曰："此侯通政也。"翼日，大雷击毁县门。今四月廿六之变，三百年县治回禄荡然，嘉邑至今建水陆道场。[1]

与《日记》初次记录的版本相比，信中的细节更加丰富，突出侯峒曾作为神灵的威严与气派，又将次日大雷击毁县门、四月底县衙生乱与峒曾显灵一事相联系，以强调峒曾的神力。多出的细节未必缘于侯岐曾有意添加，但至少是他愿意相信的内容。侯岐曾还从前歙县训导陈康明处听闻，徽州抗清领袖金声被处死后，尸身还去市集和江边为自己买棺买舟，感到："事虽荒唐，而孤忠显应，又岂理之所无？"[2]可见忠烈显灵的逻辑在他心中确实成立。

不过，这并不意味着侯岐曾对此说笃信不疑，兄长成神也不能从根本上纾解家国之痛。他在给顾咸正的信中意味深长地说：

（君）死拒伪命，生入里门，不独全其眷属，且全其发，遂为千古全人矣，岂非忠义之报。虽然，必以生全为食报，

1　侯岐曾：《侯岐曾日记》丙戌五月廿五，第536页。
2　侯岐曾：《侯岐曾日记》丙戌七月十一，第561页。

> 何以处夫惨死者？或者贤仲叔与家兄侄方游戏璇台，笑吾
> 辈未离五浊，但泉路茫茫，何从相贺，不觉叩心绝气耳。[1]

"或者"一词，已多少透露侯岐曾对死者成神的疑虑。即便惨死的兄长业已得道登仙，也终究与自己阴阳两隔。死亡犹如茫茫迷雾，缥缈无绪，任他如何极目眺望，也不能窥见彼岸。创伤意识毕竟难以被忠节观念疏导，后者只能带来有限的、暂时性的安慰，现世的种种痛苦则不可回避。正如岐曾本人所言："'忠孝'二字，吾家不敢让人；危苦千端，吾生何从相诉。"[2]他在坚定表示要当明室遗民后，笔锋陡然一转："然而予之处此，苦矣悴矣，危矣艰矣。"[3]后人总倾向于将嘉定侯氏塑造为"忠义之家"，"忠义"背后的挣扎与苦痛却罕有人识。

二、侯岐曾的忠节观与自我认同

侯岐曾忠于故国的表现，在日常生活中处处可见。但忠节观在他的精神世界中究竟占有何等分量，仍有必要从自我认同的角度展开考察。

1　侯岐曾：《侯岐曾日记》丙戌四月初三，第515页。
2　侯岐曾：《侯岐曾日记》丙戌二月廿二，第499页。
3　侯岐曾：《侯岐曾日记》丙戌正月廿八，第491页。

乙酉年的嘉定抗清运动给当地民众与侯氏家族带来了深重灾难。在侯岐曾看来，这场灾难虽制造了巨大的痛苦，却也是高贵人格的试金石。在给倪长圩的一封信中，他以细腻的文字表达自己的复杂心情：

> 别逾三年，泡幻万状，不意千秋灰劫，下邑单门，独膺斯酷。亦不意召棠之下，遂为群忠喋血之所。白刃洪涛，天地变色，中华郡邑，鲜遘斯惨。亦可知惠政薰摩之地，神君激励之余，终成前古未有之烈耳。[1]

信中，侯岐曾一面惊叹兵祸降临的迅速惨烈，一面将血腥的抵抗运动赋予道德价值[2]，并抹上悲壮色彩，他在另一封给顾咸正的信中也将兄长峒曾殉国形容为"日月光华，雷轰电烈"[3]。这些艺术化的修辞，反映出他在悲痛之余也为之自豪。因此，他乐于记载地方民众对侯家抗清之举的评价，某次记录道："海上民间有上侯下侯之谣，谓侯银台、侯总戎（怀玉

---

1 侯岐曾:《侯岐曾日记》丙戌十一月十五，第597页。
2 乙酉年的江南抗清运动远非明遗民笔下的那么浪漫，当时的社会处于无秩序状态，城乡间充斥的大量暴力行为也远非抵抗者所能约束。参拙作:《"复线"的易代史：江南抗清运动研究（1645—1646）》，第292—295页。
3 侯岐曾:《侯岐曾日记》丙戌五月廿九，第540页。

皆父子殉节最烈也。"[1]他对乡邦掀起的抗清运动也深感骄傲，
对顾咸正说："惟事起义始自敝邑，实应三百年来干戈起陈川
之谶。它邑不免少后一步，而士大夫殉节之多，亦未有过于
敝邑者。"[2]有时这两种情绪会合而为一，岐曾在给陈偰的信中提
道："吾邑起义独先，家兄守城独烈。此最显白易见之事，本无
烦后人为之装饰形容。"[3]但"独先""独烈"等具有排他性的表达，
恰已是"装饰形容"的产物。前明吏部尚书徐石麒死于嘉兴抗
清之役，嗣子徐尔毂上疏南明隆武帝亦云："先臣起义独先，殉
难独苦。"[4]实际上，嘉兴与嘉定的抗清运动均在闰六月上旬后方
爆发，与江南其他地区相比并不算早，难称"独先"。侯峒曾、
徐石麒死于守城，在时人眼中大节可钦，但殉国事迹在江南亦
非独树一帜。遗民文本争相强调"本家""本邑"在"举义"之
际的特殊性，不惜改写事实、忽视"他者"，在当时绝不鲜见。

　　侯岐曾的这一认识与其他明遗民基本保持同调，与清代
史家亦遥相呼应，也就是将江南士大夫投身抗清视为有明一代

1　侯岐曾：《侯岐曾日记》丙戌七月廿六，第 566 页。侯怀玉即侯承祖，字
　　怀玉，明朝世袭金山卫指挥同知，鼎革后在当地组织抗清，城破被杀。见
　　王侯：《王席门先生杂记》不分卷《记侯公父子死节事》，载《南社丛刻》
　　第 1 册，扬州：江苏广陵古籍刻印社，1996 年，第 250—253 页。
2　侯岐曾：《侯岐曾日记》丙戌六月十八，第 549 页。句中"陈川"应为
　　"练川"（即嘉定别称），在其他史料中，原谶亦为"干戈起练川"。见侯
　　玄瀞：《侯忠节公年谱》卷一，第 7 页。
3　侯岐曾：《侯岐曾日记》丙戌六月十九，第 551 页。
4　李天根：《爝火录》卷十五：杭州，浙江古籍出版社，1986 年，第 659 页。

士人气节与朝廷"礼教之效"的证明[1]，但它其实经过了特定的价值建构才逐渐在舆论场占据主导地位。建构者的动机或为颂扬死难亲友，或为乡邦在新王朝秩序下增添荣耀。[2]鼎革之初，江南民间对抗清运动的评价则较为多元，文人修饰与政治规训的色彩相对不著。如松江生员曹家驹对本邑组织抗清的前两广总督沈犹龙多有恶评，称其"横挑大敌，远种祸根，贻累桑梓"[3]。上海生员曾羽王认为易代之际"在乡又宜以安静为主"[4]，以忠义为名挑起事端可能招引灭门之祸。《苏城纪变》也批评起事乡民"力绵算拙，画虎不成，反至黎元被屠，妇女遭掠，室庐成烬，吴城罹此残毒"[5]。普通民众对抗清运动的反应往往是敬而远之，引发大规模的逃难行动。[6]可见，下层士人与普

---

1 "南都之建，其君相以儿戏亡其国，窃怪庙堂之上，忠烈之士何寥寥也，以为圣祖列宗培养三百年，不应偷薄至此。及观其后而义旅四起，反侧者历二十余年而后定。呜呼！此可以见礼教之效矣。"见温睿临：《南疆逸史》卷三六，第 254 页。

2 参见冯玉荣：《明末清初松江士人与地方社会》第六章《消解易代：从〈同郡五君咏〉看清初士人的身份认同》。

3 曹家驹：《说梦》，载《四库未收书辑刊》第 10 辑第 12 册，北京：北京出版社，2000 年，第 14 页。

4 曾羽王：《乙酉笔记》，载《清代日记汇抄》，第 33 页。

5 佚名：《苏城纪变》，载《明清史料丛书续编》第 18 册，北京：国家图书馆出版社，2009 年，第 401 页。

6 参见巫仁恕：《逃离城市：明清之际江南城居士人的逃难经历》，《台湾"中研院"近代史研究所集刊》第 83 期，2014 年 3 月。有关江南民间对抗清运动的认知，亦可参拙作：《棱镜下的"起义"：海宁抗清运动与地方社会》，《史林》2024 年第 6 期。

通民众多从身家安危出发，反将抗清之举视为招致地方兵祸的源头，予以排斥，江南士民同心反清的传统刻画并非历史图景的全貌。侯岐曾对抗清运动的理解仅代表部分拒绝与清朝妥协的江南士绅。他们之所以对抗清予以道德美化和艺术渲染，不仅源于自身的政治立场，也在借机表达自我认同。

自我认同既是人对自我的评价，也是人对所饰社会角色的认同感。它不仅作为静态的思想观念存在，还能借助某些文化机制发挥现实作用。侯岐曾对"儒者"的认同使本人醉心诗词、不废"清课"，成为应对外部压力的手段。家国之变使侯岐曾产生了另一种"遗民"式的自我认同，试图将自己与未受清朝打击的一批士人做出区分，从而获得一些心理补偿。他在日记中写道："今之高门鼎贵、甘心从事者，惟知妻子田庐之是守，且俨然自称保家之主矣。嗟乎，安知彼祖宗不含忸于地下哉！此予所谓拭泪而继之以笑也。"[1]这种情绪在明遗民中十分常见，他们习惯强调自己与"失节"者的对立，着力渲染二者生活质量的差异，凸显本人安贫乐道的高洁品性。近乎穷困潦倒的叶绍袁激烈斥责："今之鲜衣美食者，皆自以为人也，乃良心死尽，不如鬼蜮！"[2]陈子龙也有"商颜芝草不足采，首阳薇蕨方凋枯""翩翩入洛群公在，剩有孤臣泪未干"等诗

---

1 侯岐曾：《侯岐曾日记》丙戌九月初五，第 579 页。
2 叶绍袁：《甲行日注》卷三，第 50 页。

句。[1]这种情绪发展到极致就是极端的孤独感,但极端的骄傲也由此萌发。夏完淳就以不容置疑的口吻表示:"节义文章,如我父子者几人哉!"[2]侯岐曾也称:"予私幸平生水乳,验之岁寒松柏,真称无负。而吾友靡靡愈索,每叹吾道非耶!"[3]表面是对自己茕茕独立的哀叹,但也不无高自标置的用意。他们在生活中未尝没有志同道合的友朋,如侯岐曾与顾咸正、夏完淳与钱熙[4],但仍偏好突出自己的孤独感与特殊性[5],可见他们寻求心理补偿的欲望异常强烈。在此情况下,"忠节"本身也变成了遗民可供利用的文化资源。一位族叔向侯岐曾索要汪店房产,被他婉言回绝:"吾伯兄忠节三百年所希有,仍望吾宗各以孝弟廉让风励后贤,不欲明德宗老有此举动也。"[6]"忠节"作为一种经常需用生命证明的道德品质,在话语中具备的说服力

1　陈子龙:《怨歌行》《秋日杂感》,《陈子龙全集》,第 380 页、第 586 页。

2　夏完淳:《狱中上母书》,《夏完淳集笺校》,第 508 页。

3　侯岐曾:《侯岐曾日记》丙戌九月初一,第 578 页。

4　钱熙,字漱广,浙江嘉善人,兵部职方司郎中钱栴之子,是夏完淳的妻兄。国变后与夏完淳一并投入复明运动,中途染病去世。夏完淳得知凶闻,哀痛欲绝。《夏完淳集笺校》中收录近十首与钱熙相关的诗歌,包括《得东报怀漱广》《吊漱广至西塘有述》《花朝约漱广游邹仲坚园亭阻风雨有作》等。

5　赵园认为,强调孤独是遗民的共同属性。参见赵园:《明清之际士大夫研究》,第 238—239 页。

6　侯岐曾:《侯岐曾日记》丙戌三月十八,第 510 页。《日记》中称该族叔为"三老相公",周绚隆认为其人"似当为侯鼎旸、侯艮旸、侯兑旸"。但房产似难三分,"三老相公"疑仅指侯艮旸(字兼三)一人。

难以置疑，侯岐曾显然善于运用。总之，侯岐曾等遗民恪守忠节，虽是无奈与痛苦下的抉择，但绝非毫无回报。他们产生的自我认同既有助于化解内心的不平衡感，也作为文化资源在现实中发挥作用。因此，长期在思想史领域被讨论的忠节观念也应是解读遗民生活的锁钥。

在日常生活中，忠节观念及相关的自我认同常需借助各类仪式与活动，方能维持或得到强化。如前文所述保持全发或明代衣冠、用干支年号、在特定时节悬挂明太祖像或忠臣像等，但相对最具有"日常"性质的活动当属诗文唱酬。它是遗民社交场合中的重要活动，在生活中出现的频率很高。确立关系、化解分歧等诗歌具备的社交功能已受学界关注[1]，对明遗民而言，诗词唱酬还起到了维系、强化忠节观念的作用，并促进了这一群体内部的身份认同。[2]但遗憾的是，这一点在《日记》中并不明显。尽管侯岐曾与朋友的唱酬并不少，但几乎从未记录诗词的具体内容。吴江遗民叶绍袁的日记《甲行日注》存有大量他与友朋往来的诗词，或能为研究侯岐曾的情况提供参

1　参见［英］柯律格著，刘宇珍等译：《雅债：文徵明的社交性艺术》，第64—66页；［美］梅尔清著，朱修春译：《清初扬州文化》，上海：复旦大学出版社，2004年，第121页；王鸿泰：《迷路的诗——明代士人的习诗情缘与人生选择》，《台湾"中研院"近代史研究所集刊》第50期，2005年12月。

2　对贰臣也是如此。参见白一瑾：《清初在京贰臣文人社集唱酬活动探微》，《上海大学学报（社会科学版）》2011年第2期。

照。侯岐曾与叶绍袁的社会网络有所交叠，彼此都是对方社交圈中的成员，侯玄瀞、顾咸正、顾天遴等侯氏亲友给叶氏的和诗也在《甲行日注》中得到保留，有助于说明侯岐曾亲友诗词往来的情况。

在以叶绍袁为中心的社交圈中，诗文唱酬基本围绕忠节观展开，主题包括以下三种：第一是表达亡国之痛，如叶绍袁子世佺作诗云："阖闾城外遍穷庐，无数侯门郭氏墟。"[1]顾咸正诗："蓟北已残周礼乐，江南谁忆晋簪裾。"[2]第二是宣示自己对光复明朝的期待或隐逸终老的决心，如顾太冲诗："闻风起海甘遗老，卧雪埋山自放臣。"[3]顾咸正诗："家余涕泪陈情表，坐待围棋破敌书。"[4]第三是对受赠方坚守忠节的称颂，如侯岐曾致叶绍袁："叶公今见真龙好，米老遥看拜石眠。"侯玄瀞亦寄诗云："会有中兴访遗佚，凭将闲气入诗篇。"[5]前两类是对个人情感的抒发，后一类则是对他人遗民身份的认可，并从对方的应和中获得内心的满足感。和诗作为一种纯为社交而创作的文本，感情基调大多与原诗保持一致，格式上又需押原诗之韵，甚至运用同一个字。因此，其创作象征着对原诗作者的认同，

1　叶绍袁：《甲行日注》卷四，第62页。
2　叶绍袁：《甲行日注》卷五，第75页。
3　叶绍袁：《甲行日注》卷五，第71页。
4　叶绍袁：《甲行日注》卷五，第75页。
5　叶绍袁：《甲行日注》卷五，第73页。

并在礼节上表达愿意追随的决心，有时还能借机另写赠诗，在不拘格式的情况下进一步释放善意。侯岐曾、玄瀞叔侄通过顾咸正给叶绍袁所寄的既有和诗，也有表达酬答之意的赠诗。这些诗歌的艺术水准虽属寻常，在社交中起到的作用却难以忽视。

借由这一具有社交性的文化机制，遗民抒发了个人感情，也受到他人肯定，有关"忠节"的自我认同在漫长的生活中得以维系。遗民薛寀为叶绍袁小像题赞时称其"风骨何惭二老，嗟逢天宝建炎"[1]。叶氏本人表示愧不敢当，但大概仍感欣慰。由于抒发的情感总能得到回应、对外宣示的人格总能受到肯定，让他享受着诗文唱酬带来的愉悦。叶绍袁在丙戌年腊月生日时写下《初度》一诗，表达故国之思、亡国之恨，在社交圈中引起强烈反响，友人争相寄来和诗，甚至时隔半年仍有和韵者。他为亲友的积极响应欣喜莫名，"亦复续作数首"，并带些骄傲地自陈："儿辈又相率次之，少或五六，多则至十首矣。"[2]大多数和诗与赠诗都被他在日记中逐字记录，足见所受的重视。当然，叶绍袁作为个案有其特殊性，他以主动决绝的姿态逃禅在外[3]，使自己在物质上付出了巨大代价，对外界认可的心

1　叶绍袁：《甲行日注》卷五，第76页。
2　叶绍袁：《甲行日注》卷四，第61页。
3　"臣子分固当死；世受国家恩，当死；读圣贤书，又当死。虽然，死亦难言之，姑从其易者……于是决计游方外以遁。"见叶绍袁：《甲行日注》卷一，第2页。

理需求较他人可能更为强烈。惟其如此，才能反复确认自己的人生价值，继续坚持清苦的遗民生活。侯岐曾身受清朝追索，经济条件不断恶化，个人无法自主，但他与叶绍袁在诗词唱酬方面却殊途同归。侯岐曾对诗文唱酬乐在其中，自然不仅出于艺术审美的动机，他给叶绍袁的和诗就属于"忠烈诗"。

简言之，侯岐曾对明朝的忠诚、对遗民的身份认同及其维系手段，与其他遗民似无明显不同。但若考量对"忠节"本身的认知，就能发现侯岐曾与另一些遗民的重大差异。

首先，或因从未入仕，侯岐曾不认为自己在丙丁之际有殉国或抗清的义务，"奉母保孤"才是最重要的责任。因此，他在生活中从未从忠节出发对自己展开折磨与拷问，反而认为"丈夫所处各有其时其地，一龙一蛇，无有常家"[1]，这与他的朋友陈子龙形成了鲜明对比。陈子龙曾任弘光朝兵科给事中，乙酉年八月底松江抗清运动失败后，好友夏允彝在投水殉国前劝他及时尽节，但他考虑到祖母高氏尚需奉养，并未听从。苟且偷生带来的愧疚如附骨之疽，一直让陈子龙倍感痛苦，在祖母病逝后更是斥责自己"出处不贞，君亲两负"[2]，《焚余草》中的许多诗词都浸染着浓浓愧疚。他在面对夏允彝时，就更觉得直

1　侯岐曾：《侯岐曾日记》丁亥四月十三，第 633 页。
2　陈子龙：《自撰年谱》，《陈子龙全集》，第 943 页。有关陈子龙在国变后的心态，亦可参张亭立：《陈子龙研究》第三章《陈子龙的政治活动与生死抉择》，华东师范大学博士学位论文，2007 年。

不起腰，悔不听从亡友教诲，如今只恨"男儿捐生苦不早"[1]。这种情绪集中表现在《岁晏仿子美〈同谷七歌〉》这一组诗歌中，相关诗句包括"赤墀侍臣惭戴履，偷生苟活同舆僓""予为蕙兮子作兰……我独何为化萧艾""生平慷慨追贤豪，垂头屏气栖蓬蒿"等。[2]诗中前后句的用词往往是两种彼此判若云泥的文学意象，说明在他看来，当初决定苟活只在一念之间，却摧毁了作为"士"的尊严，使自己立即跌落到与"舆僓"为伍、与"蓬蒿"相伴的凄惨处境。陈子龙身为交友满天下的几社领袖，经世之学与诗酒风流均为一时绝伦，平生对自己的期许甚高，不料国变之际发现自己居然没能通过"忠节"的考验，不免心如死灰。侯岐曾从未在《日记》中表露出这种情绪，甚至试图从家国惨祸的创伤中走出。他愿意出游散怀，也积极参与节庆的娱乐活动。侯、陈二人的差异显然来自他们对"忠节"的理解不同，陈子龙将"忠节"的标准提升到了是否殉国的层次，侯岐曾则认为自己不仕新朝就算是对故国尽忠。但这也显示出，忠节观念对侯岐曾的支配力有限，否则他完全可以将"忠节"的内涵往更极端的方向理解。如黄淳耀之弟渊耀功名仅为生员，理论上也无殉国之责，嘉定城破后仍追随其

1　陈子龙：《岁晏仿子美〈同谷七歌〉》，《陈子龙全集》，第381页。
2　陈子龙：《岁晏仿子美〈同谷七歌〉》，《陈子龙全集》，第381—383页。"舆僓"泛指奴仆等操"贱役"者。

兄自缢。[1]侯岐曾与黄渊耀同为前明生员，又同是嘉定抗清领袖的胞弟，却并未随兄殉国。这在当时对青衿殉国持鼓励态度的社会氛围中，应该会面临一些舆论压力，使得他对自己"求死未死"的说明更像是一种辩解。[2]

其次，"忠节"也不是侯岐曾对自我的主要期许。而在另一些人身上，这种期许可能会强烈到在日常生活中无意识地表现出来，比如梦境。黄淳耀经常梦见自己成为忠节之士或正在力抗异族侵略，反映出他强烈的忠诚意识。[3]叶绍袁也有一次"夜梦丁大司空，以紫方锦片幅，广二三尺许，如坐褥，大金书'忠孝'二字贻余"[4]，其内心期待昭然可见。与他们相比，侯岐曾的忠诚意识并非不够强烈，但对"忠节"二字的确自有裁量，这有助于解释他在某些问题上的自相矛盾：他对亡国丧亲痛彻心扉、对清朝统治恨入骨髓，却不愿任由自己的政治情绪无限发酵，将生活染成单一的色调。他对南明军队的反攻望眼欲穿，但对亲身参与复明运动又不情不愿。"忠节"作为一

1　渊耀之殉国，与平日砥砺修身、注重给自己施加道德压力颇有关系。在作为平居读书为人心得的《存诚录》中，渊耀自谓："士君子守身若珍尺璧，唯恐失坠……宁玉碎无瓦全，操与冰霜俱洁，志与日月争光，才是豪杰之士。"见黄渊耀：《谷帘先生遗书》卷二，《续修四库全书》子部第1134册，上海：上海古籍出版社，2002年，第134页。

2　侯岐曾：《追哭亡兄银台广成公殉节诗》序，陈济生：《天启崇祯两朝遗诗》卷六，第607页。

3　参见王汎森：《权力的毛细管作用：清代的思想、学术与心态》，第286页。

4　叶绍袁：《甲行日注》卷四，第67页。

种貌似崇高、外表森严的政治价值，在明清之际的士人身上仍具有个性化的表现。他们既像飞蛾扑火般对它蕴含的道德意义汲汲以求，又未必愿意自己被这团烈火完全吞噬。因为生活本身就是最大的真实，也是生命毋庸言说的动力。只有首先理解这一点，才能走入被脸谱化的"忠臣义士"的生命，才能理解侯岐曾对参与复明运动的犹疑与决绝。

第二节 大事不远：
清初江南的谣言传播与遗民心态[1]

在 17 世纪中叶清朝逐步统一全国的过程中，江南是较早归于清朝统治的地区，但并不意味着当地的社会动荡就此画上句号。顺治初年，江南乡间与太湖沿岸仍活跃着众多反清武装与盗匪团体，许多明遗民也在从事秘密反清活动。遗民小团体内部还流传着许多有关明清战局的谣言[2]，如清朝撤离北京、日

---

[1] 本节原文修订后曾以《清初江南地区的谣言传播与遗民心态——以〈侯岐曾日记〉为例》为题发表于《清史研究》2021 年第 1 期，内容调整后重新收入本书。

[2] "谣言"在当代语境中多指没有根据的虚假消息。虽然部分社会学者已提出有无根据乃至真伪如何都不是谣言的辨别标准，但对历史学而言，谣言根据能否得到其他史料的普遍证实，还是能够做出判断的。因此，仅为便于讨论，本书定义的"谣言"当指当时一度在特定人群中流行、但在今日已被可信史料直接证伪的传说，必然具有虚假的性质，在传播时总是混杂在真伪并存的"消息"与"传闻"之中。

本遣师援助南明、复明武装在北方大举反攻、南明军队即将收复江南等等。其中大多数与今日熟知的历史事实截然不同，甚至有些谣言的荒诞程度似与常理相悖，但仍一度使不少遗民深信不疑，重燃复国之志。社会文化史领域对谣言的研究业已表明，人们相信谣言的原因与其说是谣言本身证据确凿、不容辩驳，不如说是谣言反映了他们的愿望，是人们愿意乃至渴盼看到的消息。[1]因此，研究上述谣言在明遗民群体中的传播情况，将有助于从新的角度理解遗民心态的表现与内涵、遗民群体的内部互动，以及他们与清朝政权的紧张关系。[2]

---

1 ［法］让-诺埃尔·卡普费雷著，郑若麟译：《谣言：世界最古老的传媒》，上海：上海人民出版社，2017年，第92页。中国历史上的谣言有许多与神怪之事相关，往往被视为民间口头文化传统与民俗心理加以研究，主要著述包括［美］孔飞力著，陈兼、刘昶译：《叫魂：1768年中国妖术大恐慌》；［美］柯文著，杜继东译：《历史三调：作为事件、经历和神话的义和团》，北京：社会科学文献出版社，2015年；［荷］田海著，赵凌云等译：《讲故事：中国历史上的巫术与替罪》，上海：中西书局，2017年；邱仲麟：《黑夜与妖眚：明代社会的物怪恐慌》，《明代研究》第10期，2007年12月；徐茂明：《明清以来江南妖术恐慌的衍变及其社会根源》，《史林》2012年第3期。在其他类型的谣言中，以对采选秀女的谣言最受关注，较系统的研究可参邱仲麟：《明代隆庆初年的选秀女讹言与社会恐慌》，《江南社会历史评论》第6期，北京：商务印书馆，2014年；邱仲麟：《庸人自扰——清代采选秀女的讹言与社会恐慌》，《清华学报》新44卷第3期，2014年9月。对一个或多个朝代谣言流行状况的综合研究目前尚处于起步阶段，成果相对少见，主要包括吕宗力：《汉代的谣言》，杭州：浙江大学出版社，2011年；陈宝良：《兴造讹言：明清时期的谣传与民间信息传播》，《明清史评论》第1辑，北京：中华书局，2019年。

2 何娅《明末江南地方社会及其秩序变动——以祁彪佳的记载为考察中心》（西南大学硕士学位论文，2013年）也讨论了《日记》中的谣言，但所论尚不充分。

　　在研究这一问题时，《侯岐曾日记》是一部非常重要的史料，作者记载了大量有关明清战局的时事传闻，其中有相当一部分是没有事实依据的谣言。由于谣言倏兴倏灭，主要依靠口耳相传[1]，因此这些谣言在清初档案中往往只是一笔带过，在其他类型的史料如野史、文集、笔记与地方志中更难觅踪迹，偶有所见也不过只鳞片爪，但在《日记》中，却得到了相当详细完整的呈现。同样重要的是，侯岐曾本人和向他传递谣言的亲友多与复明运动有涉，个别人物如顾咸正、杨廷枢、谢尧文还是其主要组织者和联络人，事败后酿成当时有名的"通海"大案。因此，《日记》中谣言的传播状况，有助于掌握一批反清情绪最为激烈的明遗民的真实心态，理解他们传谣信谣这一群体行为的深层原因。在这个层面上，《日记》反映的情况确具典型意义。

1　荷兰学者田海认为，中国古代谣言主要由口头传播，书面传播导致谣言纷起的记录非常少。在谣言盛行时期，社会上虽可能普遍流传着揭帖等谣言文本，但这是谣言流传的结果而非根源。参见［荷］田海著，赵凌云等译：《讲故事：中国历史上的巫术与替罪》，第286—287页。不过仍有少数例外，例如在清中期著名的"孙嘉淦伪稿案"中，作为书面文本的伪稿对谣言传播起到关键作用，相关研究可参考刘文鹏：《论清代商业网络传播与国家的社会控制力——以乾隆时期的伪孙嘉淦奏稿案为中心》，《清史研究》2012年第1期；詹佳如：《十八世纪中国的新闻与民间传播网络——作为媒介的孙嘉淦伪奏稿》，《新闻与传播研究》2015年第12期。阚红柳将包括谣言在内的清初社会传闻总结为屠城、迁都、选秀女三大类，尚未注意到有关明清战局的一类谣言。见阚红柳：《清初社会传闻与皇权干预》，《清史研究》2011年第3期。

一、《日记》所见谣言类型

鼎革之后，侯岐曾虽刻意减少社交频率，但来往侯家门庭的亲朋好友依然络绎不绝，使岐曾得以持续不断地从亲友与家仆处收集各类时闻，其中大多数有关明清之争的政治与军事传闻都难以得到印证，皆可视为没有根据的谣言。由于这些消息为数众多，内容庞杂，尽数罗列不免过分占用篇幅，因此现选定前明延安推官顾咸正与上海诸生谢尧文二人向侯岐曾传递的时闻作为样本，列表介绍二人所传时闻的内容，归纳《日记》中出现的谣言类型。顾咸正是侯岐曾的亲家与挚友，也是向他传递时闻最为频繁的友人，谢尧文则是一次性传递时闻数量最多的友人，作为案例都具有一定代表性。[1]

表3　顾咸正所传消息一览

《日记》记录时间	顾咸正所述内容	消息真伪与实际情况
顺治三年七月十七	"磐石、玉笥，各据一方（旧总戎方国安，号磐石。旧抚军张国维，字玉笥，有王之臣者，已被贼擒），似是与贼相持。"	伪。方国安已在六月降清，张国维则于此时殉国。

1　两表的考订工作得到《清史研究》匿名评审专家的指正，谨表谢忱。

续表

《日记》 记录时间	顾咸正所述内容	消息真伪与实际情况
顺治三年 七月十七	"圣安（福京称弘光为圣安皇帝）并宗室七人，于五月中遇害。又闻降□大臣三十余人，于六月初遇害，铎、谦益为之首。"	部分属实。弘光帝五月遇害一事属实，但钱谦益、王铎等人仍在清廷供职，并未被杀。
顺治三年 七月廿五	"有人江北来者，亲见何督师（旧辅何云从，讳腾蛟）破泗州，瑞昌王破太平府，又闻宛陵、淮南间义兵日新月盛。"	伪。南明督师何腾蛟从未率军进入南直隶，瑞昌王此时在地下活动，未破太平府。
顺治三年 八月十四	"豫王被擒，江楚大振。"	伪。豫亲王多铎此时正率兵与喀尔喀蒙古作战。
顺治三年 十二月 十五	"各地吉音非幻，但未可以时日期。而燕京之说，亦尚无确据也。"	伪。未知"吉音"所指，北京光复一说必为误。
顺治四年 三月十八	"六飞无恙，邸报难凭（报中被难者讳钊，云是介弟），即在粤不在闽之说亦讹也。史道林生存是真也，今主兵于山东。"	伪。隆武帝已在上年九月死于汀州，史可法（字道邻，《日记》误作道林）早早在顺治元年四月死于扬州。
顺治四年 四月初十	"西人于二月廿九围京，新进士皆派守垛。蔡兵收河间，截粮艘。山东一路，行李不通，邸报特遮饰以为荡平耳。"	伪。"西人"或为喀尔喀蒙古，于顺治三年与清朝交战，但很快战败，并未围困北京。"蔡兵"不明所指，"山东一路"或为山东榆园军起义。

表4　谢尧文所传消息一览

《日记》记录时间	谢尧文所述内容	消息真伪与实际情况
顺治三年八月廿六	"述舟山事则云:'泊岸舟师不过二千,必待上流克复,然后举事,且天象未利故也。'"	可能属实。此时舟山为南明肃虏房伯黄斌卿占据,具体兵力不详。但在丁亥年四月"松江之变"的部署中,黄斌卿与准备叛清的苏松提督吴胜兆约定配合作战,说明谢尧文所传有合理成分。
	"述湖中事则云:'自日生被擒后,惟周镇一营,舟可二千,尚未散。书来迎陈公,陈公要以秋毫无犯,今将有入营之意。'"	部分属实。"周镇"名瑞,在太湖复明武装领袖吴易(字日生)被擒杀后继任为帅,此事属实,他与舟山"陈公"的关系则不详。
	"述浙东事则云:'彼至钱塘,我兵适当粮竭,斗米七八钱,以致宁、绍望风迎降。四十五营一时尽溃,被淫掠不止。乡兵复四集,诸营兵亦稍合,各自为守。绍兴火攻,曹娥水攻,杀人万计,其余溃入诸山。方在闽困,金华赖方兵困守,闽兵亦来。传闻破陷,未必然也。玉笥兵仍入绍、宁,又有唐西大豪,聚众万人,佯降于阵,过江即为我守。'"	伪。南明军队并未在浙东组织有效反攻,金华确已被破,宁波、绍兴并未恢复。
	"述上流事则云:'王师直抵九江,杀一贝勒,江楚全复,其耗已真。'"	伪。南明军队从未攻入九江,"江楚全复"更为大谬。

第六章　保孤难兮杀身易:侯岐曾与复明运动　　259

续表

《日记》 记录时间	谢尧文所述内容	消息真伪与实际情况
顺治三年 八月廿六	"又云:'王之仁自去秋先已降伏,后各郡反正,杀伪官。彼握重兵不能去,故以侯爵縻之。近虏渡江,又先倡剃头之令。今民兵四起,进退无据。往投彼处,彼处击之,遂从吴淞降阵。初闻为渠所擒,道经吾邑,尚未剃发,对人口口忠义,则又何也。'"	伪。南明兴国公王之仁在浙东陷落后被清兵擒获处死,并未降清。
顺治三年 八月廿六	"海上民间有上侯下侯之谣,谓侯银台、侯总戎,皆父子殉节最烈也;王章侯、乔定侯皆率先降虏,一为民所驱,一为神所殛也。"	可能属实。侯银台、侯总戎分别指明朝左通政侯峒曾、金山卫指挥同知侯承祖(字怀玉),二人均死于江南抗清战争,时人多颂其忠烈,民间编谣传颂颇为合理,但无确据。王章侯即王世焞,号章侯,上海贡生,清军入境时率先降清,任安抚使,旋即暴病而亡。乔定侯出自望族闵行乔氏,弘光时任水师总兵官,后降清,亦旋卒。谢尧文称二人"为民所驱""为神所殛",未必无据。
顺治三年 十月廿二	"崔将军果已领倭兵三万人入浙温、台、宁、绍间,大见诛杀矣。"	伪。日本从未遣师援助南明。

由上表可见,顾、谢二人所传的时闻多属讹传,十四条时闻中有接近四分之三可以确证为伪,余下也大多难以查实。这

是一个相当高的错误率，充分说明政治性谣言在侯岐曾社会网络中的盛行程度。这些谣言的具体内容各不相同，根据主题可归纳为以下四类：一，清军在与南方南明军队的正面作战中遭到惨败，间有统兵大将被擒或被杀，使得南明政权大幅恢复失地。二，清朝在华北、西北等地的统治区内烽烟四起，或因地方民众揭竿而起，或由前明文武官员统兵反抗，甚至迭有清朝丢失北京的传言。三，反清力量获得意外之援，如顾咸正提到的"西人围京"，与谢尧文谣传的日本援兵已入浙东。四，声称某些传言已死的明朝帝王、名臣仍然在世，如南明隆武帝与大学士史可法。这类谣传在清初史料中最为常见，不仅复明人士为之欢欣鼓舞，就连清朝地方官府也一时难辨真伪。如顺治五年（1648）有盐城人某自称史可法，号召民众起义抗清，清朝江宁当局闻讯便逮捕史可法的母亲与妻子，直到军中有将领来报"史公实死吾手"，才将人质释放。[1]谣言流传有时可以促成重大政治军事行动，一个著名的案例是顺治五年复明人士尝试策反清朝江西提督金声桓，说客表示"隆武未死，杨、万公尚在，公诚能以江西归者，封万户侯"。金声桓对此深信不疑，专门派生员黎士庐寻访隆武帝下落，在得到三颗据称是隆武所赐的印信后大喜过望，在起兵后便打出"隆武四年"的年号，

1　戴名世：《乙酉扬州城守纪略》，载邵廷采：《东南纪事（外十二种）》，北京：北京古籍出版社，2002 年，第 36 页。

麾下诸客也纷纷"出所藏隆武札付网罗山泽之士"[1]。

　　除了顾、谢之外，《日记》中尚有顾天逵、夏完淳、夏平南、柴集勋等多人向侯岐曾传递了一条以上有关明清战局的谣言，内容也基本可被上述四类概括。虽然它们的内容千差万别，但蕴含的基本观念却非常一致，那就是对明朝"中兴"满怀希望和信心，对清朝在全国实现长久统治则持怀疑态度。在谣言中，清朝前线败绩，后院起火，南明政权则屡有意外之援，明君贤臣尚在，使双方的力量对比得以平衡。实际情况却是，在侯岐曾记录日记的顺治三、四年之际，清朝在辖区内的统治逐步稳定，在浙闽、湖南、广东等多条战线上也正迅速推进，隆武、绍武两个南明政权先后覆败，鲁监国逃往海上，南明军队一溃千里，谣言与事实不啻有天渊之别。然而，侯岐曾与他的许多亲友却长期生活在谣言织成的虚幻世界里，深信复国大业指日可待。这种情况为什么会发生？明清之际战乱频仍，交通受阻，导致信息传播不畅，谣言被证明或证伪都需要更长的时间[2]，侯岐曾等遗民一度相信上述谣言似乎不足为奇。

1　温睿临：《南疆逸史》卷五五，第 439 页。
2　这一点在受到战争严重破坏的地区表现得尤为明显，如湖广湘潭县在崇祯十七年二月遭明总兵左良玉部屠戮劫掠达半月，又因上年灾荒，米价高昂，导致"南北不通，百里之内音信杳然，五月间始有舟楫往来"。见汪辉：《湘上痴脱难杂录》，嘉庆《湘潭县志》卷二三《艺文二》，嘉庆二十三年刻本，第 13 页。

然而在《日记》中，谣言与真相其实经常是同时出现、供人选取的，遗民舍弃的却往往是真相。以顺治三年（1646）浙东陷落一事为例：清军在五月底渡过钱塘江，一个月后就攻占了除金华外的浙东全境，但侯岐曾至少在七月底仍对此将信将疑，并对南明军队的反攻心怀希望。[1]这并不是因为侯岐曾因僻处乡镇而消息闭塞，相反，他凭借自己的社会网络，消息甚至比一些生活在府州县城的士人都要灵通。《吴城日记》的佚名作者在六月十七日经过苏州阊门，见到清朝官府贴出告示，上言"钱塘七日不潮，贝勒兵已安流而渡"[2]，侯岐曾则早在六天前就已收悉。金华于七月十六日被清兵攻克，岐曾在九天后就听闻此事。但当谣言与真相同时摆在案前，他总选择相信前者。这意味着明遗民笃信谣言的现象不能仅以"消息不灵"解释，而是另有原因。

研究谣言的法国社会学家卡普费雷认为，谣言之所以能够取信于人，主要由谣言来源与谣言内容所决定，谣言内容又必须满足"能够相信"与"愿意相信"这两大条件。也就是说，谣言的内容除了要迎合人们的内心需求，还不能违反人们一般性的批判观念（也就是所谓的"常识"）以免引人怀疑。[3]这一

1　侯岐曾：《侯岐曾日记》丙戌七月廿六，第 567 页。

2　佚名：《吴城日记》卷中，第 222 页。

3　［法］让－诺埃尔·卡普费雷著，郑若麟译：《谣言：世界最古老的传媒》，第 77—79 页。

结论对解释《日记》中的情况有启发意义，侯岐曾等明遗民因种种缘故愿意相信谣言，的确是他们接纳谣言的心理前提。但谣言之所以能够被接受，并不在于其内容是否荒诞离奇、有违常理，也不完全取决于消息来源的可靠性，而是遗民群体借由传播谣言展开群体内部互动的结果。

二、侯岐曾对待谣言的态度

从《日记》来看，侯岐曾格外关注有关明清战局的消息。他判断消息真伪的方法通常是将各种渠道得来的消息予以比对。对初次听闻的消息，侯岐曾一般会权且记录，以备日后验证，并不轻信。如丙戌年三月他听说南明鲁王军队取得大捷，包围杭州，仍冷静地记录道："大约道路流言日日有之，略记之，以需后验。"[1]次年二月，他又听闻大学士史可法并未死于扬州，并率军收复淮安，他也迟疑地表示："此番当遂即真耶?"[2]三天后得知消息果然为假。倘若在一段时间内所听闻的消息大体能够互证，他便容易信以为真。一次他听说农民军拥立明朝太子，攻破多座城池，便又等了两日，发现各方传闻彼此多能吻合，便希冀此信为真。另有一次，民间传闻北京光

1　侯岐曾:《侯岐曾日记》丙戌三月廿七，第513页。
2　侯岐曾:《侯岐曾日记》丁亥二月廿四，第618页。

复，岐曾虑及之前谣言过繁，不敢轻易动笔记录，"及远近相传渐渐符合，又不敢不信为真也"[1]。若前后消息不一，难辨真伪，则会使他感到苦恼。丙戌年六月底，岐曾得知浙东全境陷落，清兵已深入福建，但一个月后顾咸正又寄信称鲁王大学士张国维与荆国公方国安兵力尚存，在浙东各据一方，继续与清军相持。此信虽系捷报，但毕竟与前闻不符，令岐曾"为之闷闷"[2]。即使侯岐曾对流言的态度已如此谨慎，但仍时常误信谣传，这在很大程度上由他的政治立场与生活状态所决定。

作为明遗民，侯岐曾的政治立场完全站在南明军队与其他复明武装的一边。这一立场对侯岐曾关注时闻造成了两方面影响：一方面，侯岐曾积极收集有关明清战局的消息，或通过家仆在江南其他府县打探时闻[3]，或向朋友写信问询。在这些信件中，岐曾时常撇开寒暄，单刀直入地表达写信目的，可见其态度急切。如给顾咸正寄信表示："百凡情话，都未暇及，惟欲一询西北情形。齐豫秦晋间，何处有反正之机？"[4]有时朋友传来的消息在他看来过于简略，还会再次致信问询。在侯岐曾的

1 侯岐曾：《侯岐曾日记》丙戌十二月初一，第 601 页。
2 侯岐曾：《侯岐曾日记》丙戌七月十七，第 563—564 页。
3 如丁亥正月廿四条："俞儿城回，知崇邑为我兵所据，已是确音。"（第 612 页）丁亥二月初一条："陶介吴门回，亲见郡中居民窜徙之状，且云北抚有告示，为贝勒过师也。"（第 614 页）
4 侯岐曾：《侯岐曾日记》丙戌四月初三，第 515 页。

认知中，纵然江南光复还有待时日，但南方前线的激烈战局一日三变，不可能长期没有捷报传来。如果南方总是杳无音信，甚至只有几天没有接到消息，他就容易烦躁不安。一次姚宗典、杨廷枢给岐曾寄信，内容主要与儿媳姚妫俞相关，对他渴盼的“时事”则只字未提，他就闷闷不乐。这种情绪在给友人的信中也不愿掩饰，如致顾咸正：“上流消息，岂遂付之如梦如幻耶？……庶用遥相慰藉，否则躁极更不能须臾忍耳。”[1]致徐时勉：“日来老兄有何见闻，龙变虎摅，岂渐作乌头马角耶？使人养养，亦使人闷闷。”[2]

另一方面，不论听闻喜讯还是噩耗，都会引发他剧烈的情绪波动。侯岐曾将通过各种渠道收集来的有关各处的“捷报”与“反正”消息，多称为带有强烈感情色彩的“吉语”“吉音”“佳音”。如果在他看来消息属实，便会欣喜不已。一次听说北京已然光复，他兴奋若狂，立刻引用杜诗“却看妻子愁何在，漫卷诗书喜欲狂”表达激动之情。此时他正深陷便秘之苦，但听闻消息后产生的崇高感，却让他连素来在意的身体都顾不上了，慨然表示：“此情此境，何暇自顾其躯命乎！”[3]倘若

1　侯岐曾：《侯岐曾日记》丙戌五月廿四，第 535—536 页。

2　侯岐曾：《侯岐曾日记》丙戌四月廿七，第 526 页。“乌头马角”比喻不能实现之事。

3　侯岐曾：《侯岐曾日记》丙戌十二月初一，第 601—602 页。

消息不利于己方，他的心情就会跌落谷底。丙戌年初他听说复明武装围攻南京，兵败遭歼，便对幼子玄泓叹道："可为痛哭者此也。"[1]年末他又先后得知清兵业已渡过钱塘江，长驱直入，攻占浙东、福建，更感"眼枯见血"[2]。有时在一天之内先后接到喜讯与噩耗，心情便会骤起骤落。一日他听顾咸正说江北来人亲眼见到南明督师何腾蛟攻破泗州，瑞昌王朱议溯破太平府，淮南一带抗清义军风起云涌，顿时喜形于色。另一位友人随后告知金华城破被屠、浙东沦陷已成定局，他于是"又不觉惨沮欲绝"[3]。

当前的生活状态也是侯岐曾关注时局的重要因素。他对获取时闻的热切不仅出自对明朝的忠诚，更直接的原因是南明军队的进展与自身利益密切相关。侯家的追索危机日甚一日，相比耗费巨资向清朝官员哀告乞怜，明朝收复江南显然才是解脱痛苦的根本途径。因此，北方抗清运动的如火如荼固然让侯岐曾欢欣鼓舞，但在他看来纯属"远音"，与解除自家的倒悬之危并无太大关系。这类难以确证的消息听得太多，自然让他的

---

1 侯岐曾:《侯岐曾日记》丙戌二月初五，第493—494页。侯岐曾提及的南京之役应指顺治三年正月十九日由明朝宗室瑞昌王朱议溯组织的攻城事件。此事详见杨海英:《隆武政权的中兴战略及其破灭——关于隆武"兵发五路"收复南京计划的研究》,《中国史研究》2000年第4期。

2 侯岐曾:《侯岐曾日记》丙戌十月初三，第585页。

3 侯岐曾:《侯岐曾日记》丙戌七月廿五，第566页。

热情逐渐消退。顾咸正某次给他寄信,声称"西人"在丁亥年二月廿九围攻北京,清朝将新中进士都派到城头守垛,山西、山东一带也各有捷报。岐曾读后只是礼貌而淡漠地回复道:"远音诚佳,吾所急在近音。"[1]另有一次,夏完淳连报清兵于福建大败,大学士何腾蛟、王应熊合兵擒获张献忠,山东各地也重举明朝旗号。侯岐曾也只是慨叹:"耳中频得佳音。若问吾家祸事,如燃眉之不可待,真乃远水不救近火也!"[2]

相较之下,侯岐曾对邻近地区的"吉音"抱有更大的热情。丙戌年七月底,他正费尽心思与子侄筹措钱财,勉强应付官府的新一轮追索。然而坏消息接踵而至,他先是得知官府即将对侯家在上海的田地签以重役,紧接着别宅惠宁庄又来人告急,说中午已无米下锅,让岐曾束手无策。恰在此时,南翔镇传来消息,"云街巷喧传南都好音"[3],侯岐曾遂不由分说,与来访的女婿顾天逵大醉一场,既是为了庆祝,也似有发泄怨怼之意。第二天,他一面与奴仆管科、顾俊等人继续商讨追索事宜,一面寄希望于捷报属实,官府催科有望宽解。结果一直等到晚上,也没等来南京方面的警报,反而只见应考秋闱的

1　侯岐曾:《侯岐曾日记》丁亥四月初十,第 632 页。

2　侯岐曾:《侯岐曾日记》丙戌十一月廿二,第 599—600 页。

3　侯岐曾:《侯岐曾日记》丙戌七月廿八,第 567—568 页。"南都好音"的具体情况不详,据后文,或指复明武装冉次围困南京。

士子络绎而前，之前的希望完全落空了。侯岐曾很清楚正是因为自己在追索危机中已近乎走投无路，才会对流言的真实性怀有不切实际的希冀，遂自嘲此事正好"以见处乱之情境可悲也"[1]。

由此可见，故国中兴、桑梓光复是侯岐曾此时最大的愿望，也是最坚定的信念。对他来说，流言自然未必可靠，需要谨慎鉴别，但倘若复国的希望完全丧失，给他带来的打击将是毁灭性的。这不仅意味着他前半生矢志效忠的政权不复存在，也使整个家族遭受清廷清算的过程变得不可逆转。虽然侯岐曾收到的若干有关明胜清败的传闻过于离奇，又缥缈难据、昨是今非，但他在相信之外别无选择。当然，信念与希望的力量并非绝对，侯岐曾徘徊于谣言之中，客观原因之一是上述谣言涉及的事件大多发生在江南之外，其中浙东与江南近在咫尺，信息传递尚属及时，而闽粤与北方的时闻由于交通缘故，通常收不到更多的信息以供比照，故一时难以确证。江南本地的事件则不然，尽管有些消息并不为侯岐曾所乐见，但由于两地距离较短、信息传递快速、渠道多元[2]，迫使他不得不接受既定事

1　侯岐曾：《侯岐曾日记》丙戌七月廿九，第 568 页。

2　明清时期的江南地区因其发达的市镇体系与交通网络，使信息流通异常密集频繁。参见王鸿泰：《明清的资讯传播、社会想象与公众社会》，《明代研究》第 12 期，2009 年 6 月。

第六章　保孤难兮杀身易：侯岐曾与复明运动　　269

实。例如，顺治四年（1647）四月十六日晚清朝苏松提督吴胜兆突然发起兵变，宣布改投明朝，次日凌晨就因部将詹世勋等叛变而告失败。侯岐曾在十八日就收到消息，他对兵变盼望已久，岂料竟如昙花一现，故在感情上一时不能接受，一夜辗转难眠。但在之后的几天，各方亲友打探来的消息接踵而至，一致认定兵变已经失败，侯岐曾只得接受现实。

侯岐曾与亲友组成的遗民团体，因其政治立场与生活状态形成了恢复明朝的信念与愿望。对他们来说，恢复明朝绝非只是一条空洞的政治口号，而是自己恢复易代之前的社会地位、物质利益与生活方式的唯一机会，也是向清朝实施复仇的根本途径。这一心态严重影响了遗民对谣言的辨别能力，因为谣言的内容本身就是遗民盼望的事情，也经常是费尽心思主动收集信息的成果，能够给他们带来喜悦、慰藉，以及在艰苦环境中继续生活下去的希望。即便消息缥缈难据，乃至荒唐无稽，遗民也愿意放宽标准，选择相信。然而，流言遍野并不能改变清朝对江南地区的统治日渐深入的事实，使希望在一段不长的时间内就化为绝望。在被捕的一个月前，侯岐曾终于意识到："大事既不可期，身家水火，日甚一日。"[1]这是他在末日来临前最沉痛的一声哀鸣。

1　侯岐曾：《侯岐曾日记》丁亥四月十七，第 634 页。

三、侯岐曾接受谣言的原因

明遗民有关恢复明朝的信念与愿望是他们愿意相信谣言的心理前提，但这还不足以保证遗民接纳谣言。谣言从一个刚刚获知、真伪莫辨的传闻，转而成为一条足以取信的"信息"，还必须经历种种考验，特别是有关可信度的考验。侯岐曾渴望了解时局，但他也深知流言不足为信，而是习惯于对它们先进行一番验证，在第一时间信赖某些消息在他看来也有充足理由。在《日记》中，侯家亲友所传的谣言往往被岐曾接纳，是否说明亲友关系在他看来是消息真实性的可靠保障？这种情况是源于晚明士人对"友道"的重视，进而证明了亲友作为信息来源在谣言传播中的重要性，还是另有原因？

侯岐曾对亲友所传的消息非常重视，在流言彼此抵牾时，他会马上向亲友确证，有时还会同时向多位亲友写信打听。如果是江南本地的时闻，侯岐曾尚可派出奴仆就近打探，但有关外地的消息就近乎全靠亲友提供，特别是那些拥有高级功名、官职或特殊消息渠道的亲友。顺治三年六月，侯岐曾连日听说攻入浙东的杭州清军在萧山大败，一时喜出望外。结果友人夏升略随即声称清军尚未渡过钱塘江，"胜负两皆说梦"[1]。侯岐曾

---

1 侯岐曾：《侯岐曾日记》丙戌六月十八，第547页。夏升略与夏平南是兄弟，升略系字，名维节。

大惑不解，当天就动笔给夏完淳和顾天逵各致一信打探情况，三天后又继续向顾咸正写信询问浙江是否已有确信。侯岐曾对时局的判断总是会根据亲友传来的谣言历经反复，即使前一日还在为南明的丢城失地沮丧不已，但只要从亲友处听到相反的消息，哪怕未经其他渠道证实，他的希望也会迅速重燃。侯岐曾在八月中旬已得知福建陷落，"闽事全坏"[1]，十月从顾天逵处得知福建仍在固守，大感欣慰，十一月又转而相信清军在福建受挫，仍退回仙霞岭。次年正月还断定外甥金熊士所传的"杭州贝勒已班师，闽信不可闻"为假报[2]，直到二月底才对福建的局势彻底绝望，但仍相信隆武帝已逃到广东。其实早在侯岐曾第一次接到消息的十天后，福建大部已被清军攻占，隆武帝也在当月死于汀州。[3]

　　亲友所传的消息之所以值得信任，还源于对"亲见"叙事的有意利用。侯岐曾的亲友在向他通报时事时，如果不是自己亲眼所见，也往往要刻意说明是他人"亲见"，仿佛这样就能证明自己叙述的故事并非谣言。如夏平南"云北来商人亲见流贼拥吾幼主，所破城邑甚众"[4]，顾咸正来报"有人江北来者，

1　侯岐曾：《侯岐曾日记》丙戌八月十四，第 573 页。
2　侯岐曾：《侯岐曾日记》丁亥正月廿四，第 612 页。
3　有关隆武帝下落的考证，可参顾诚：《南明史》，第 224 页。
4　侯岐曾：《侯岐曾日记》丙戌十月廿七，第 591 页。

亲见何督师破泗州，瑞昌王破太平府"[1]，谢尧文过访时也表示自己"亲见日本借兵已抵舟山，今方长驱东越"[2]。但三人所云皆不属实：农民军虽与南明合作抗清，但素未拥立明朝太子；南明督师何腾蛟在国变后的足迹从未超出湖广与广西；日本遣师援助南明的计划也始终只停留于纸面。没有人愿意被他人视为谣言的传播者，但他们通过热衷于陈述自己或转述他人"亲见"的故事，恰恰在为谣言的传播推波助澜。社会本就建立在信任与委托他人核实的基础上，与谣言传播方的亲友关系在接收方看来已经是消息真实性的有力保证，对方信誓旦旦强调的"亲见"则使传闻变得更加真实可靠，官方因素的加入还能进一步增强其说服力。一个典型的例子是，丙戌年七月初九，医者乔三余来到侯家诊病[3]，对侯岐曾声称自己有友人亲见清朝邸报，得知清兵在浙东虽已攻占宁波、绍兴，但在金华、兰溪等地遭到大败，"击杀淹死者万余人"，只得退守绍兴。绍兴不保，又撤往萧山待援。侯岐曾本已相信浙东陷落，但听完乔三

1　侯岐曾：《侯岐曾日记》丙戌七月廿五，第 566 页。
2　侯岐曾：《侯岐曾日记》丙戌十一月十五，第 597 页。
3　乔三余具体生平难考，但必属名医，除侯家延请他登门诊治以外，姚廷遴的叔祖浙江左布政使姚永济也请他来看病。清初吴地名医张璐著《张氏医通》也记载了乔三余治疗一位总兵"嘻膈"之症的事迹，并附《乔氏阴阳攻积丸》一方，主治"寒热诸积"。可见乔氏应以善治寒热闻名，侯岐曾请他治疗患疟的侄儿玄净绝非偶然。见张璐：《张氏医通》卷四，太原：山西科学技术出版社，2010 年，第 94 页；同书卷十三，第 349 页。

余所言，态度又马上动摇了，感到："以此验之，或与向者浮言不类耶？"[1]他的犹豫没有持续很久，在四天后给友人沈卜玮的信中，他就以确信的口吻表示："金华一捷，□报相符，非属浪传。"[2]仿佛是自己亲眼看到了邸报。然而，侯、乔二人都没有亲眼见过邸报，这份所谓的邸报大概也只存在于"友人亲见"的层层转述中。因为金华早在六月底就被清军严密包围，浙东其他地区已被攻陷，捷报很快传到北京，清廷不可能在邸报中公布一场子虚乌有的失败。[3]可见，对友朋关系与"亲见"叙事的信任反映了当时有关消息传播的文化心理，它使谣言得以在一个个亲友圈中迅速传播，并通过士子、商人等远行者进一步向外地扩散，也为一些在今天看来荒诞不经的传说灌注了令人深信不疑的强大力量。如清初松江士人董含记载北俞塘进士沈士英的侄女产下一胞五蛇的事迹，并以"沈布衣麟亲见此事"作为依据。[4]在他看来，自己虽未亲眼见过这等奇事，但标明他人确有"亲见"，便足以展现自己著书的谨慎态度，这与侯岐曾给沈卜玮写信时特意说明"非属浪传"的心理彼此相

1　侯岐曾：《侯岐曾日记》丙戌七月初九，第560页。
2　侯岐曾：《侯岐曾日记》丙戌七月十三，第563页。
3　金华于七月告破。详见徐鼒：《小腆纪年附考》卷十二，北京：中华书局，1957年，第482—483页。清军攻占浙东的奏报见《清世祖实录》卷二六，顺治三年六月丁酉条，第224页。
4　董含：《三冈识略》卷八，第179页。

通。他们其实都在以严肃的态度充当谣言的制造者。

亲友还直接向侯岐曾提供清朝邸报，作为他了解时闻的重要参考。邸报亦称邸抄，可能起源于汉代，是具有官方性质的时政通报，内容主要包括皇帝诏令、官吏任免、官员奏报与其他重大军政消息，也有少量社会新闻。明代邸报由通政司发行，从京城发出。隆庆、万历以后，北京与江南地区盛行抄报行，邸报一经发布便予以传抄，传播到外地的速度比官方发行还快[1]，为在野士人及时了解官方消息提供了便利。清朝邸报也经常在侯岐曾的亲友圈中传递[2]，它在岐曾看来比一般的流言更为可信。如果邸报所载与自己希望看到的消息相符，或登载的噩耗又没有反证，他就倾向于当即相信。丙戌年三月，顾天逵夫妇遣使问候岐曾之母龚太恭人，并捎来一份邸报，内言"秦中城市失守"，岐曾便毫不怀疑地记录道："此确报也，此吉

1　参见巫仁恕:《激变良民：传统中国城市群众集体行动之分析》，北京：北京大学出版社，2011 年，第 47 页。

2　邸报由各省提塘抄录或印刷公文后直接发给本省官员，清廷禁止其直接流入民间，但不限制官员转借。官员只在本人社交圈内转借邸报，下层士人和普通民众因此很难接触到邸报原件。侯岐曾能阅读邸报，是他作为乡绅的社会地位与强大社交网络的体现。岸本美绪也注意到，在国变后沦为胥吏的上海士人姚廷遴无从读到邸报，要想了解本邑消息，必须亲自入城观看官府贴出的告示或问询他人。参见史媛媛:《清代前中期新闻传播史》，福州：福建人民出版社，2008 年，第 86 页；[日] 岸本美绪:《清初上海地方人士的国家观——以〈历年纪〉为例》，《第三届中日学者中国古代史论坛论文集》，北京：中国社会科学出版社，2012 年，第 410 页。

音也。"[1] 次年二月，他又见邸报，得知"闽齐大坏，赣州亦破，江楚又未可知"，顿时愤懑欲绝，与来访的门生陆元辅愁眉相对。[2] 不过，在侯岐曾心目中，亲友所传消息的真实性明显高于清朝邸报，如果二者有所抵牾，他会轻易选择相信前者。丁亥年三月，岐曾通过邸报知晓隆武帝已在福建遇害，史可法尚在人间的消息也被证明为谣言，但顾咸正来访时又称隆武帝安然无恙，"邸报难凭"，报中提及的遇难者朱聿钊乃是隆武之弟[3]，而且史可法"生存是真也，今主兵于山东"。侯岐曾听罢，便立即推翻了之前的结论，乐观情绪也再次被挑动起来，兴奋地写道："天下事何不可为耶！"[4]

亲友是侯岐曾了解明清战局的主要信息来源，还提供了邸报、他人"亲见"等更多貌似可靠的信息源。但每每导致侯岐曾或误信谣言，或因不同亲友传来彼此矛盾的消息而困惑不已，在谣言传播中发挥的重要作用显而易见。社会学研究提出，被认为可靠的信息来源可以极大地增加谣言的可信度，亲友又往往被视作最可靠的消息来源，因为我们不会轻信街边巷

1　侯岐曾：《侯岐曾日记》丙戌三月廿九，第 513 页。
2　侯岐曾：《侯岐曾日记》丁亥二月廿七，第 619 页。
3　隆武帝名朱聿键，清初档案、实录等官方文书多写为朱聿钊，他确实已在顺治三年九月于汀州被清兵俘杀。见《清世祖实录》卷二九，顺治三年十一月癸卯条，第 240 页。
4　侯岐曾：《侯岐曾日记》丁亥三月十八，第 624 页。

口的传单，而是会重视亲友的耳语私谈。[1]这一结论对侯岐曾的案例有参考价值，但不能简单地套用。因为亲友传来的战局时闻虽不乏谣言，但也多有真实的消息，而侯岐曾对消息的信赖是有选择性的——他明显偏信谣言。这就表明，让谣言被接受的关键，与其说是可靠的消息来源，不如说由侯岐曾亲友的特殊身份决定。

顾咸正、顾天逵、杨廷枢、夏完淳、夏平南与谢尧文是向侯岐曾传递时闻的主要亲友。他们与岐曾拥有类似的政治、社会、思想背景与生活状态，例如东林—复社组织的成员身份、身为明遗民的政治立场，以及在鼎革之际家破人亡的惨痛体验，也因此共享恢复明朝的信念与愿望。包括侯岐曾在内，这些遗民在顺治初年全部卷入了秘密抗清运动，除夏平南结局不详外[2]，其余六人后来均被清廷逮捕处死。在交换时闻中传播谣言的一群人持有相同的政治立场，其他背景也相去不远，绝非巧合。审理"通海案"的清朝官府也注意到了这一点，认定侯、夏、顾三家"彼此俱系姻亲，常在侯家相会，谈及时事，

1　[法]让–诺埃尔·卡普费雷著，郑若麟译：《谣言：世界最古老的传媒》，第 5 页。

2　有关夏之旭二子夏维节、夏平南的结局，笔者仅发现了寥寥几条线索。夏之旭绝命词提及："忽有宪牌坐予为陈子龙叛党，捕役先擒予次子，诸私室，酷刑逼诈。"被捕遭拷者或即夏平南。见吴履震：《五茸志逸随笔》卷七，《四库未收书辑刊》第 10 辑第 12 册，北京：北京出版社，1997 年，第 192 页。

各蓄异谋"[1]。他们形成的这个小圈子表面上是在交换信息，其实更像是在分享感情、灌输信仰。顾咸正就曾给侯岐曾写过一封数千字的长信大谈时局，判断明朝中兴指日可待，侯岐曾也热烈地回信道："当此雕肝腐肠之时，忽投以益智定胆之剂，能不苏苏起立乎？呼浊醪而浮大白，不禁当年狂态复发也。"[2]还对子侄表示："此书即当装成一小轴，一时兴亡善败尽在其中。"[3]另外，有关明清战局的谣言寄托了对于恢复明朝的期盼，表达了对清朝统治能否延续的怀疑，具有鲜明的反政府性质，在清朝统治区内不可能公开提及。[4]《日记》显示，明清战局与复国之志在私信中也不能随意谈论。侯岐曾在给交情稍浅的朋友写信时，倘若触及这类话题，一般会要求对方将信件或附寄材料销毁或送还。吴县生员丘民瞻向侯岐曾询问嘉定殉国人物的名单与事迹，岐曾将自己写成的文稿寄去，又随信要求丘氏返还原稿，原因是："率然援笔，本不足存，况此何时，可浪传此等笔墨乎？"[5]侯岐曾追述嘉定抗清运动尚且如此小心翼翼，

1 《刑部尚书吴达海题本》，邓之诚：《骨董琐记全编》，第579页。
2 侯岐曾：《侯岐曾日记》丙戌六月十七，第547页。
3 侯岐曾：《侯岐曾日记》丙戌六月十八，第548页。
4 清军入主江南后，就立即开始严厉管控不利于己方统治的民间谣言。顺治元年夏，"世业织缎"的苏州市民彭毓泉因讹传清军将在夜半屠城，引起恐慌，结果与邻里一并被当局处死。见佚名：《吴城日记》卷上，第210页。
5 侯岐曾：《侯岐曾日记》丙戌二月廿二，第499页。

对讨论明清战局的谨慎态度更可想见。因此，有关明清战局的消息不论是否为谣言，就已严格限定了它的受众，也就是与侯岐曾志同道合的友朋，或是利益攸关的血亲或姻娅。它在侯岐曾亲友圈中的传播，除了在传达信息的内容，也是在分享一系列复杂微妙的情感：忠诚、信任、期盼与同仇敌忾。不妨说，交换时闻、传播谣言的过程是遗民确立复国信念、排遣内心忧虑、巩固彼此关系的过程，也可能是秘密抗清运动的组织过程。只要达到了这些目的，信息的真实与否就未必重要。有些人甚至不惜编造捷报，成为谣言的源头。[1]

侯家亲友热衷传播谣言，不只是政治认同的产物，也源于对复明大业怀有真切的信心。清初松江士人曹家驹指出：

> 乙酉之秋，三吴底定，势如破竹，唯浙东拥戴鲁藩，依钱塘之险，守御甚固，黄斌卿（弘光时封肃虏伯）练水师于舟山，遥为救援，一时人心思汉，不无中兴之望，俱欲输款以图佐命勋。[2]

在清朝官方的叙述中，几个南明政权的抵抗只是爝火余

1　例如，南明虽多次遣使乞师日本，日本终未派出一兵一卒。谢尧文却对侯岐曾声称自己亲见日本援军登陆舟山，随后在浙东作战，证明此信必为他编造。

2　曹家驹：《说梦》，第16页。

烬，无关大局。若依从当代史学的分析逻辑，也容易将南明时期的抗清运动视为一场注定失败的悲壮抵抗。但在许多江南士人看来，乡邦沦陷并不是抵抗运动的终结。武进进士薛寀亲历江南各地抗清运动的幻灭，却依然自信道："（清朝）不思立朱氏后系属人心，而遽自剽掠，冀以势力噬尽天下生灵，安得不自贻败灭也！"[1]此外，江南民间也在流传明朝即将收复江南的谣言，民众时常因恐惧兵祸引起大规模的逃难行动。如顺治三年正月，苏州忽然谣传白腰党攻破城池，"城中男妇悉走避"[2]。四月，嘉定县城又喧传明军将至，"民间吉语喧腾，即其邻右多挈室走，城头如将顷刻有变者"[3]。似乎在民众的认知中，明朝反攻江南随时可能发生。顺治三年至五年，松江、金山、嘉定、常熟、吴江、江阴乃至江宁等地确实都发生过复明武装夺取城市的行动，海上南明军队也乘势而动[4]，民间风声鹤唳并不难理解。生活在这样一个不稳定的社会环境中，对民间的谣言、恐慌与逃难行动耳闻目睹，明遗民对时局的判断可能受此影响，也更愿意相信远方捷报的真实性。遗民传播与民间盛行

1　薛寀:《薛谐孟笔记》下册，民国十七年铅印本，第 8 页。
2　李天根:《爝火录》卷十四，第 617 页。
3　侯岐曾:《侯岐曾日记》丙戌四月初十，第 519 页。
4　如顺治三年正月十五日，太湖复明武装攻破吴江县城，杀清知县孔胤祖。五月六日，南明长兴伯吴易联合白腰党张飞远袭破金山卫城。分见《江宁巡抚土国宝揭帖》，《明清史料·己编》第 1 本，第 18 页；李天根:《爝火录》卷十五，第 654 页。

的谣言内容、主题虽不尽相同，但都包含着明胜清败、光复在即的元素，是清初江南社会矛盾尖锐、秩序尚未恢复在心态层面的写照。

可以认为，亲友所传的战局谣言之所以被侯岐曾接受，本质上既不是因为谣言本身显得可信，甚至也不全是因为亲友本人值得信赖。应该说，它并不只是一个有关可信度的问题，在信息传播的技术层面就可以解释，而关乎明遗民的群体心理。侯岐曾等明遗民已有接纳谣言的心理需求，传播谣言又是一个旨在加强群体凝聚力的、颇具感性的交流环节，因此无论谣言与事实有多大程度的背离，在形式上又有多么荒诞离奇，都不会对他们相信谣言构成重大阻碍。在侯岐曾的社交网络中，传递谣言的每个人都是与他有着相同立场、信念与愿望的个体，既参与塑造谣言传播的环境，也被这一环境影响，导致谣言在群体内部徘徊了一段时间，即便在真相面前也显得难以撼动。

概而言之，遗民恢复明朝的信念与愿望是其愿意相信谣言的心理前提。它由多种因素共同形塑，除了遗民研究中通常提到的由晚明忠节观念生发的故国之思，还包括现实与个人层面的原因，例如个人在鼎革战争中经历的伤痛，以及在清朝统治下本人与家族利益受到严重损害而产生的强烈不满。有关明清战局的谣言所具的反政府、反权力等特征，使其传播变成了一种秘密进行的集体行为。对遗民来说，这种行为旨在巩固彼此关系、确立复国信心、排遣负面情绪，乃至借此策划抗清等实际行动，亲友带来的信息一般被默认为是可信的，实际的可信度则被相对忽视了。上述结论虽以侯岐曾这一个案为基础，但亲友在谣言传播中发挥的重要作用，说明侯岐曾信谣传谣不是孤立事件，而是遗民社交的结果，反映了一批最为大胆激进、愿意付诸实际行动推翻清朝统治的遗民立场。遗民尊明反清的心态无须另行证明，但通过对其传播谣言的研究，则可以观察到这一心态在日常生活中的具体表现与强烈程度，以至于严重干扰了正常的理性判断，使明遗民的群体形象更为丰满。另外，目前在对遗民社交的研究中以诗词唱酬最受学界关注，被认为具有维系与强化遗民忠节观念的作用，并促进了这一群体内部身份认同的形成。《日记》显示，交流时闻同样起到了这一作用，是遗民社交中不可忽视的环节，谣言由此在遗民群体中迅速传播。谣言频传，在江南士人心中织出了一张复国可期的金色画卷，足令其血脉偾张、信心十足，构成了他们积极投身复明运动的心理基础。

第三节　狂澜犹挽：侯家亲友与复明运动

　　江南大规模的抗清运动虽然在三个月左右便遭镇压，但在骇人听闻的屠戮与破坏后，当地士人对清朝的普遍敌意并未消退，普通民众也对剧烈的政治与社会变动感到不适。近在浙、闽的南明政权有意发兵北上，颠覆清朝在江南刚刚建立的统治，使社会上下充满了紧张不安的空气。既产生了大量有关明清战局的谣言，也形成了诞生复明运动的土壤。

"复明运动"一词出自陈寅恪《柳如是别传》的概括，该书第五章的标题即为"复明运动"。长期研究复明运动的何龄修进一步提出，复明运动"是指清朝夺取全国统治的过程中，在旧时官绅的支持以至串联、组织、领导下，有时还有南明政权的策动和鼓励下，南明官民掀起的反制行动，大多是地下活动，扩大范围也可以指公开的武装反抗"[1]，具体行为包括加入复明武装、筹划武装起义、联络南明政权、掩护复明人士等。由于江南复明活动的隐秘特性与材料所限，相关研究一贯以繁难著称。但鼎革之初复明人士的活动仍有几条主要线索：第一是参加太湖沿岸以长兴伯吴易为首的复明武装[2]，第二是联络或投奔浙、闽南明政权，第三是策划清朝苏松提督吴胜兆举兵反清。后两者最终汇于一处：江南士人与鲁王政权的联络因中间人谢尧文于丁亥年三月被捕而泄露，引发"谢尧文通海案"，

1　何龄修:《清初复明运动》，北京：中国社会科学出版社，2016 年，第 1 页。
2　详参拙作:《"复线"的易代史：江南抗清运动研究（1645—1646）》，第 113—121 页。

对吴胜兆的策反则于丁亥年四月促成"松江之变"。清廷先后
破获、平定两案，随即按图索骥，展开对江南士绅的大清洗，
被处死的士人在数十位以上，"一时株连者，皆天下名士"[1]，江
南士绅中的拥明势力遭到沉重打击，他们主导的复明运动也由
盛转衰。[2]在机缘巧合之下，嘉定侯氏也涉足其中，尽管这并
非侯岐曾的本意。

一、侯岐曾眼中的复明运动

侯岐曾对清朝的统治恨之入骨，热切盼望故国中兴，甚

---

1 王家祯：《研堂见闻杂记》，第 22 页。名列"通海案"被处死的士人达
   33 位，包括顾咸正、夏完淳、刘曙等人。受"松江之变"株连的士人名
   单则未见奏报，但数量定然不少。姚廷遴记载当时"日杀百人，半月方
   止"（《历年记》），其他记载也显示"松郡士民扳累被戮者颇多"（《吴城
   日记》），"但搜戮其平日与胜兆有香火之情者，然玉石不分，滥及者亦继"
   （《说梦》），说明当时的株连范围甚广，以至于产生了很大的社会恐慌，
   有人形容巡抚土国宝此举旨在"乘此尽除三吴知名之士"（《续年谱》）。
   相关史料分见《江南各省招抚内院大学士洪承畴题本》，《明清史料·己
   编》第 1 本，第 34 页；《刑部残题本》，《明清史料·己编》第 1 本，第
   39 页；姚廷遴：《历年纪》，载《清代日记汇抄》，第 65 页；曹家驹：《说
   梦》，第 16 页；佚名：《吴城日记》卷中，第 225 页；王沄：《续年谱》，
   《陈子龙全集》，第 994 页。
2 魏斐德已注意到："1647 年对文人复明分子的清洗，既不意味着抵抗活动
   在江南完全终止，也不表示缙绅对地方的控制被打破……然而，尽管残
   留着这种地方自主的力量，长江下游地区政治反抗的支柱却在 1647 年被
   摧毁了。"见［美］魏斐德著，陈苏镇、薄小莹等译：《洪业：清朝开国史
   （增订版）》，第 493 页。

至决定改姓为易，以应"复国之兆"。[1]但由于种种原因，他对"忠节"二字的理解自成一说，认为自己既无殉国之责，也没有投身复明运动的必要。在乙酉之夏，他一度投身抗清运动的狂潮，表现得比兄长岵曾还要急切激进：在"剃发令"颁布之前，侯岵曾只求归隐陇亩，终身不入城市，侯岐曾却决然投奔南明吴志葵部的官军，准备抗争到底。但当抗清的潮水蓦然退去，生活的盘曲嶙峋一览无余，侯岐曾对复明运动的态度也随之一变。热衷与南明政权联络的顾咸正多次劝说侯岐曾参与复明运动，被他一概拒绝，理由详见丙戌年六月十八日致顾咸正一信：

> 弟今日所处与兄不同，兄虽出万死一生之余，而此身既全，自当理前事以启后图。弟则覆巢遗卵，除却奉母全孤而外，誓不敢萌它妄想。而又亲见彼法之加刃于我，一步紧一步。设使目前幸无大衄，则其操立。忠义诸家，不云暗结白腰，则云显通闽海。而忠义诸家，举事如戏，实亦有可蹑寻，则其一举手间，何异于扫尘烁冻哉！至如目

1　据侯玄瀞称，"'易'从日月"，即"明"字。但侯岐曾的改名之举并未公开，《日记》于丙戌年二月提及改名，但在七月所撰文中仍署名为"护丧期功服生侯广维"（广维为岐曾之号）。见侯岐曾：《侯岐曾日记》丙戌七月初一，第557页；同书丙戌二月初一，第492页。

　　　　前诛求家业，虽未即及性命，而身危者苦趣自知，亦安得
　　　　更有闲心剩力以及其它。是则弟与兄所处实实不同，所以
　　　　知有干惕，不知有宽泰，直由情地无可奈何耳。[1]

这段话的内涵非常丰富，应分成多个层次解析。第一，侯岐曾认为在清朝统治区内从事复明运动风险过大。特别是"忠义之家"行事粗率，联络南明政权的举动本应百般遮掩，实际却几乎公开化，严重加剧了潜在的危机。一旦清廷有意穷追，覆败就在朝夕之间。侯岐曾本人不愿冒此风险，却不便阻拦友人参与复明运动，只得提醒其行事务必慎之又慎。他首先含蓄地警告顾咸正："至夫平生所以策天下大事者，亦每谓敬恭无有不兴，夸诩无有不败。""通海案"暴露后，他索性直接表态，称通海一事正如"帷灯匣剑"，前景莫测，似有建议顾咸正暂时停止相关活动的意思，不料顾氏已"自许百炼钢，誓不退转矣"[2]。第二，侯家正陷于追索危机，使作为家主的侯岐曾疲于应付，倘若处理稍有不慎，破家之祸将立即降临，使他没有"闲心剩力"用以他顾。第三，"奉母保孤"是侯岐曾现阶段的主要任务，决不能被外力动摇。在他看来，覆巢之下余卵尚存已属邀天之幸，除了来自官府的追索压力不断加大，地方上尚

1　侯岐曾：《侯岐曾日记》丙戌六月十八，第 548 页。
2　侯岐曾：《侯岐曾日记》丁亥四月初五，第 631 页。

有许多双眼睛正不怀好意地打量着衰落中的侯家。[1]倘若贸然投入复明运动，隐秘性将很难保证，一旦消息走漏就会导致家族的灭顶之灾，因此"誓不敢萌它妄想"。侯岐曾有关"奉母保孤"的观念是他在生活中的指导性思想，对他的日常生活构成了全方位的影响。那么，侯岐曾本人对此有何看法呢？

侯岐曾在与表弟杨廷枢的多次通信中对"奉母保孤"的话题多有涉及，可以较系统地把握他对这一问题的理解，现录一信如下：

> 仆自遭变以来，几番求死而未死，毕竟生而死，何如死而生耶！每念昔者云霄，吾友如素修、瑗公、勿斋二三子，皆已光日月而重太山。而仆独以贱老诸生得持高蹈之义，此正所云"樗散之木，以不材得全"，亦有何颜长视息于人世耶！立孤自分内事，若复号于人曰："吾为其难者。"忸怩益欲入地，且非吾与伯氏忘形合体，素所怀来也。屏屏藐诸，一丝九鼎，幸而得全于籍令，兼得全于髡

---

1 当时嘉定有不少人试图借侯家衰落之机从中渔利，例如《日记》所涉徐香诬讼事件。在侯岐曾的描述中，徐香大致是地方棍徒一类的角色，曾试图敲诈岐曾的朋友张子翼，但未能成功，便在官府兴起诉讼，要求将侯家价值两千两银子的房产首先列入籍没名单。事见侯岐曾：《侯岐曾日记》丙戌九月初三，第578页。

令。兹乃介推所云"天功"也，其敢贪之以为己力？[1]

这段话也显示出精巧的构思，需要从亦真亦假的层层表述中捕捉作者的真实意图。信中，侯岐曾首先表达了并未随友死节的惭愧，贬抑自己作为生者的人格，自称是无用散木，才侥幸苟全性命。因此，自己为"立孤"付出的努力或许艰辛，但不过是分内之事，远不能弥补未死的愧疚，更不用说以此为傲，妄言立孤之举较死节更难。即便侥幸取得了一点成绩，也万不敢"贪之以为己力"。他在另一封信中也表示："至如吾弟期我立孤之义，与死节同炳千秋，此又觉得太奇特。不敢当！不敢当！仆只是就目前事理平平常常做去，或者送往事居，庶几无负而已。"但这更多的只是自谦，另一句抱怨则多少流露出了真实想法："日来仆只是不有其身，所以遗孤幸而保全，将来饘粥亦不至遂绝。"[2]从侯岐曾在追索危机中的表现来看，这句话绝非空言：侯岐曾为与清朝官府周旋而尽可能调动了自己的人际关系，为从各种渠道筹措资金而穷尽心力，整个大家庭的收支分配也由他一手掌管。[3]在经济上左支右绌的局面下，他

1　侯岐曾：《侯岐曾日记》丙戌四月十九，第 522 页。
2　侯岐曾：《侯岐曾日记》丙戌五月廿五，第 537 页。
3　侯家几处别庄与出家女眷的生活费用均由侯岐曾定期提供。如丙戌五月十八日给玄泓寄信，一并"付去三十金，为过夏之需"。见侯岐曾：《侯岐曾日记》丙戌五月十八，第 532 页。

总是仔细盘算，为全家预留足够的基本生活费用，"将来饘粥亦不至遂绝"一句乃实有所指。可见，侯岐曾认为"奉母保孤"是自己无可逃避的责任，也清晰地意识到自己发挥的关键作用。倘若此身不在，家业无人经营，官府无人周旋，家族毁于一旦，"奉母保孤"自然无从谈起。这也正是他所说的："至弟生趣已尽，止为侍母全孤，留此残生。能使残生蚤捐，则种种滔天之祸，不复可支矣。"[1]理解了这一点，再重温"幸而得全于籍令"一句，就能发现侯岐曾的自豪之情实已溢于纸上。

当时有不少遗民在诗文中对复明运动有着相当浪漫的描述，一方面是常以"愚公""精卫"等形象自比，强调自己的复国之志不可逆转，并着力渲染过程之悲壮。如陈子龙所言："翩翩帝女号精卫，衔石西山毛羽敝……海可枯，山可移。胸中车轮转，泪下如悬丝。"[2]另一方面是将复明活动本身崇高化、史诗化，塑造出波澜壮阔、慷慨激越的战斗氛围，如夏完淳"投笔新从定远侯，登坛誓饮月氏头""何年直捣单于幕，立马燕然拟勒铭"等化用了多个历史典故[3]，将当下的复明运动与汉唐边塞诗中的胡汉冲突相对接。他还将自己描述为银枪白马、英姿飒爽的抗胡英雄："想那日束发从军，想那日霜角辕门，

1　侯岐曾：《侯岐曾日记》丙戌四月初三，第516页。
2　陈子龙：《前缓声歌》，《陈子龙全集》，第372页。
3　夏完淳：《鱼服》《夏日幽居》，《夏完淳集笺校》，第383页、第378页。

想那日挟剑惊风，想那日横槊凌云。帐前旗，腰后印，桃花
马，衣柳叶，惊穿胡阵。"[1]其实夏完淳在军中主要从事的是文
职工作[2]，这些描述与其说是他参与复明运动的实情，不如说更
多地出自想象。与之相比，侯岐曾理解复明运动的视角，首先
是自家满目狼藉的日常生活，而非其他更为崇高的价值观念。
他眼中的复明运动褪去了所有的浪漫色彩，而是一派刀光剑
影、杀机四伏，是正常生活的干扰因素。自己既不是力挽狂澜
的英雄，又不是甘心填海的精卫，是否参与复明运动直接关乎
身家性命，更关乎以"奉母保孤"为象征的家族延续，是一个
非常现实的问题。在现实面前，他毫不犹豫地选择拒绝参与。
侯家友人归庄在为侯岐曾写的祭文中，以旁观者的视角描述岐
曾在嘉定抗清运动失败后的心理状态，称其"事定得免，此志
不易，国破家亡，何心视息"[3]。这种对"忠烈"的模式化描述
忽略了侯岐曾从抗清报国到"奉母保孤"的转变，在《日记》
面前是缺少说服力的。清人汪琬所云"保孤难分杀身易"[4]，可
能才反映了侯岐曾的真实想法。

1　夏完淳：《仙吕傍妆台·自叙》，《夏完淳集笺校》，第 473 页。
2　从 "青翰依藩伯，彤彤愧省郎"（《军中有作》）、"自愧青藜陪客座"（《军
　　宴》）、"曾作信陵珠履客"（《寒食杂作同钱二不识赋》）等句可证。青翰、
　　青藜等词均代指文士或幕客。
3　归庄：《祭通政使侯公及其弟太学君文》，《归庄集》卷八，第 468 页。
4　汪琬：《钝翁续稿》卷二六《侯记原墓志铭》，载《四库全书存目丛书》集
　　部第 228 册，济南：齐鲁书社，1997 年，第 282 页。

二、侯家亲友对复明运动的参与

"侯家亲友"是一个以血缘、婚姻与友朋关系构成的跨地域士人群体，以嘉定本邑士人为核心，可以侯岐曾为中心向外分为三层：核心层是侯岐曾与其子侄玄瀞、玄汸、玄泓四人；中间层是与侯家有姻亲关系的友朋，包括顾咸正、杨廷枢、夏完淳等人；最外层是与侯岐曾没有亲属关系的友人，包括陈子龙、陈俶、彭志古、倪长圩等人。他们中有很多人在鼎革之初投身复明运动，并在"通海案"与"松江之变"中被清廷视为谋逆重犯。可见，"侯家亲友"这个小型社交圈不仅是乙酉嘉定抗清运动的中坚力量[1]，丙丁之际仍在江南复明运动中扮演重要角色。

顺治二年清军占领江南远不意味着南方抵抗运动的终结。此时的浙东、福建分别建立鲁监国、隆武两个南明政权，为争夺正统，各自策划夺回江南、光复南京。[2] 鲁监国政权频频反攻浙西，一度打到杭州城下，并尝试从海上攻取松江沿岸。[3] 远在福建的隆武朝廷对恢复江南亦有规划。[4] 隆武帝派遣肃虏

1　参见［美］邓尔麟著，宋华丽译：《嘉定忠臣——十七世纪中国士大夫之统治与社会变迁》，第120页。

2　鲁监国大学士张国维公开提出："唐、鲁同宗，无亲疏之别；义兵同举，无先后之分。惟成功者帝耳。"见徐鼒：《小腆纪年附考》卷十一，第440页。

3　《吴淞总兵李成栋残揭帖》，《明清史料·丁编》第1本，第2页。

4　详见杨海英：《隆武政权的中兴战略及其破灭——关于隆武"兵发五路"收复南京计划的研究》，《中国史研究》2000年第4期。

伯黄斌卿与都御史张肯堂率军驻于舟山群岛，希望联络太湖复明武装为策应，伺机反攻江南。隆武帝在给黄斌卿的敕书中指出："一统不全，即朕不孝；三吴未复，即卿不忠。"[1]在明朝光复似乎指日可待的社会氛围中，侯家亲友中秘密联络乃至亲身投奔南明者不乏其人。

隆武朝廷建立后，即颁诏各地，昭示明朝皇统所在，吸引大批江南士人为追随乘舆，不惜历经艰险赶往福建。鲁王朱以海仅摄监国，未登帝位，但得到浙东士大夫的广泛拥戴，在江南地区也有不小的影响力。与福建相比，浙东离江南近在咫尺，泛海可达，同样吸引了众多士人投奔，一时形成遗民南下从辕的盛况。侯岐曾就有好几位友人南下浙东。举人陈俶奔赴浙东任职后，秘密寄回家书，让母亲、妻子到外地藏匿。[2]前苏州推官倪长圩起初在嘉兴府平湖县举兵抗清，兵败后也赶赴浙东[3]，岐曾还向他写信询问日本援军登陆浙东是否属实。由于浙东政权与隆武朝廷旋踵而败，陈俶、倪长圩等人很快返乡。或因避忌，清代地方志对他们一度加入南明政权的经历绝口不提，只能通过《日记》一类私人材料爬梳考订。由此，鼎革之

1　陈燕翼：《思文大纪》卷二，第 29 页。
2　侯岐曾：《侯岐曾日记》丙戌正月十三，第 487 页。
3　乾隆《平湖县志》卷七，乾隆十年刻本，第 23 页；计东：《改亭文集》卷七《倪伯屏先生七十寿序》，第 164—165 页。

初江南士人参与复明运动的人数可能超出想象，值得关注。然而，前往南方的旅途艰辛而危险。闽北山区素以天堑著称，以至于有"闽道更比蜀道难"一说，由陆上进入福建并不容易，在战乱时还会面临游兵和盗匪的威胁。[1]清兵对江南海岸线的封锁也增加了遗民从海上投奔南明政权的难度，陈子龙、夏完淳、顾天逵等侯家亲友试图由海路前往浙东，均未成行。夏完淳行程中阻的原因不详，顾天逵确因"道不通而止"[2]，陈子龙也因"海上逻禁甚密，久之未成行"[3]。

在难以亲身投奔南明政权的情况下，通过中间人与朝廷联络就成为江南士人的常见选择。据侯岐曾描述，当时东南沿海负责联络的船只"往来如织"[4]。江南士人联络南明的目的之一是为自家殉国的亲属"陈情"，请求当局恤赠。南明朝廷一般会予以批准，并颁下死者的赠官与谥号，有时还会主动褒赠，有意笼络。[5]死者亲友在诗文中以赠官与谥号称呼殉国者，也就意味着公开表达对南明政权的承认，双方从而完成了一次意

1　张晖对清初江南士人入闽从辕一事已有考订。参见张晖：《帝国的流亡：南明诗歌与战乱》，第28—40页。

2　归庄：《归庄集》卷七《两顾君大鸿仲熊传》，第408页。

3　王沄：《续年谱》，《陈子龙全集》，第987页。

4　侯岐曾：《侯岐曾日记》丙戌六月十九，第551页。

5　李天根：《爝火录》卷十五，第639页。隆武帝亦要求于隆武二年仍开江浙乡试，原因是"江浙绅衿向风，尤不可不俯答其望"，笼络之意昭然。见陈燕翼：《思文大纪》卷五，第90页。

义非凡的政治互动，对彼此的认同感得以巩固。在侯家亲友中，夏完淳应有为其父允彝向鲁监国上疏陈情的经历。他在诗文中每称其父为"先文忠"，这一谥号首先于乙酉年十一月由鲁监国所赠，隆武朝廷也于次年四月颁赠同一谥号。[1]鲁监国的颁赠应源于夏完淳陈情，《南疆逸史》称其"上书监国，授中书舍人"[2]，此"书"或即夏完淳的为父陈情疏。原因是，南明政权在给予忠臣褒赠时，也通常一并为其子嗣授官。如吏部尚书徐石麒嗣子徐尔毅上疏隆武朝廷请求赠恤，隆武帝为之伤悼，从厚优恤徐石麒，又授徐尔毅为中书舍人。[3]惟鲁监国为夏允彝颁谥在乙酉年十一月，《南疆逸史》所云夏完淳上疏时间则是次年（丙戌），可能有误。但无论如何，夏完淳对鲁监国的忠诚并无疑问，他在诗中尊奉鲁监国年号，愿意为之奋战："颁封周正朔，承制鲁元年。再造由人力，中兴赖尔贤。"[4]鲁监国授予的中书舍人这一小官，他也视若珍宝，终身以明朝"侍臣"自居。[5]

侯玄瀞也有意代父峒曾向鲁监国上疏陈情，请求恤赠，其间得到了侯岐曾的鼎力相助。杨廷枢与南明政权长期秘密联

---

1 李天根：《爝火录》卷十五，第 637 页。
2 温睿临：《南疆逸史》卷十四，第 98 页。
3 李天根：《爝火录》卷十五，第 659 页。
4 夏完淳：《代人赠镇府》，《夏完淳集笺校》，第 342 页。
5 夏完淳：《被羁待鞫存皇城故内珰宅》，《夏完淳集笺校》，第 335 页。

络，岐曾很早就向他打探此举是否可行，随后又为玄瀞审订疏稿，称赞道："所寄疏稿情文相生，波委云属，无可商量处。"[1]丙戌年六月底，顾天逵有意奔赴浙东，岐曾遂托他带去自家的陈情疏，又给在浙东任职的同乡陈倓修书一封，请他帮忙在监国朝廷疏通，务必使鲁监国给峒曾的褒赠高于常规。岐曾在信中特别指出："吾邑起义独先，家兄守城独烈。此最显白易见之事，本无烦后人为之装饰形容。然非目击身尝如吾兄者，为之指画情实于诸当事之前，则虽邀有玉音，或仅同恒格。俟它年重理，其说不亦晚乎？"[2]透露出南明政权对殉难者的陈情不是有求必应。顾天逵最终未能成行，《日记》中也不再提及陈情一事，但这封奏疏应该还是通过其他渠道送出了。从八月起，侯岐曾便多次以"襄烈"称呼兄长峒曾。这一谥号从何而来？隆武朝廷在丙戌年六月赠峒曾为行在礼部尚书，并颁谥号，具体名称不详[3]，但此时侯岐曾的陈情疏还未寄出，彼此时间不合。侯岐曾在《日记》中也始终以"银台"称呼其兄官衔（左通政），从未提及"行在礼部尚书"一职。若"襄烈"确为隆武所颁，侯岐曾既奉闽中正朔，没有理由不用行在礼部尚书这一更高官衔称呼亡兄。因此，"襄烈"之谥应系鲁监国所颁。

1　侯岐曾：《侯岐曾日记》丙戌二月廿五，第 502 页。

2　侯岐曾：《侯岐曾日记》丙戌六月十九，第 551 页。

3　陈燕翼：《思文大纪》卷八，第 139 页。

　　向南明政权陈情求恤只是向对方表示对故国的忠诚，尚不意味着直接参与复明运动。与南明朝廷联络的其他形式，还包括为自己或亲友求得官身、向朝廷汇报当地时局、为明军反攻充当内应等，或通过中间人将自己的奏疏、条陈交付朝廷，或与南明派来江南的使者秘密接头。[1]这些行为因涉及加入南明政权的愿望，并筹划反清的实际行动，均为复明运动的组成部分。侯岐曾的好友顾咸正、杨廷枢、夏完淳等人与南明政权的联络都很频繁，顾咸正还专门与南明使者在松江会面。侯岐曾对他们的做法持保留意见，认为这完全是在拿身家性命冒险。他不仅多次就此告诫顾咸正，也叮嘱夏完淳在联络南明时需要"凡凡慎之"[2]。侯岐曾在起初甚至都不同意侄儿玄瀞上疏陈情求恤，认为"今日传来某忠臣予恤，明日传某名士拜官，此至危至危之事，将来无数杀机尽在其中"，直到后来迫于事机"万不可待"，方勉强同意。[3]

　　但提醒与告诫只是一回事。实际上，侯岐曾并未真正阻拦友人从事复明活动，还为其提供便利。某日门生彭志古来访，侯岐曾得知他即将出海，并未劝阻，令玄瀞陪其小酌，还留他

1　当时南明使者前来江南多需乔装打扮以掩人耳目，江阴遗民黄毓祺与南明联络时，"凡游击参将自海上来见者，外虽满装，及入谒，俱青衣垂手，众莫之知"。见计六奇：《明季南略》，第253页。
2　侯岐曾：《侯岐曾日记》丙戌三月二十，第512页。
3　侯岐曾：《侯岐曾日记》丙戌五月廿九，第540—541页。

在家中甲乙轩住宿。另有一次，顾咸正在侯家誊写给南明朝廷的奏疏，且有意劝说夏完淳亲自南下。恰好夏完淳、夏平南兄弟来访，侯玄汸、顾天逵也在场，侯岐曾遂专门在泾南布置场所，"使诸君得以面相谐画"[1]。清朝档案表明，侯、夏、顾三家"彼此俱系姻亲，常在侯家相会，谈及时事，各蓄异谋"。又据顾咸正供词，他曾向侯玄瀞等人表示："今有海外黄斌卿，是夏允彝结拜兄弟，可结连他起兵，我等作为内应。"[2]这说明他们在侯家聚会不是一次两次，谈论的话题也直接涉及武装抗清的活动，包括"通海寇为外援，结湖泖为内应，秘具条陈奏疏，列荐文武官衔"[3]。侯岐曾作为策划者，对会谈所涉敏感话题必定知情。侯家子侄中，玄瀞确已参与复明运动，日后被清廷认定为"通海案"的"叛首"。玄汸、玄泓两兄弟虽不在案中，但与南明方面的中间人谢尧文过从甚密，乃至将谢氏引介给父亲侯岐曾，与复明运动的关系亦较暧昧。"通海案"暴露后，侯岐曾马上举家逃亡，可见他对子侄面临的政治风险心知肚明。他虽始终不曾与南明政权直接联络，但既为友人的复明活动提供种种便利，又至少默许子侄投身于武装反抗的策划，

---

1 侯岐曾：《侯岐曾日记》丙戌五月初八，第 580 页。
2 《刑部尚书吴达海题本》，载邓之诚：《骨董琐记全编》，第 579 页。
3 《江南各省招抚内院大学士洪承畴题本》，《明清史料·己编》第 1 本，第 34 页。

距离本人参与复明运动也只有一步之遥了。

对于复明运动，侯岐曾因其有碍"奉母保孤"而坚决排斥，但对亲友（特别是三位子侄）的参与则不加阻拦，这一态度显然自相矛盾。从怀疑弘光政权国祚不永，到断定投身复明运动无异虎口拔须，侯岐曾的政治嗅觉历来不凡，对危险的洞察能力也堪称敏锐。他尽一切可能让自己远离复明运动，却似乎忘记一旦子侄涉足其间，势必连累全家，照此"奉母保孤"之局焉能再续？他为何放任子侄行事，《日记》无片语言及。从某些迹象看，多少出自侥幸。[1]侯岐曾似乎希望在"保家"与"复明"之间寻找平衡[2]，力求二者兼得。但他的矛盾、含糊，以及在某些场合下的鼓励与帮助，都在事实上推动侯家子弟一步步卷入复明运动的漩涡。最终，"通海案"的爆发击碎了侯岐曾的侥幸，可侯家早已无法回头。

三、"通海案"意外暴露

"通海案"的关键人物是一位名叫谢尧文的上海生员，他

1　"倖事不可轻图，匪人不可误托。"见侯岐曾：《侯岐曾日记》丁亥三月廿六，第 627 页。

2　明清之际有关顺服与抵抗的抉择，在时人眼中总意味着"保家"与"破家"之别。参见拙作：《"复线"的易代史：江南抗清运动研究（1645—1646）》，第 229—237 页。

在国变后往来江南与舟山群岛之间，充当江南士人与南明政权联络的信使。[1]丙戌年七月二十六日，谢尧文来到侯家，化名"王哨长"[2]，要求面见侯岐曾，岐曾遂命玄泞出见。谢尧文首先做了一番自我介绍，表示自己在去年嘉定抗清运动时被乡兵误认为须明征一党[3]，在侯峒曾干预下才被开释。此后"漂流海上，达于舟山"[4]，在隆武朝兵科给事中陈素幕中任职，随后又告诉岐曾一些有关浙东与舟山的时事传闻。十月二十二日，谢尧文在玄泞带领下再次来访，通报了一些最新消息，这一次侯岐曾亲自接待，"予之一饭"[5]，让他在侯家一直住到二十五日，谢尧文临走前还给岐曾的女婿龚元侃馈赠了一批上好的人参。谢尧文来访侯家的目的，以及他在侯家停留时的具体举动，《日记》中没有更多记载。鉴于他的身份高度敏感，往返两地又负有特殊使命[6]，他两度拜访侯家不可能仅为通报消息，而应有鼓动侯家亲友参加复明运动、为舟山充当内应的用意。

　　清朝档案证明，谢尧文就联络南明政权一事与侯家亲友

1　谢尧文传见同治《上海县志》卷三二，同治十一年刊本，第6页。

2　《日记》始终以"王哨长"称呼谢尧文，因此它也有可能是侯岐曾对谢的隐称。

3　须明征为嘉定监生，在嘉定抗清运动时一度主持当地防务，后因乡民怀疑其暗通清朝而被杀。见朱子素：《嘉定县乙酉纪事》，第33页。

4　侯岐曾：《侯岐曾日记》丙戌七月廿六，第566—567页。

5　侯岐曾：《侯岐曾日记》丙戌十月廿四，第559页。

6　此时浙东已经陷落，鲁监国政权流亡海上，肃虏伯黄斌卿仍据守舟山群岛，成为江南士人新的联络对象。

有直接讨论。据载，顾咸正首先起意联络驻于舟山的肃虏伯黄斌卿反攻江南，并与夏完淳、侯玄瀞等人各自写具奏疏、禀揭、条陈等文书，一并交付谢尧文，托其带给黄斌卿。顾咸正还特意嘱咐道："你须谨慎，此事关系身家性命。"谢尧文答应下来，将文书带在身边，前往歇家孙龙家中准备登船出海。候船之时，撞遇上海生员钦浩、吴鸿[1]，后者也正怀揣一份列有"苏、松、湖泖各处豪杰"的名单，准备荐给黄斌卿充作内应，为自己"讨个大官做"。他们考虑到清朝海禁严密，苦无渡海之术，便将这份名单一并托付给谢尧文。[2]但不知何故，谢尧文并未立即出海，而是滞留于漴缺[3]，还外出活动。丁亥年三月十九日，清朝柘林游击陈可率一队官兵在汛地巡逻，正好撞见谢尧文，见他"宽衣大袖，形迹可疑"，便开口盘问。谢尧文非但没有遮掩行迹，还"复为大言"，遂被拘捕审问，一加刑讯便全部招供。[4]清兵根据供词到孙龙家中，搜出了顾咸正、侯玄瀞、钦浩等人托谢尧文带走的各类文书，直接上报给苏松提督吴胜兆。[5]这一下人证物证俱全，"通海案"暴露在光天化

1　钦浩、吴鸿俱为松江府上海县人，钦浩系生员，吴鸿不详。见《刑部尚书吴达海题本》，载邓之诚：《骨董琐记全编》，第583页。

2　《刑部尚书吴达海题本》，载邓之诚：《骨董琐记全编》，第579—580页。

3　同治《上海县志》卷三二，第6页。漴缺即今上海市奉贤区柘林镇漴缺村。

4　曹家驹：《说梦》，第16页。

5　《刑部尚书吴达海题本》，载邓之诚：《骨董琐记全编》，第580页。

日之下，侯家立即陷入了巨大的危机。

在谢尧文被捕的三天后，即三月二十二日，侯岐曾与老母、子侄齐聚一堂。由于龚氏定居白塔别庄，玄瀞长期住在紫隈村老宅，玄汸常需入城办理追索急务，全家团聚的场景甚为罕见。一家人正享受难得的温馨时刻，钦浩、吴鸿突然造访，紧急通报了谢尧文被捕的消息，声言清朝官府已经开始追查。除侯家外，顾家、夏家也一概不免，前来追捕的马兵即日就到。侯家人在震惊之下，一时难辨真假，遂由玄汸出面接待，设下晚宴，进一步打探消息。酒宴显然没能消除钦、吴二人的焦灼，他们急切地表示消息千真万确，并称柘林官兵不能自主，已在当天将通海一事上报给苏松提督吴胜兆，如今只有立即请求吴胜兆的幕僚戴之儁出手疏通，或可免祸。顾咸正、龚元侃也赶来与侯玄瀞见面，一致同意联络戴之儁。他们将商量好的结果告诉侯岐曾，但岐曾恰逢疟疾发作，沉沉睡去，无法及时作出反应，他随后虚弱地写道："此固病态，不敢自云泰定也。"[1]

第二天，侯家上下开始行动。玄汸启程前往南翔镇与生员张鸿磐商量联络戴之儁一事，留在家中的龚老夫人与玄瀞开始商议举家逃亡的计划。当地人听说清朝马兵即将下乡，在恐

1　侯岐曾：《侯岐曾日记》丁亥三月廿二，第624页。

慌之中也纷纷逃窜，这一连串变故让岐曾感到"奉母植孤，值变中生变，为尤难也"[1]。二十四日，流言更甚，几乎一刻不得安坐。侯岐曾本来不主张在慌张之下匆匆逃亡，但无奈之下也只得俯从子侄所请，决定次日清晨就离开恭寿庄。逃亡即将开始，长期视若珍宝的头发便不能再留，侯岐曾与玄瀞、玄沜于当晚各自剃发留辫，喟叹"盖至此日，始不得为戴发之氓也"[2]，一时伤感不已。天明时分，侯岐曾出发与母亲在惠宁庄汇合。家仆传来消息，称清朝马兵已云集南翔镇白鹤寺，正吃午饭，马上就到。侯岐曾当机立断，立即侍老母入舟展开逃亡。此时舱外暴雨如注，侯家小舟如"一叶漂流，莫定去向"，因风雨太大而投入一王姓民家，玄沜一家与玄瀞也在夜间先后前来汇合。一家人吃完晚餐，正要就宿，侯岐曾忽然意识到清朝马兵风驰电掣，绝不会有所耽延，而自己却未收到最新情报，便断定家仆所报不实，决定返回惠宁庄就宿。儿媳夏淑吉从松江飞棹赶来，声称当地官府毫无动静，吴胜兆的关系已被打通，可保侯、夏两家无恙，侯岐曾将信将疑。次日（即二十六日），各种耸人听闻的谣言继续传来，但岐曾与老母以"毋动为大"相约，决定不再盲目逃亡，一家人只是静听小孙侯棠的琅琅书声，"相与镇定"。这时喜讯忽然传来，张鸿磐从

1　侯岐曾：《侯岐曾日记》丁亥三月廿三，第 625 页。
2　侯岐曾：《侯岐曾日记》丁亥三月廿四，第 625 页。

松江寄来回信，表示提督衙门本将派出差官缉拿侯、顾等家，因戴之儁力为营救，不再派遣，又附上戴之儁的亲笔信为证。侯岐曾终于放下心来，在连呼天人助佑之余，也下定决心从此与复明运动一刀两断："安危倚伏乃有变幻如此者，此银台之默佑也。然而倖事不可轻图，匪人不可误托，五昼夜之惊危，亦足示戒矣！"[1]在家重新安顿下来后，他便给戴之儁写信致谢，又给陈俶、顾咸正等好友通报平安，一番滔天危机在他看来已经平息。

戴之儁在危急关头出手相助并非无故。他原为明朝长洲县生员，好勇慕义，拜入杨廷枢门下。清军占领江南后，他追随岳父、大财主陆世钥，破家输饷，在苏州陈湖起兵抗清，一时声势浩大。兵败后，戴之儁被迫降清，被苏松提督吴胜兆礼聘为幕宾。[2]但戴氏身在曹营心在汉，暗中早怀复明之志，竟成功劝服吴胜兆与自己共谋反清大业，松江地区的兵变已然箭在弦上。在戴之儁疏通下，吴胜兆在接到柘林官兵奏报后，仅将谢尧文下狱，并未按照从孙龙处搜来的各类文书追捕涉案人士。然而，松江兵变在爆发后戏剧般地迅速失败，谢尧文未得

1　侯岐曾：《侯岐曾日记》丁亥三月廿六，第 627 页。
2　章腾龙撰，陈鳃增辑：《贞丰拟乘》卷上，载《昆山历代乡镇旧志集成》，扬州：广陵书社，2019 年，第 439 页；陶煦：《周庄镇志》卷四，载《昆山历代乡镇旧志集成》，第 554 页。

释放，涉案文书也未被销毁，使赶来主持局面的江宁巡抚土国宝意外发现这起被刻意掩盖的"通海"大案。在文书中榜上有名的侯玄瀞、顾咸正、夏完淳等人遂被列为亟待捕获的"叛首"[1]，一张天罗地网很快被杀气腾腾地布置下来。侯岐曾在逃亡结束、偕母返回恭寿庄之后，望着家人其乐融融的场景，在侥幸之余又有一种强烈的不真实感，在当天的日记中写道："寻常往来，何非幻境，此番幻中有幻。今日板舆无恙，色笑相将。勿以为固然，而一以倘来之福视之，庶栗栗知所警惧乎！"[2]他大概没有想到，这句话不仅一语成谶，而且竟然马上就要应验，暴风雨前的短暂宁静真的只是幻梦一场。

第四节　祸从天降：侯岐曾与"松江之变"

"松江之变"是顺治四年四月十六日由清苏松提督吴胜兆发起的旨在反清复明的兵变，又称"松江之役""吴胜兆之变""吴胜兆反清事件"等，本书统称为"松江之变"。兵变失败后，清廷大力追索抵抗人士，江南士绅中的复明势力遭到沉重打击，当地复明运动由此中衰。侯岐曾并未参与"松江之变"的策划，但兵变失败后的牵连却意外将他的人生划上句点。

1　《刑部尚书吴达海题本》，载邓之诚：《骨董琐记全编》，第583页。
2　侯岐曾：《侯岐曾日记》丁亥四月初三，第630页。

一、"松江之变"始末

吴胜兆，辽东人，原为明朝将领，颇有武勇，降清后从豫亲王多铎征讨江南，被授予苏、松、常、镇提督总兵官一职（简称苏松提督），开府苏州，时年四十二岁。[1]顺治二、三年之交，他与吴易、周瑞所率太湖复明武装多次交锋，期间招降纳叛，急剧扩充实力，随之与同驻苏州府城的江宁巡抚土国宝产生了摩擦。《明季南略》记载，一日吴胜兆与土国宝在出行时相遇，旌旗交接，互不相让。吴胜兆索性纵马前驰，将土国宝的仪仗踩倒蹂践。双方又在阅操时爆发激烈冲突，"胜兆挥拳土之齿，国宝手批吴之颊"。负责招抚江南的内院大学士洪承畴闻讯，降吴胜兆官三级，改镇松江。[2]这些情节略显夸张，但说明土、吴矛盾业已公开化，以至于成为在野士人的谈资，吴胜兆改镇松江也的确出于洪承畴的安排。

顺治三年（丙戌）正月十五日的吴江事件进一步激化了吴胜兆与清廷的矛盾。在这一天，周瑞部太湖复明武装突入吴江县城，杀知县孔胤祖，劫出狱囚，随即退出。但前来镇压的吴胜兆部将汪懋功"以贼入城杀官不杀民，是民与贼合也"为

1　宋征舆：《林屋文稿》卷八《于陵孟公传》，载《清代诗文集汇编》第58
　　册，上海：上海古籍出版社，2010年，第139页；计六奇：《明季南略》，
　　第267页。
2　计六奇：《明季南略》，第267页。

名[1]，在城中大肆杀戮抢掠，从征兵将各自满载而归。[2]尽管暂署吴江县印的常熟县丞陈日升试图为吴胜兆辩护，并将责任全部推到随后在湖区阵亡的汪懋功身上，但洪承畴仍上疏参劾，称吴部官军"平日不剿真贼而杀良善，不捕渠魁而抢富室"[3]，清廷遂对吴胜兆罚俸六个月。洪承畴又考虑到土、吴矛盾，将吴胜兆改驻松江，七月初八日启行。[4]吴胜兆对清廷更为不满，"心甚怏怏，每怀异念"[5]。江南复明人士闻风而动，决定策反吴胜兆，联合海外南明水师和太湖复明武装收复苏、松一带，吴胜兆的几位幕僚吴著、戴之儁、陆固在过程中扮演了关键角色。其中吴著素有谋略，最受吴胜兆器重，幕中大小事务都要经他之手，二人还以表叔侄相称。然而他与其兄吴芸同怀复明之志，眼见吴胜兆与清廷裂痕渐深，便率先以言语略做试探，吴胜兆不以为忤。[6]曾参与太湖抗清战役的戴之儁等人随后跟进，紧锣密鼓地准备策反行动。

顺治四年（丁亥）三月，戴之儁终于向吴胜兆摊牌，半

1　《江南各省招抚内院大学士洪承畴残揭帖》，《明清史料·己编》第 1 本，第 13 页。
2　佚名：《吴城日记》卷中，第 219 页。
3　《江南各省招抚内院大学士洪承畴残揭帖》，《明清史料·己编》第 1 本，第 12 页。
4　佚名：《吴城日记》卷中，第 223 页。
5　《江南总督内院大学士洪承畴揭帖》，载罗振玉辑：《史料丛刊初编》，台北：文海出版社，1964 年，第 658 页。
6　王沄：《续年谱》，《陈子龙全集》，第 992 页。

是劝说半是恐吓地表示："苏州拿了钱谦益，说他谋反，随后就有十二个人来拿提督，你今官已没了，拿到京里，有甚好处。我今替你开个后门，莫如通了海外，教他一面进兵，这里收拾人马，万一有人来拿，你已有准备。"吴胜兆回称："我今力单，怎么出海？"戴之儁建议通过名士陈子龙的关系，联络驻于舟山的南明肃房伯黄斌卿，让他派援兵接应。吴胜兆答允后，戴之儁星夜乘舟拜访陈子龙求书。陈子龙从亲身经历出发，认为"海上虚声寡信，事必无济"，戴之儁固请不已，陈子龙只得应允[1]，给黄斌卿修书一封，大意有"胜兆在敝府做官极好，今有事相通，难形纸笔。可将胜兆先封为伯，后俟功成，再加升赏，其余不便尽言，来将尽吐其详"等语。戴之儁拿回书信，吴胜兆便唤来几位幕僚、亲信定下先取苏州、再下南京的方略[2]，遣心腹周谦带信秘密出海面见黄斌卿，商讨出兵事宜。黄斌卿对出兵尚有疑虑，但富平伯张名振极力赞成，表

1　陈子龙一度犹豫的原因是黄斌卿曾主动与他联络，大谈复明，但毫无行动，如是者多次。见王沄：《续年谱》，《陈子龙全集》，第993页。

2　有关这一方略的制定，清朝档案中留下了一段非常生动的对话："胜兆说：'我如今手下有兵马四千，湖里有贼船四千号，要取苏、松不难。海外有黄斌卿兵马，亦不须前往松江，只要分兵一枝到江阴，一枝札镇江、海口，牵制江宁兵马，我便好取苏州，然后会齐水陆并进往江宁去。'吴著说：'我要先取江宁。'胜兆回称：'你飞到江宁么？我如今不管远事，只要得一步进一步，不如先取苏州，做个根本，苏州是我们的饭碗，立了根脚，再往江宁不迟。'"《江南总督内院大学士洪承畴揭帖》，载罗振玉辑：《史料丛刊初编》，第660页。

示"这功让我成罢"，双方便当场约定四月初共同起兵。黄斌卿又将现成定吴伯印一枚、敕书一道、条约百张托周谦带回，并附上水晶麒麟、蜜蜡金念珠、牙笏、蜜结共四色礼物，吴胜兆与舟山明军的合作方案就这样敲定下来。

从各种蛛丝马迹来看，策反吴胜兆不是吴著、戴之儁等几位幕僚的个人行为，也绝非起于一时，而是江南地下复明势力长期谋划的结果。侯岐曾虽未参与其中，但早在丙戌年底，他就已经知悉"云间既有反正之机"[1]，只是认为戴之儁未必可靠。直到次年三月"通海案"暴露后，戴之儁出手相助，使松江官府停止追捕侯玄瀞、顾咸正等"案犯"，又将侯家奉上的礼物退回，侯岐曾对戴氏的印象才彻底改观。岐曾一面盛赞戴之儁堪为"古人"，一面表示："即大事吾将有厚望焉！"[2]可见他对戴之儁的复明活动素有了解。吴胜兆有意叛清的消息也很快传入侯岐曾的耳中。丁亥正月，岐曾听说友人陆长卿遭吴胜兆"奇诈"[3]，非常失望，表示："吴督如此，尚有它望乎？"他又听闻清廷赐吴胜兆水晶狮子一座、念珠一串、牙笏一执、朝履一双，似是怀疑吴胜兆的忠心。因为水晶狮子又名明威，念珠

1　侯岐曾：《侯岐曾日记》丙戌十二月二十，第606页。

2　侯岐曾：《侯岐曾日记》丁亥三月三十，第629页。

3　吴胜兆在守松期间勒索缙绅富室的情况并非孤例，例如他曾以受南明"伪札"为由敲诈上海生员朱用枚银两千七百两。见《刑部残题本》，《明清史料·己编》第1本，第39页。

通念朱，筇、履则象征清朝物色，暗示他在明、清之间左右摇摆。[1]四月十七日，侯岐曾得知吴胜兆已接受南明定吴伯之印，终于判断松江兵变已成定局。吴胜兆与舟山往来事涉机密，侯岐曾竟能及时知晓，必拥有畅达准确的消息渠道。江南复明人士精心织出的策反大戏，正在紧张地进行浮出水面前的最后准备，知晓内情的侯岐曾不过身处这张阴谋网络的末梢。

侯岐曾有关"松江之变"的消息源尚难确定，杨廷枢大概是其中之一。《日记》在记载松江有"反正之机"的当日，杨廷枢恰寄来一信，侯岐曾读后立即销毁，内容疑涉时忌。其他史料也表明，杨廷枢隐藏在吴著、戴之儁等人幕后，深深涉足"松江之变"的策划。顾诚《南明史》断定戴之儁策反吴胜兆乃受杨廷枢策动[2]，虽未附史料依据，但此说应非无稽。第一，戴之儁是杨廷枢的门生，二人在国变后关系密切，杨廷枢在隐居邓尉山前一度匿于周庄镇戴之儁家。第二，杨廷枢在丙丁之际仍怀故国之思，与南明政权频频联络，又暗通太湖复明武装[3]，有汇集多方力量策反吴胜兆的动机与条件。第三，杨廷枢

1　侯岐曾：《侯岐曾日记》丁亥正月十四，第610页。实际上，清廷以"投诚有功"赐给吴胜兆的物品为朝衣、嵌珠金顶凉朝帽、玉带、鞍马各一件，侯岐曾所闻当有讹误。见《清世祖实录》卷二十四，顺治三年二月己丑条，第206页。

2　参见顾诚：《南明史》，第333页。

3　"湖海之屯聚者，以兴复明朝为辞。杨君潜通书札，事亦有之。"见佚名：《吴城日记》卷中，第226页。

终因吴胜兆一案受牵连而死[1]，说明他的确参与了"松江之变"
的谋划。在此须另做一点说明：清廷在鼎革之初对反清人士的
惩治虽相当严酷，一旦确定其涉案，往往不分首从一律处斩，
还经常祸连家属。但在另一方面，清廷对涉案人员的确定仍较
谨慎。在"通海案"中，清廷将顾咸正等三十三名案犯"依谋
叛律不分首从皆斩，妻妾子女入官为奴，财产藉没充饷"[2]，但
此前已对案犯仔细甄别。有人姓名与案犯相似而被误逮（胡志
缨），有人虽名列钦浩、吴鸿开荐给鲁监国的名单，但本人并
不知情（赵自新、周士芳），在审问清楚后均被释放。唯一的
例外是前明进士刘曙，他被杀的原因是受审时不肯下跪，自揽
罪名，公开表达对清廷的敌意，故被主审官认为"均应枭示，
以儆不臣"[3]。可见，清廷对反清人士的惩治固然严酷，但未必
会滥及无辜。这反过来证明，杨廷枢在"松江之变"中并非
"无辜"，戴之儁策反吴胜兆的行动确有可能出自其谋。

　　吴胜兆收到黄斌卿回礼与定吴伯印信后，又于五天后收到
一枚篆有"平江将军"的大印，旁镌有"监国鲁王颁，隆武三
年三月□日造"等字。与南明军队的联络既定，他感到举兵事

1　温睿临：《南疆逸史》卷十三，第 92 页。
2　《江南各省招抚内院大学士洪承畴题本》，《明清史料·己编》第 1 本，第
　34 页。
3　《刑部尚书吴达海题本》，载邓之诚：《骨董琐记全编》，第 582 页。

不宜迟，立刻着手准备。第一，托戴之儁等人联络太湖复明武装余部，"合成一伙，调起湖内贼船候用"[1]，并下令辖区各地停止向北京征解白粮，预备充作太湖水师的粮草。第二，遣心腹黄锦标等人假冒江宁巡抚标兵，以防守为名提前控制南翔镇等要地，只等松江府城举兵就割辫响应。第三，为筹措粮饷，对松江富户访拿拷打，敲诈钱财，号称"拔富"。上海姚廷遴一家便被诈去三千两白银，家中捧日堂及东西三大厅也被拆走。[2]第四，广为招徕文武人才，除江南各地匪首、豪杰外，"四方缙绅"也纷纷参与[3]，殷之辂、徐尔毅等后来因参与"松江之变"被杀的士人或在这时卷入，据说夏完淳也涉足其中。[4]戴之儁还邀请岳父陆世钥再度出山抗清，陆氏认为吴胜兆"粗中不能使下，恐事不就，徒残害百姓"[5]，拒绝加入。这些情况再次证明"松江之变"不是一起孤立偶发的反清兵变，其根源是

1　《江南总督内院大学士洪承畴揭帖》，载罗振玉辑：《史料丛刊初编》，第660—661页。

2　姚廷遴：《历年纪》，载《清代日记汇抄》，第65页。

3　王家祯《研堂见闻杂记》，第21页。

4　松江士人董含称夏完淳"坐为胜兆画策，亦被诛"。今人白坚则认为夏完淳并未参与"松江之变"，而是因名列"通海案"被杀。笔者认为，不排除夏氏参与谋划"松江之变"的可能，因为他早在兵变爆发的十三天前便给侯岐曾写信表示"云间如有克日奇举"，可见对"松江之变"的细节早已知情。分见董含：《三冈识略》，第15页；侯岐曾：《侯岐曾日记》丁亥四月初三，第630页。

5　朱溶：《忠义录》卷四，载《明清遗书五种》，北京：国家图书馆出版社，2006年，第796页。

吴胜兆对清廷的不满情绪，反映了清初朝廷与手握重兵的汉人武将的深刻矛盾。[1]事变也是江南复明士人广泛参与、策动的结果，在准备阶段通过调集太湖复明武装与招徕有志"中兴"的江南士人集结了当时江南复明势力的主要力量。

吴胜兆的准备工作虽然面面俱到，但致命的弱点是行事不够周密，早在兵变发生的十几天前，苏松一带就已人言籍籍，都说吴胜兆即将反清归明。四月初三日，夏淑吉与夏完淳同时向侯岐曾报告松江兵变即将爆发，他听后对这一军事机密提前泄露感到不可思议，"惟为之栗栗"[2]。顾咸正颇有些盲目乐观，认为"幸□□王方当褫职，必弛于戒备，以为不足忧危"。侯岐曾不以为然，回信表示："方当夺官，必灰心敛手，是诚可喜。然声迹襮扬既久，三尺童子亦知设备。且白下重兵，容知旦晚不至，岂不可忧可危？"[3]他的担忧完全正确。四月初五日，副将詹世勋听闻主帅正在筹划兵变，便率领各标头领苦劝吴胜兆"不可乱做，外边口声不好，不如将戴之儁、陆圆、吴著杀了，以谢人言"。吴胜兆不肯听从，反而怒道："说我谋反，

---

1 这一矛盾还将通过金声桓、李成栋、姜瓖、王光恩等人的反清事变显现。详参叶高树：《降清明将研究（1618—1683）》第四章《明降将的仕清与叛清》，台北：台湾师范大学历史研究所印行，1993年。

2 侯岐曾：《侯岐曾日记》丁亥四月初三，第630页。

3 侯岐曾：《侯岐曾日记》丁亥四月十三，第633页。顾咸正所云"□□王"或为清辅政叔王济尔哈朗，他在顺治四年二月因建筑逾制，被罢去辅政一职，时间、内容均与顾氏所言相符。

有何依据？教我杀他三人，不如先杀我罢。"众将遂不敢再言。[1]
吴胜兆明知消息已经走漏，詹世勋等部将又有离心倾向，却
并未果断平息流言或以心腹替换詹世勋等人，业已埋下失败的
伏笔。[2]

　　与策划过程中的波诡云谲相比，"松江之变"爆发后的过
程较为清晰，现仅作简述。四月十六日傍晚，吴胜兆借口清剿
"湖寇"，将松江府海防同知杨之易、推官方重朗、华亭县知县
潘必镜等人请来提督衙门，在会议中突然发难，当场杀死杨之
易、方重朗。潘必镜假意顺从，逃过一劫。[3]吴胜兆又逼迫在
场文官武将各自割辫，部将高永义、沈兰拒不割辫，吴氏仅将
二人强行割辫，未做进一步处置，同时命詹世勋、高永义登楼
瞭望，准备接应舟山南明水师。不料这支由富平伯张名振、兵
部侍郎沈廷扬率领的舰队已于三天前在崇明附近海面遭遇风
暴，许多船只被风击碎，被迫返航。沈廷扬与张名振之弟张名
斌率一百余位官兵侥幸登陆后，随即被清军俘获。[4]詹世勋等
人等到天明时分，仍不见舰队踪影，心知不妙，临时决定反戈

1　《江南总督内院大学士洪承畴揭帖》，载罗振玉辑：《史料丛刊初编》，第
　　662页。
2　参见顾诚：《南明史》，第334页。
3　佚名：《吴城日记》卷中，第225页。
4　《兵部尚书阿哈尼堪等残题本》，《明清史料·丁编》第1本，第12页。

一击，汇合沈兰等人，带领家丁"擂鼓呐喊，一拥直入"[1]，当场杀死吴著、戴之儁、李魁等十余人，吴胜兆、陆囧则被擒获。驻于南京的操江都御史陈锦、满兵提督巴山闻讯，亲自统兵至苏松一带，击败了原本预备策应吴胜兆的太湖复明武装，"松江之变"终告失败。

二、侯岐曾殉难云间

在松江兵变被戏剧性地挫败时，侯岐曾仍在焦急地等待捷报，"惟引领吉语，以日为年"。但他在四月十八日晚就接到消息，称詹世勋等人不愿反正，已将吴胜兆扭送舟中。华亭知县也贴出告示，要求百姓"各安生业"。侯岐曾听罢甚为绝望，叹道："吾辈尚冀此中有诡谋秘算，不然，大事尚可为耶？"当晚耿耿于怀，几乎一夜无眠。[2]之后几天，各路消息接踵而至，包括松江城门昼闭、清兵入戴之儁寓所杀十三人等，除对倒戈者的身份尚有争议，一致认定兵变已经失败。此时清兵云集松江，准备依照从吴胜兆处截获的密谋文件，逮捕涉案人士。参与谋划的陈子龙心知自己必难幸免，与被官府视为同党的朋友

1　《江南总督内院大学士洪承畴揭帖》，载罗振玉辑：《史料丛刊初编》，第664页。
2　侯岐曾：《侯岐曾日记》丁亥四月十八，第634页。

夏之旭一起逃离松江[1]，于四月二十六日抵达嘉定王庵，侯岐曾在当天接到了消息。次日，玄泓、玄瀞与夏淑吉结伴去王庵探望陈、夏。陈子龙不作耽搁，打算马上转移，侯岐曾当即决定将陈子龙安置在较为安全的丰浜，特派家仆侯驯料理此事。最后给陈子龙修书一封，托侯驯捎去。在完成一连串的工作后，侯岐曾意识到藏匿陈子龙的举动意味着自己也被卷入"松江之变"的余波中了，遂记下了他有关这项抉择唯一的心理活动："嗟乎！予亦逃死之士，亡命之家也。今即以季布为朱家，以张俭为鲁国，万事委运，何暇沾沾计祸福哉！"[2]

这句话用了几处典故：季布是秦汉之际的游侠，在逃亡时被鲁地游侠朱家所救；张俭是东汉末年受"党锢之祸"迫害的名士，在逃亡过程中连累了许多收留他的人家，"望门投止"这一成语即出于此。侯家不久前才卷入"通海案"而险些遭祸，如今"松江之变"失败，清廷必将穷追通海一案。自家尚且朝不保夕[3]，却又另行藏匿清廷通缉的重犯，所冒风险可想而知，这是侯岐曾感叹"以季布为朱家，以张俭为鲁国"的原因。他接着发出"万事委运，何暇沾沾计祸福哉"的豪言壮

---

1 夏之旭是夏允彝之兄，也是《日记》所见夏平南、夏升略兄弟的父亲。
2 侯岐曾：《侯岐曾日记》丁亥四月廿七，第 637 页。
3 兵变失败后，侯岐曾已意识到家难将近："予既抱大忧，兼怀私祸，惟与子倕瞠眼相向而已。"侯岐曾：《侯岐曾日记》丁亥四月二十，第 635 页。

语，正说明收留陈子龙是一个在紧急情况下做出的冲动决定，且根本没有成功的把握，这与他平时对复明运动的谨慎态度大相径庭。不过，貌似冲动之下做出的决定，背后仍依循深层的生活逻辑，只不过是以情绪化的形式表现出来罢了。一个月前"通海案"刚暴露时，侯岐曾在给戴之俊的答谢信中便写下了这样一段话，不啻为自己在丙丁之际生活状态的总结：

> 自乙酉秋，家银台从灵均之遗则，不肖久以同尽为期。不意创痛未苏，诛求叠起，既坐悲泉苦水，又苦骇浪惊涛。少陵所云"两京三十口，虽在命如丝"，今日乃得之亲尝耳。不肖勉留业躯，上慰衰慈，下安血胤，百千茶苦，何堪觑陈。踯躅逾年，遂婴痼疾，奄奄床簀。自秋涉冬，又复经春矣。想未有以雍生苦状，诉向知己之前，然试叩文初、维斗，当知一二梗概也。[1]

不难发现，侯岐曾在信中的控诉字字是实：国破家亡的创伤、"奉母保孤"的责任、应付追索的疲惫、身患顽疾的痛苦，它们轮番上阵，愈深愈重，几乎让他难以承受。他拼尽全力抵抗这一切，穷尽手段试图让事局改观，但时间从乙酉年充满血腥

1　侯岐曾：《侯岐曾日记》丁亥三月廿七，第627页。

的盛夏缓缓流到丁亥年惊心动魄的初春，却只是滤去残存的欢乐和美好，独独留下苦难和绝望待他品尝。当对造成这一切的清朝政权的仇恨不断滋长，当精神接近崩溃的边缘，做出任何有悖于理性和常规的抉择都能够理解，汹涌澎湃的浪花下隐藏的是日常生活的静水深流。

侯家私匿官府案犯的严重性，陈子龙本人也何尝不知。在他的逃亡历程中，只有侯岐曾与顾天逵伸出援手，前者提供藏匿场所，后者带领他从嘉定转移到昆山。陈子龙匿居嘉定期间，对侯岐曾的收留感激涕零，遂作赋一首，将他比作安贫乐道、义薄云天的战国名士侯嬴：

> 群龙战罢风云尽，攀鳞附翼常相引。刘公本借东海资，周郎亦指临淮阃。
>
> 慷慨空余一片心，经年落魄任浮沉。纵横无计酬白璧，英雄缔构须黄金。君不见绳枢蓬户轵深里，夷门老人贫莫比！家无担石凌万夫，义重丘山轻一死。
>
> 结纳还论意气奇，感恩何用泉刀为？古来漫说陵原客，世上悠悠程卓儿。[1]

---

1 陈子龙：《贫交行为侯广维赋》，汪永安：《紫隄小志》续二，第104页。《陈子龙全集》亦收此诗，但未注"为侯广维赋""时匿迹江村"等字。

　　陈子龙随后逃到昆山，欲投奔同社好友杨彝，从常熟转道
出海，不料杨彝闭门不纳。[1]子龙喟然叹道："吾生平交满天下，
今日乃知侯氏父子兄弟其人杰也。"[2]侯岐曾藏匿陈子龙虽非源
于复明之志，而是因缘巧合、情急之下的一场意外，但即便仅
激于一时血气，在当时也实属罕见。昆山遗民葛芝听说侯家藏
匿陈子龙，顿时潸然泪下："以张俭投张俭，岂得全乎！越宿
而不免，而舍藏者亡身以及亲焉。"[3]他的预判堪称精确，陈子
龙的确没能逃出樊笼，侯岐曾却付出了生命的代价。

　　收留陈子龙之后，苏、松一带的局势急剧恶化，侯岐曾连
日听闻清兵齐集松江，将兴大狱，把私通吴胜兆者尽皆剪除。
陈子龙传来的消息也略同，让侯岐曾"直觉无山可登，无海可
蹈耳"[4]。次日又听说洞庭西山惨遭屠戮，杨廷枢也被逮捕，让
他惊慌起来，但仍给陈子龙写信安慰道："然而此番危机，弟
细察究可无恙。我既无行事可蹑寻，又无笔踪可推按，岂有挂
名文移便可悬坐者。"又建议陈子龙不要急于离开丰浜，以免

1　有关杨彝拒纳陈子龙一事，史家稍有异词。侯岐曾五月初十日晚致陈子龙
　　有言："唐市之行，不遇朱家，似所问非所对。"唐市位于常熟，系杨彝住
　　所。侯玄瀞亦于当日口述："侯驯于昨晚自昆还，述车公唐市（自注：杨
　　彝）不纳，却留昆乡。"可见拒纳之事非虚。见侯岐曾：《侯岐曾日记》丁
　　亥五月初十，第641页。
2　陆元辅：《陆菊隐先生文集》卷十六《明故太学生侯雍瞻先生私谥弘义
　　议》，第541页。
3　徐枋：《居易堂集》卷十二《葛瑞五传》，第299页。
4　侯岐曾：《侯岐曾日记》丁亥四月廿九，第637页。

自投罗网。五月初五，离丰浜只有三里的王庵遭到清兵劫掠。陈子龙情急之下，"遽欲行匹夫之谅"[1]，侯驯当即劝阻，带陈子龙逃到侯家在南翔镇的别居（即"槎楼"）。次日，侯岐曾结合自己在"通海案"暴露后的逃亡经历，怀疑清兵下乡的消息因无文书为据，很可能是谣言，便将自己的想法寄给陈子龙，告诫他不必风声鹤唳、轻举妄动。岂料初七日玄泓就传来噩耗，清兵确已展开大规模搜捕，藏匿陈子龙的侯家也面临危险。侯岐曾在深夜临睡前苦苦思虑应对方案，但胸中漫无一策，知道自己已无力庇护陈子龙，故安排女婿顾天逵将陈子龙转移到昆山。后几天他终日生活在恐惧之中，只得校对自著诗文以转移注意力。五月初十日晚，侯岐曾得知前来追捕的清兵即将进入嘉定，顿时方寸大乱，意识到自家已经"万分极危"[2]，仍不忘写信与陈子龙商定逃跑路线。这封信被认为是侯岐曾的绝笔，《日记》也止于此日。清兵在第二天就闻讯赶来，五百余人分作四十条船将恭寿庄团团围住[3]，尽管回主家复命的仆人侯驯竭力想将清兵引开，侯岐曾仍被当场抓获。[4]陈子龙在昆山黄泥潭顾家祖坟处躲藏了两天，因被仆人告发，与顾天逵、天遴兄

1　侯岐曾：《侯岐曾日记》丁亥五月初五，第 640 页。
2　侯岐曾：《侯岐曾日记》附记，第 641 页。
3　汪琬：《跋拟明史侯岐曾传后》，《尧峰文抄》卷三十九，第 620 页。
4　沈葵：《紫隄村志》卷五，第 149—150 页。

弟同时被清兵逮捕。[1]

　　接下来的一刻对业已饱经创痛的侯家而言无疑充满辛酸。侯岐曾八十二岁的老母龚氏眼见长子死于抗清战争，幼子也已踏上囚船，不由叹道："吾昔欲为卞壸母，今不能为孔褒母耶？"[2]说罢沉水而死。岐曾之妾刘氏被清兵追赶，为免受辱，亦投河自尽。[3]十二日，侯岐曾被押解到松江，由江宁巡抚土国宝与满兵提督巴山亲自审问。在追索危机中，侯岐曾为了保住家业，曾以卑微的姿态与丰厚的贿赂，多次恳求过这位高高在上的武人巡抚。但当他真正站在土国宝面前，先前所有的软弱、卑微与犹疑在仇恨这团熊熊烈火之下，反而化作了钢铁般的坚韧。侯岐曾在督、抚面前不仅坚决不跪，还以乡音开口怒骂。二人不解其意，但仍听出对方"声颜甚厉"。史载侯岐曾"嚼齿断龈，身被数创"[4]，在狱中必受拷打。十三日，土国宝使出怀柔战术，先禁止军士对侯岐曾施暴，后送上酒肉，温言表示："汝湖海无名，待汝家信通，得不死。"[5]得知老母投水的侯

1　归庄:《归庄集》卷七《两顾君大鸿仲熊传》，第 408 页。
2　卞壸是东晋成帝时尚书令，为保卫晋室，与二子皆死于苏峻之叛。孔褒是东汉末豫州从事，乃名士孔融之兄，在党锢之祸中因藏匿张俭而被处死。
3　汪永安:《紫隄小志》续一，第 85 页。
4　陆元辅:《陆菊隐先生文集》卷十六《明故太学生侯雍瞻先生私谥弘义议》，第 542 页。明遗民屈大均称侯岐曾被"惨掠至二十七次"，《紫隄小志》的作者汪永安认为此说不可靠。因为侯岐曾被押三日便遭处决，不可能被拷打二十七回。
5　康熙《嘉定县志》卷十六，第 685 页。

岐曾不屑一顾："吾已无家，何信为？"次日再审，侯岐曾倨傲如故，"语益不逊"。满兵提督巴山终于按捺不住，下令将他推出斩首。侯岐曾遂于五月十四日午时在松江府城西门的跨塘桥遇害。[1]

侯岐曾因藏匿陈子龙，坐私匿叛逆之罪而受刑诛，看似合理，其实本可避免。家仆侯驯被捕后，已将藏匿之罪一肩揽起，侯岐曾又与复明运动素无瓜葛，只要巧言申辩，想必活罪难逃，死罪可免。岐曾门生陆元辅便认为，土国宝为侯岐曾送上酒肉，"明示可以生，借使稍得平气伣视，婉词自解，不难脱死"[2]。今人周绚隆也注意到，清朝审理"通海案"与"松江之变"的档案均未将侯岐曾视为"正犯"，着墨极少，他等于是被顺带杀掉的。[3]可见，土国宝所言"汝湖海无名，待汝家信通，得不死"，并非诳语，当属实情。但侯岐曾拒绝诿过于侯驯[4]，又对土国宝、巴山等主审官态度强硬，出言不逊，可谓有心求死，不免成仁。或许是因为家庭破碎、老母投水，使他深深负疚，遂成死志。[5]或许他在国变家难后挣扎一年半载，

1　汪永安：《紫隄小志》卷二，第54—55页。

2　陆元辅：《陆菊隐先生文集》卷十六《明故太学生侯雍瞻先生私谥弘义议》，第541页。

3　周绚隆：《易代：侯岐曾和他的亲友们（修订本）》，第4页。

4　沈葵：《紫隄村志》卷五，第149页。侯驯最后仍被处死。

5　据称，侯岐曾在临刑前泣道："老母以不孝子死，死有余罪。"见汪永安：《紫隄小志》卷二，第55页。

备受折磨，已不愿苟活。侯岐曾死后，儿媳夏淑吉托人收敛他
的遗体[1]，安葬在紫隄村圆沙泾侯氏祖坟，与侯尧封、侯孔诏、
侯震旸三位先祖及兄长侯峒曾相伴。[2]侯岐曾从此魂归故里，
永享寂静。

三、侯氏家族的衰败

　　侯岐曾被捕之际，长子玄汸正在嘉定县城，与处理籍没
事宜的书吏酬酢。他听闻清兵已追到厂头镇恭寿庄家中，知道
大祸临头，于是火速出城，与被官府通缉的堂弟侯玄瀞藏匿在
嘉定东郊，次日奔逃外地。[3]二人逃到苏州支硎山，误信追兵
将近，玄汸决定留下断后。他先掩护玄瀞逃离，然后将玄瀞的
名字写满衣襟，跃入水中，指望追兵捞起自己的尸身，就能相
信玄瀞已死。不料他投河之后，就被当地人救起，辗转逃入山
中，直到数年后风声稍息，才回到家乡。[4]岐曾幼子玄泓则留
在嘉定，被官府羁押，"上官詙以好语，胁以严刑"[5]，逼迫他告
知玄瀞踪迹。玄泓不为所动，最终获释。玄瀞慑于追捕，常年

1　苏渊：《节妇夏氏传》，康熙《嘉定县志》卷二一，第 787 页。
2　汪永安：《紫隄小志》卷上，第 20 页。
3　侯玄汸：《月蝉笔露》卷下，第 8—9 页。
4　汪琬：《钝翁续稿》卷二六《侯记原墓志铭》，第 282 页。
5　汪琬：《钝翁续稿》卷二六《贞宪先生墓志铭》，第 275 页。

出逃在外，偶尔回乡探望，也不敢久留。[1]不久后他就出家为僧，在扬州天宁寺与杭州灵隐寺等处隐居，顺治八年（1651）病故，年仅二十八岁，侯峒曾一脉就此夭亡。在巢倾卵覆的混乱中，陆元辅赶到残破的恭寿庄，将玄洵遗腹子侯檠与侯氏先祖的多卷遗墨星夜转移到浙江，侯家其他孩童也得到张鸿磐的冒死力庇。[2]陆元辅与张鸿磐一个是温敦笃实的书生，一个是湖海任侠的豪杰，性格不同，抉择一致，顾念师生之谊、朋友之义，不惜以命相赌。侯岐曾的社交网络即便在本人死后，仍在断续织起保护家庭的防线。

侯岐曾之死与侯玄瀞仓皇出逃，使官府的籍没行动如水决堤，再也无可阻挡。侯家在城中的老宅仍贻堂被没收，改为商人叫卖货物的市场。[3]五百亩墓田屡经剖割，仅剩百余亩。[4]侯岐曾的堂叔侯鼎旸、侯艮旸受玄瀞"通海"一案牵连，被捕入狱，因友人倾资力救，才侥幸生还。鼎旸旋即去世，艮旸多年后忆起虎口脱险的经历，依然惊惧涕泣不已。侯兑旸也被籍没牵连，生活日渐困窘。[5]尽管在玄泞、玄泓兄弟努力下，官

1　汪永安：《紫隄小志》卷二，第57页。
2　张云章：《朴村文集》卷十四《菊隐先生墓志铭》，清康熙间华希闵等刻本，第2页；严沆：《槎溪人瑞序》，康熙《嘉定县志》卷二十，第802页。
3　汪永安：《紫隄村小志》卷之前，第31页。
4　侯玄泞：《月蝉笔露》卷下，第20页。
5　"索债偏从籍没家，无锥可卓有生涯。清风明月用无尽，任意拈来宇宙赊。"僧范围：《寄龙江公羊侯居士》，汪永安：《紫隄小志》卷二，第113页。

府后归还城中老宅，仍贻堂得以重建，改为家祠，但昔日尊荣毕竟一去不返。康熙三年（1664），玄泓病逝。康熙十六年（1677），玄汸去世。至此，"上谷六龙"凋落殆尽。至于夏淑吉、孙俪箫、宁若生等"六龙"女眷的余生，亦可谓落寞凄婉。周绚隆已作详考，本书不再赘述。[1]

侯家对清朝的抵抗态度，在"六龙"一辈应已及身而止。在"六龙"的下一代，最有望绍述祖业者当为侯开国（初名侯荣）。在《日记》中，他尚是一个不愿就学的童稚，以至于其父玄泓打算强行拉他向陆元辅拜师。[2]日后他长成为颇有文名的青年才俊，系清初"畯城八子"之一。侯开国、侯棨、侯棠诸兄弟，与开国之子侯铨、侯永，均考中清朝生员，表明他们并非无心出仕。但限于家境与机缘，他们均未在科举一途取得更高成就，使侯氏的衰败变得不可逆转。自侯铨、侯永以后，紫隄侯氏在长达一百余年的时间里，再未出过一位生员。直到道光十三年（1833），侯尧封八世孙侯谦考中生员，六年后便因病故去，重跻簪缨的希望一闪即逝。咸丰年间撰成《紫隄村志》的沈葵如是慨叹："噫！上谷东族之在本村者，书香久绝，其子孙类多慧姿，俱以贫废学。惟谦幸博一衿，而年又不永，

---

1 参见周绚隆：《易代：侯岐曾和他的亲友们》第三章《彩云散后空凭吊——闺阁膺世变》、第七章《失侣青春首似蓬——寂寞夏淑吉》。

2 侯岐曾：《侯岐曾日记》丙戌五月初十，第529页。侯开国乳名揭来。

不能继续。惜哉！"[1] 足见家族衰败与科举无成之间互为因果，侯氏族人再也无力突破这一恶性循环。当繁华散尽，曾经的著姓望族褪去光环，回归庸常，随之隐入历史的深处。但在特定时刻，侯氏后人的身影仍会现出踪迹。1933 年，侯峒曾十六世孙侯叔达辗转三载，终于将从友人处意外得来的峒曾遗稿付梓。他有感于日本侵华步步紧逼，决意用先祖事迹焕发民众的抵抗精神。[2] 明季"忠烈"的难酬蹈海，业已汇入民族抗战的滚滚洪流。当然，那就是另一段故事了。

《侯岐曾日记》的故事至此告一段落。应当承认，这个故事是一场彻头彻尾的悲剧。对侯岐曾来说，悲剧不仅表现在苦难本身的深重，更表现在他逃离苦难的努力完全付诸东流。顺治二年的家国惨变并没有击倒侯岐曾，在之后的一年半，他一面承担"奉母保孤"之责，一面对明朝中兴翘首以待。他为保住身家，不愿亲自投身复明运动；但惓惓故国之思，又使他不得不默许子侄参与其中，最终招致"通海"大祸。创伤、疾痛与追索如影随形，使侯岐曾的身心备受折磨，精神逐渐滑向

1　沈葵：《紫隄村志》卷六，第 275 页。
2　"世之凄怆，寇逼耻为夷虏，而欲益悉公之生平者，得是尤当懔然危惧，及时自奋矣。"侯叔达：《跋》，载《侯忠节公全集》，第 16 页。玄瀞死后，侯峒曾一脉已绝，玄汸将长子侯乘过继给峒曾长子玄演为子，侯叔达或为侯乘之后。

崩溃的边缘,对清朝的仇恨也在迅速滋长。他藏匿陈子龙的
决定,与其说是激于忠孝之念,更像是他在绝望之下对生活的
报复。事出意外,但也在情理之中。清康熙六十年(1721),
嘉定县城的侯氏故宅被官府改建为祭祀侯震旸父子的"三忠
祠"。[1]侯岐曾作为殉于前朝的"忠烈",随之化为默默接受万
民崇瞻的一座造像。可他在鼎革之际的首要愿望,只是自己和
这个家庭能够存续下去。

1　沈葵:《紫隄村志》卷三,第 71—72 页。

结　语

　　行文至此，嘉定侯氏与侯岐曾本人的故事都已讲完，蟠龙江畔的紫隄村也重归静谧。不过，以"讲故事"为驱力的微观研究不能仅停留于"由小见大"，而应着力于以微观案例修正宏观认识。这就要回到开篇提出的问题：今人对明清易代所熟悉的忠节、抵抗与隐逸叙事，是历史的原貌，还是存在想象与建构？《侯岐曾日记》呈现的细节，能否提供某些有别于明清易代史主流叙事的理解？

　　我们还是先从家族说起。嘉定侯氏经由科举崛起，成为享誉一方的士绅望族，是晚明江南乡居地主向上流动的典型案例。嘉定侯氏被后人认为世代以"忠义"传家，但在侯尧封、侯震旸、侯峒曾等一个个"光明俊伟"的人格形象背后，仍隐藏着他们为家族繁荣昌盛而施展的种种技巧。几代侯氏家长不无"兼济天下"之思，也不忘为桑梓争取利益，但在兼并土地、聚敛财富、豢养奴仆、欺压民众等方面，依旧不能免俗。为长保家势，他们也积极运用手中的社会资源，早早为子弟的锦绣前程铺下捷径，并精心编织出庞大复杂的婚姻网络。这些面向，往往为侯氏族人避而不谈或巧言掩饰。森正夫所言"经世型"与"豪横型"这两种士大夫的形象，在他们身上均得到体现。或许更准确地说，这两种人格形象在生活中每难分离。但将公心与私欲高度对立、借以塑造自身具有"超越性"的人格形象，素来是士大夫的拿手好戏。侯尧封虽勉励后辈努力成为"第一等人"，但"忠义"本身无法维持士绅家族的代代隆盛，经营功名才有望赓续祖业。

明清易代，使原本依附明朝国家的士绅家族面临抉择：改事新主，偌大家业暂可无虞；坚持抵抗，举族夷灭或在旦夕。侯家一度选择了后者。侯尧封顶撞张居正、侯震旸弹劾阉党、侯峒曾谢绝入京任职，都反映出他们有时倾向于将道德价值置于现实利益之上。这一具有连贯性的叙事，易使后人认为鼎革之际侯氏家族决定抗清实属必然，并从家庭教育与地方学风等角度探讨个中原因。甚或将他们塑造为极端的道德主义者，为自身实践"忠孝节义"，不惜将不愿抵抗的嘉定士民一同拖入深渊。[1]这一观点或显偏颇，因为侯家士绅对明朝的忠诚历来

1　［美］邓尔麟著，宋华丽译：《嘉定忠臣——十七世纪中国士大夫之统治与社会变迁》，第 7 页、第 313—317 页。

不是毫无保留。侯震旸临终前告诫子孙当明哲保身，已透露出在"保国"与"保家"之间的犹疑。其子侯峒曾的政治态度更显消极，农民战争与清军入塞关乎明朝存亡，但他只愿在南方优游岁月。弘光时期，他判断国事已不可为，遂称病不出，未敢以独木自居。清军占领江南后，峒曾决意隐逸终老，并无为明朝效死之念。直到"剃发令"的颁布触及了他的底线，兼之嘉定县城急需名绅出面稳定局势，使他踏上抗清之路。孰料江南抗清运动鼎沸一时，转眼却云散烟消，侯峒曾兵败身死，家族蒙受重创。嘉定侯氏何去何从，就要看侯岐曾的选择了。

鼎革之初，侯氏家族面临清廷追索的强大压力，已处危急存亡之秋。侯岐曾在丙丁之际的生活历程成为一场与清朝官府的暗中较量，以他卷入"松江之变"身死而收场。侯岐曾涉足"松江之变"，看似是抒怀复国之志，但这只是后人臆测的动机。实际上，侯岐曾以家族利益为重，一意"奉母保孤"，长期与复明运动保持距离。直到他在追索危机中越陷越深，对清朝的仇恨迅速增长，对复明运动的态度才暧昧起来。最后在种种情绪的作用下，侯岐曾贸然决定藏匿"松江之变"的案犯陈子龙，事发被杀，不经意间与顾咸正、夏完淳等志在复明的士人殊途同归，其实动机截然相异。经此变故，岐曾"奉母保孤"的愿望化作泡影，侯家也彻底走向败落。他在撰写《日记》之初，绝未作此预料。简言之，侯岐曾卷入复明运动貌似纯受"忠义"驱动，其实唯有顺沿他的生活轨迹才能找到答案。历史的复杂幽微与婉转曲折之处正在于此，后人阐释只要稍显粗暴，就容易引发与真相南辕北辙的误会。几代侯家士绅并非不想独善其身、保全家业，但在机缘巧合之下，他们总是被裹入旋涡，身不由己，"忠孝节义"的美名遂成为最后的安慰。当事者的利害权衡与犹豫彷徨，在局外人的记录中都被略去，如侯家友人计东所言："（侯氏）父子兄弟世相勉以忠孝大义，不复为世俗子孙血食之谋，趋兵燹、弃肝脑如饴矣。"[1]一味塑造当事者义无反顾的形象，无异于漠视他们在临难之际的选择权。

　　如果没有《日记》传世，侯岐曾在文献中的面貌必将显得平面而刻板。不用说百十年后的士林晚辈，就连他的门生故友，也着力塑造他单一的人格形象。归庄称侯岐曾"事定得免，此志不易，国破家亡，何心视息"，陆元辅也评价其师"以文章为饮食，以朋友为心腑，以忠孝为衣被"[2]。而在《日记》中，侯岐曾的形象远为复杂：他清高自矜，也老于世故；坚毅卓绝，又敏感多疑；时而热诚豁达，时而冷漠如霜；绝不乏自我牺牲的道德精神，也深知保家求存的现实意义。试览史册，明遗民中罕有这样复杂鲜活、充满挣扎的剪影。就像其兄侯峒曾是一位

1　计东:《改亭文集》卷八《嘉定侯氏宗祠记》，第 179 页。
2　陆元辅:《陆菊隐先生文集》卷十六《明故太学生侯雍瞻先生私谥弘义议》，第 541 页。

"非典型"的东林官员，侯岐曾大概也是一位"非典型"的明遗民。不过，这又怎会令人意外呢？如沈艾娣所言："真实的人总是非典型的。"[1]不论是高蹈玄妙的价值观念，还是具体而微的衣食住行，都同在日常生活这条河流中流淌。还原古人的真实样貌，不妨走进琐屑而充满矛盾的日常生活，将被诸种专题研究分类切割的史事重新粘合发微，呈现出一个个福斯特（E.M Forster）笔下立体丰满的"圆形人物"，走向更广阔的历史世界。[2]《日记》固然为研究侯岐曾提供了无可取代的便利，但秉持"日常"的视角，对拂去层累式建构的泥尘应更为关键。

不过，我们仍需进一步追问，侯岐曾的形象与抉择，仅仅出自个体的特殊性，还是某个群体的代表？无独有偶，松江名士夏允彝之兄夏之旭的经历近乎是侯岐曾的翻版。夏允彝高中进士，声名烜赫，但夏之旭只是一介生员，在史料中几乎湮没无闻，以至于今人难以确认他的身份。[3]夏允彝在鼎革后沉

1　[美]沈艾娣著，赵妍杰译：《梦醒子：一位华北乡居者的人生》，第 7 页。

2　有关"圆形人物"与日常生活史研究的辩证，参见李孝悌：《士大夫的逸乐——王士禛在扬州（1660—1665）》，载常建华主编：《中国日常生活史读本》，北京：北京大学出版社，2017 年。

3　刘秉铮《明末江南抗清义士夏之旭事迹考辨》（《贵州大学学报（社会科学版）》1992 年第 3 期）一文认为夏之旭与同死于"松江之变"的嘉兴士人夏宝沐是同一人，系误。陈子龙的门生王沄与夏之旭相识，自记死于"松江之变"的士人"尚有曤城侯君雍瞻、鹿城顾君失名、禾城夏君宝沐辈，余未定交，不详本末，故阙焉"，证明夏宝沐与夏之旭必为两人，籍贯亦不同。见王沄：《王义士辋川诗钞》卷二，上海：商务印书馆，1939 年，第 23—24 页。

水殉国，夏之旭本欲与弟同死，被允彝以"留看孤寡"为由劝
下[1]，从此"腼颜视息，焚修奉佛，不入城市，不见亲友，此松
郡万耳万目不可掩也"[2]。"松江之变"爆发后，夏之旭认为此举
徒使生灵涂炭，不愿参与，远避荒郊。不料清廷将他连坐为吴
胜兆"叛党"，下令追捕。夏之旭起初与陈子龙一同逃到嘉定，
但后来不知何故，二人失散，侯岐曾也未获悉夏氏下落。[3]后
人只能了解到，夏之旭走投无路，虽自认无罪，却不屑于当庭
自辩，于是写下遗书，在文庙自缢。夏之旭与侯岐曾在鼎革时
缘于保家之念，欲死未死，为此减少社交，对复明运动也拒绝
参与，却意外涉案，不得善终，二人行迹如出一辙。"保身家"
既是江南士绅鼓动民众抗清的口号，也是制约士绅自己抗清殉
国的关键因素。[4]朱舜水有论："身家之念重，则君国之爱轻；
妻子之情深，则明发之怀浅；无怪乎忠臣孝子之寥寥也！"[5]部

1　夏允彝绝命词云："子女俱幼，室人志在节烈，二侄行同古人，无愧祖宗。
吾兄已年高，当啬精自爱。"亦证夏之旭自叙为实。见佚名：《客谐偶抄》，
载《明清史料丛书续编》第5册，北京：国家图书馆出版社，2009年，
第12页。

2　吴履震：《五茸志逸随笔》卷七，载《四库未收书辑刊》第10辑第12册，
北京：北京出版社，2000年，第192页。引文出自夏之旭遗书，诸书所
载夏氏遗书以《五茸》本最为详尽可靠。

3　"元兄杳然不报，甚异！甚异！"夏之旭字元初。见侯岐曾：《侯岐曾日记》
丁亥五月初十，第641页。

4　朱亦灵：《"复线"的易代史：江南抗清运动研究（1645—1646）》，第
52—54页、第219—222页。

5　朱之瑜：《朱舜水集》卷十三《忠孝辩》，北京：中华书局，1981年，第435页。

分揭示了士绅中抵抗者绝少的缘由。

细究之下朱氏所论仍嫌武断：在侯岐曾与夏之旭身上，"君国之爱"与"身家之念"何尝不能共存？素怀忠义者并非对身家毫无顾惜，纵然一度有殒身不恤之念，也未必矢志如一。江南士绅中，侯岐曾这一类曾参与乙酉抗清运动，事后却顾忌身家、不愿复出者，确实大有人在。陈湖生员陆世钥曾组织乡民围攻苏州府城，事败隐居，家产被清朝籍没。"松江之变"前夕，女婿戴之傔再四劝陆世钥出山抗清，均被拒绝，陆氏给友人写信表示："使弟含羞忍耻，出图自全，究竟未知结局，出而未保其终，不若不出而全其始也。"[1]他得以躲过清廷对参与"松江之变"者的清洗，次年病故。嘉善县乡绅、前内阁大学士钱士升在抗清运动爆发后，捐助白银、米帛若干，寄信勉励其子钱棅举兵抗清："吾世受国恩，义不容已，吾老矣，不能报国，成吾志者子也，子必勉之。"[2]嘉善城破后，钱士升知事不可为，命钱棅解散兵马，未被听从。鼎革后，钱士升修筑放下庵，闭门修禅以终，一切故国之思概不对外提起。[3]也

1　陆祚兴：《汝莱府君纪略》，载陆宏锺等：《水东陆氏谱系》卷五，上海图书馆藏清乾隆三十一年抄本，第 64 页。

2　钱扮禄：《钱公饮光府君年谱》，载钱澄之：《所知录》，合肥：黄山书社，2014 年，第 187 页。

3　钱继登：《壑专堂集》卷四《阁学塞庵家传》，载《清代诗文集珍本丛刊》第 14—16 册，北京：国家图书馆出版社，2017 年，第 24 页。有关嘉善钱氏对鼎革的立场，亦可参冯贤亮：《从梅花里到半村：明末清初的士人生活》，《中国高校社会科学》2019 年第 2 期。

有人不惜一死，但对家人安危分外在意。如丹阳士人葛麟在国
变后决定自尽，却仍告诫家人切勿卷入抗清运动："吾避难村
居，有等不欲改节之民，欲推我为首，已痛绝之。贤弟辈但保
身家安静为本，万不可听人言煽惑耳。至嘱，至嘱。"[1]在士人
眼中，"忠节"二字高悬于心，却不意味着值得为它牺牲一切。
隐逸者与殉国者的分途，不尽源于思想观念的差异，可能仅出
自偶然。同样以苟全乱世为盼，陆世钥与钱士升幸免于难，侯
岐曾与夏之旭则被时势推上了忠烈祠的祭坛。

如果重回家族的视角，自能发现，当明清易代已成定局，
依附于国家体制的士绅家族如不愿就此衰败，与新朝合作是唯
一选择。一些家族很快降附，保持繁荣[2]；也有一些家族在抵抗
无果之后，很快转型为合作者。在侯岐曾的朋友中，王楺汝与
陈俶有投身抗清的经历，但日后也参加清朝科举，王楺汝考中
举人，陈俶考中进士。许自俊与苏渊起初以遗民自居，后亦考
中清朝进士。就连侯家自己也开启了这一转型：侯兑旸于顺治
十年（1653）以拔贡生授桐城县学训导，赴任途中病卒。[3]康

1　葛麟：《葛中翰遗集》卷十一《遗嘱》，载《四库未收书辑刊》第7辑第
　　16册，北京：北京出版社，2000年，第278页。葛麟后参与松江、宜兴
　　等地的抗清运动，乙酉年八月在吴江小湄阵亡。
2　如毗陵庄氏家族。参见［美］艾尔曼著，赵刚译：《经学、政治和宗族：中
　　华帝国晚期常州今文学派研究》，南京：江苏人民出版社，1998年，第
　　34—48页。
3　汪永安：《紫隄小志》卷二，第60页。

熙初年，侯开国、侯棠、侯檠等新一代侯氏子弟也考中清朝生员，其中侯开国以监生授州佐贰官，但未赴任。此举不应解释为对当局心怀抵触，因为参加科举已象征认同新朝，以焚儒服等方式弃去功名才是表达对抗情绪的途径。[1]名儒吕留良考中清朝生员，心不自安，拒绝应试，被官府革除功名，即为遗民心态的表达。明遗民终身不仕，但遗民身份多不世袭，也未尝不是家族内部的默契。王楫汝、陈俶、侯开国等人进入清朝科举体制，出自士绅家族维持自身地位的现实需要，不宜仅以"改节"视之。清廷的籍没政策压缩了侯家的生存空间，但侯玄瀞"通海"与侯岐曾卷入"松江之变"，才终致侯氏二度破家，无望再起，沦为明清之际士绅家族转型这一历史进程中的失败者。倘若侯岐曾"奉母保孤"的局面得以维持，延时待变，侯家将走向何方，谁也不能遽断。就像侯岐曾不可能料到，在石冈镇率先举兵抗清的王楫汝，投奔浙东南明政权的陈俶，还有被黄淳耀盛赞为"自勖以忠孝大节"的苏渊[2]，这些好友有朝一日竟会考中清朝的高级科名。

由此看来，明清之际殉国、隐逸与降顺等抉择的做出，不能仅从思想文化史的角度理解。清代以降对明季人物的评价多

1　参见陈国栋：《哭庙与焚儒服——明末清初生员层的社会性动作》，《新史学》第3卷第1期，1992年3月。
2　黄淳耀：《寡母金孺人序》，康熙《嘉定县志》卷二一，第801页。

存在严重的唯道德论倾向，误以为道德境界的高下是影响政治立场的主要因素。彼时极端的道德主义者一定存在，但多数殉国者原本只是有血有肉的普通人，对"忠节"的考量无法完全超脱个人与家族的利益需求。忠臣、遗民与贰臣之间的界限，比人们以往的想象要更加模糊。刻意强调忠臣的超然于世，反而在他们与其他士绅之间划出鸿沟，既无助于阐释殉国之举的缘起，也忽略了明清易代史的复杂性。如此，当时是否存在一个内外界限分明的"嘉定忠臣"群体，也就有待商榷了。嘉定侯氏在鼎革前就兼具"经世型"与"豪横型"士绅的特征，鼎革后在侯岐曾手中也仍有保家求存的机会，终因时运不济，彻底衰败。侯玄瀞等侯家子弟坚持秘密抗清，终致"通海"事发，确属事实，但侯岐曾本人从不打算亲涉其中，忠节观念即便在一家之内也颇具张力。[1]随着时间流逝，侯家与清朝的对立关系并非不能调和，侯开国等孙辈的应试足以说明问题。对"忠节"等问题的讨论，应首先考量士绅的阶层属性，在具体的生活场景中展开解读。这些讨论不止关乎个体的生平遭际，也多少暗示着，明清易代在宏观视角下是两个王朝的殊死较

---

1 明遗民家庭内部可以同时存在明遗民与仕清者，且前者出于种种原因，对后者甚至可能持有谅解和鼓励的态度。参见黄毓栋：《明遗民家庭对出处的安排——宁都魏氏个案研究》，《汉学研究》第 22 卷第 2 期，2004 年12 月。

量，但在地方或个人层面亦具有生存与利益之争的面向。不必否认忠节观念与夷夏意识对士人的影响，但它们一旦进入到个人层面，势必与个体的生活环境与生存境遇交相融合，产生出许多彼此各异的人生抉择，共同激荡着"大历史"的走向。如果说轰轰烈烈的抗清运动并不只是士绅躬行忠节观的结果，明清易代的内涵也绝非一部"征服史"或"抵抗史"所能概括。当传统的"宏大叙事"在个体生命的映照下现出裂痕，一望无际的历史平原随之化为纵横交错的道道丘壑。要想重新绘制一张脉络分明的地形图，只有亲自动身，探索每一条沟壑的隐秘。

附录 侯岐曾社交对象一览表

序号	姓名	字号	籍贯	社会身份	功名	官职	与侯岐曾的交往	社交频次
1	蔡谦	服万	松江	士人	不详	无	几社成员。与李雯同来商讨侯家免籍事。	4
2	柴永清	集勖	昆山	士人	生员	无	拜访岐曾，告知张采的隐居地点，归还所欠债务，叙述清廷动向与前线战争情况。	2
3	陈某	备和	不详	画家	无	无	前来侯家画像。	1
4	陈嘉玙	鲁玉	江西武宁	士人	举人	无	侯峒曾任江西学政时取中之士。拜访岐曾，被拒绝，仍留饭。	1
5	陈康明	元晋	嘉定	士人	岁贡	歙县训导	回乡后拜访岐曾，诉说徽州城破事，吊李氏之丧，被岐曾谢绝。	2
6	陈某	全三	不详	不详	不详	不详	两度随岳父王瑞国来侯家吊唁，向岐曾赠送精墨。	2
7	陈学沐	左原	长洲	士人	不详	无	与岐曾、陆元辅等人共饮，并作笔记，看望病中的侯家孙辈；帮岐曾检点所著杂作；联络南明政权，接待将驱宏吏者，并引顺咸正见之。	4

序号	姓名	字号	籍贯	社会身份	功名	官职	与侯岐曾的交往	社交频次
8	陈某	仲晋	不详	不详	不详	不详	金熊士的妹夫，二人一并帮助侯家移棺。	1
9	陈子龙	卧子	华亭	士人	进士	兵科给事中	与夏允彝络联系，试图联络侯氏俱正，与夏之旭俱投王庵，因兵藏匿他而死。	2
10	戴之儁	务公	长洲	士人	生员	无	曾救侯家、顾家等参与"通海"者，谢绝报酬。	2
11	丁某	石来	苏州	士人	不详	无	遣使为侯峒曾吊丧，向申绍芳告知侯氏近况，遭吊唁李氏之丧。先后给侯曾寄两封信，有所馈赠。	4
12	方某	仁甫	不详	医生	无	无	在通海案中为侯家探信，侯曾略致报酬。	1
13	冯某	不详	不详	胥吏	无	无	侯曾多次请朱茂昭联络冯胥探听消息，并致贿赂。后岐曾骂其"老奸"，仍致贿赂。	不详
14	付某	子惠	不详	不详	不详	不详	与沈卜彝同来信息，与侯曾久谈时事。	1
15	高巘	德迈	嘉定	士人	不详	无	直言社成员，黄淳耀门生。与朱子素同来信息，宿子后宅两晚。与侯岐曾、陆元辅入谈。	1
16	龚元侃	得和	嘉定	士人	生员	无	龚用圆之子，岐曾之婿。多次拜访侯曾并致书信，多次向岐曾通报城内消息；与陆元辅等人为侯曾籍录等人的诗文；受岐曾青客时作俗，为陆鸿磐看房，探视岐曾之病，丁亥元旦给侯曾寄来和诗，在通海案中与岐曾商议向戴之儁求助；生活费略得岐曾赞助。	62

续表

序号	姓名	字号	籍贯	社会身份	功名	官职	与侯岐曾的交往	社交频次
17	龚元端	得玄	嘉定	士人	不详	无	嘉定坡破后落发为僧，岐曾前去拜访。	1
18	龚某	云来	嘉定	士人	不详	无	侯岐曾称其为"表侄"，应与龚元端为同族。借给岐曾书数种，并示书目；为岐曾联络钱谦益，前来拜访，岐曾留饭；与岐曾详谈嘉定屠城事。	7
19	唐氏	不详	不详	士人之妻	无	无	龚用圆之妻，岐曾称其为"龚老亲母"。获岐曾拜访。	1
20	龚贤	不详	不详	平民	无	无	因感岐曾恩惠，馈赠鱼酒。	1
21	顾咸正	端木弦高	昆山	士人	举人	延安推官	岐曾的至交，国变居隐居陕西，后潜逃回乡。从梅城给岐曾寄信，彼此通报近况；受岐曾之托向南明修订《孤臣血笔》；数次鼓励岐曾见面，曾参加复明运动，常向岐曾通报各地军情，多为谣言，亦来惠宁庄为李氏吊丧；与岐曾交流诗作，相互唱和，多次登门拜访，欢聚饮宴，留信侯家；在岐曾家中复明人士联络；为岐曾提供药方。	50
22	顾天逵	大鸿	昆山	士人	生员	无	顾咸正之子，侯岐曾之婿。亲来吊唁侯曾；向岐曾报顾咸正消息，代传信件；生活费岐曾赞助，多次向岐曾通报南明消息，出示隆武诏书，张鸿磐、龚元侃等人来饮，曾建议其遁地，陈情，后临时取消，与陆襄王，龚元侃等人帮岐曾传信，后险点钞其杂著，在岐曾家复明人士谋议，受岐曾之托收留陈子龙，故清廷捕杀"通海案"对策。	39

续表

序号	姓名	字号	籍贯	社会身份	功名	官职	与侯岐曾的交往	社交频次
23	侯鼎旸	文侯	嘉定	士人	生员	无	侯岐曾的族叔。嘉定屠城后九天率人入城为峒曾收尸。向岐曾告急，常与侯兑旸一起行动，多次拜会岐曾，商议应对取租，籍没李氏。吊唁李氏。	26
24	侯兑旸	公羊	嘉定	士人	生员	无	侯岐曾的族叔。常与侯鼎旸一起行动，与岐曾一并入城，商议应对取租，籍没李氏，原因不详。拜访夏完淳；吊唁不详，赴南翔镇。	24
25	侯良旸	秉三	嘉定	士人	生员	无	侯岐曾的族叔。因"索透租"拜访岐曾，一饭而去；吊唁李氏。	3
26	侯某	祐侯	嘉定	不详	不详	无	侯岐曾的族叔。吊唁李氏。	1
27	侯嵊曾	汉瞻	嘉定	不详	不详	无	侯岐曾的族兄弟。吊唁李氏。	1
28	侯某	子长	嘉定	不详	不详	无	侯岐曾的族叔。吊唁李氏。	1
29	侯益旸	子久	嘉定	不详	不详	无	侯岐曾的族叔。觊觎侯岐曾名下的产业汪店房。	1
30	侯某	坦公	嘉定	不详	不详	无	侯岐曾的族叔。拜访岐曾，所谈内容不详。	1
31	黄某	完初	嘉定	士人	不详	无	黄淳耀之父。与岐曾同来拜访，与岐曾似有密议，为侯家赴常熟向钱谦益流通，出行前受岐曾教诲，给岐曾密信，告知嘉定知县瞿理的情况。	4
32	金熊士	渭师	嘉定	士人	生员	无	侯岐曾的外甥。多次拜访岐曾，亲来帮助侯家移殡，坚持给岐曾送上奠金，虽被岐曾诚劝，但仍来吊唁李氏，被谢绝；给岐曾送参，被谢绝，向岐曾通报崇明被南明军队攻克。	12

续表

序号	姓名	字号	籍贯	社会身份	功名	官职	与侯岐曾的交往	社交频次
33	金某	不详	不详	医生	无	无	为侯岐曾的幼女看病。	1
34	李雯	令明	青浦	士人	不详	无	李雯之弟。受兄长之托来南翔见岐曾，宿两晚；与岐曾商议如何疏通土国宝，拟拜访嘉定知县。答应替李雯收礼。	1
35	李雯	舒章	青浦	士人	生员	中书舍人	几社成员。应允为岐曾免籍没之祸，遣李雯与蔡谦来嘉定办理相关事务。	1
36	李某	霞卿	不详	不详	不详	无	二度登门拜访，一次岐曾不见，一次留宿。吊唁李氏。	3
37	李某	真如	不详	医生	不详	无	为岐曾诊病。	1
38	李某	不详	嘉定	士人	不详	不详	贡士李彭（侯岐曾的妻弟）遗孤。	1
39	陆其贤	佑公	嘉定	士人	不详	无	欲拜访岐曾，被谢绝。	1
40	陆敏行	迩修	嘉定	士人	不详	无	欲拜访岐曾，被谢绝。	1
41	陆元辅	翼王	嘉定	士人	生员	无	侯岐曾、黄淳耀的门生，直言社论时事；多次拜访岐曾，谈论时事；得岐曾资助买书钱与路费，侯后担任侯桀的塾师。吊唁李氏。	42
42	陆某	子玉	苏州	士人	不详	不详	多次拜访岐曾，与之饮宴，向岐曾赠送狗肉，登门"打脚骨"。	9
43	毛晋	子晋	常熟	士人	生员	无	著名藏书家，汲古阁主人。并竭求毛氏书籍。	1

序号	姓名	字号	籍贯	社会身份	功名	官职	与侯岐曾的交往	社交频次
44	闵有义	不详	湖北孝感	官员	不详	嘉定典史	岐曾托朱子功兄弟与他周旋，并致贿赂，以求自家能够少报房产。	2
45	倪长圩	伯屏	秀水	士人	进士	兵科给事中	曾任苏州推官，署印嘉定。丙戌年臣游浙东，岐曾向其询问前线局势，附赠白银三十两。	1
46	彭志古	子上	嘉定	士人	生员	无	侯岐曾、王泰际的门生。数次拜访岐曾，均获接见；受岐曾之托赴浙东寻访倪氏回信。	8
47	钱润	伯远	镇江	医生	无	无	多次为侯家成员诊药，探视岐曾，徒步往返。	13
48	钱谦益	牧斋	常熟	士人	进士	礼部尚书	对嘉定知县唐瑾瞩附优待侯家。	2
49	乔某	三余	不详	医生	无	无	为侯曾及龚太恭人诊视。	2
50	钦浩	不详	上海	士人	生员	无	向岐曾报告谢完文被捕一事。	1
51	丘民瞻	天民	苏州	士人	生员	无	复社成员，向岐曾索取嘉定死难者姓名。	1
52	沈卜筠	一韩	吴江	士人	生员	无	与孙和鼎是表兄弟，并与岐曾商议通海案暴露事。	1
53	沈卜珩	玉汝	吴江	士人	生员	无	沈卜筠之弟。常与孙和鼎联袂拜访曾，有时与之商议海事，岐曾邀他来访，探听浙东战局，通海案暴露后，钦浩、吴鸿两人欲找他探听确信。	5

续表

序号	姓名	字号	籍贯	社会身份	功名	官职	与侯岐曾的交往	社交频次
54	沈弘之	茂之	嘉定	士人	生员	无	沈廷扬族兄，就幕于士国宝，岐曾多次请他疏通与士国宝的关系，也想通过他向冯铨、钱谦益求助，致以巨额贿赂。	6
55	沈某	俨斋	不详	或为医生	不详	不详	岐曾在城时得知侯案感冒，便叫上汴俨斋匆匆赶回，知道无事后又与其回城。	2
56	盛氏	不详	不详	士人之妻	无	无	夏允彝之妻，岐曾来家母。因遭大乱，后迁至陈园，与夏淑古有祝发之约，岐曾遇她做客，被谢绝，数度与岐曾见面，但不似专程拜访，将自制稻木相赠。	6
57	时硕	用咸	嘉定	士人	生员	无	两次向岐曾致信，前来"打脚骨"。	3
58	时某	霞令	嘉定	士人	不详	不详	前来"打脚骨"。	1
59	孙渊	眉声	嘉定	士人	举人	无	侯岐曾拜访的门生，与黄淳耀、陈叔为举人之偶逢，停舟一话，代玄谱椎辞知县唐瑾的会见请求。	5
60	孙和鼎	九实	嘉定	士人	生员	无	山东巡抚孙元化之子。与玄卜拜拜访岐曾，特商海事，岐曾拜访和鼎所乘船只，似与之商量籍只，向钦浩、吴鸿二人探听通海案消息。	5
61	孙和斗	九野	嘉定	士人	生员	无	孙和鼎之弟。数次登门，与岐曾同酌、下棋，告知有乡民对侯家心怀恶意。	5

序号	姓名	字号	籍贯	社会身份	功名	官职	与侯岐曾的交往	社交频次
62	申绍芳	青门	长洲	士人	进士	户部右侍郎	大学士申时行之孙，致信岐曾，岐曾回信感谢；之前似曾吊唁嗣曾，丁石来告知其向侯氏近况，似帮侯氏分劳。	1
63	唐朝翔	茂翔	不详	医生	无	无	龚元伉表兄。多次为侯家诊病。	15
64	唐瑾	雪灵	河南光州	士人	进士	嘉定知县	给岐曾发名帖与优恤告示，希望与玄潇见面，被岐曾托人谢绝，但之后对侯家催科严厉；丁亥新年时，岐曾托玄潇向他赠送礼物。	2
65	唐某	鸣球	不详	士人	不详	不详	向岐曾出示所作悼念侯嗣曾、黄淳耀的诗篇。	1
66	王尔宾	穆止	上海	士人	生员	无	岐曾看花时的与之巧遇。	1
67	王谟	禹都	上海	不详	不详	不详	王尔宾之父。邀请岐曾到家中看花。	2
68	王某	德持	不详	不详	不详	不详	吊唁李氏。	1
69	王瑞国	子彦	太仓	士人	举人	无	王世贞之孙，复社成员。贷给岐曾三百金，岐曾写信答谢，先后前来吊唁嗣曾、李氏，岐曾与他报李氏之讣。	6
70	王霖汝	公对	嘉定	士人	举人	无	王泰际之子。欲给岐曾与之草酌，但仍来吊唁，被岐曾谢绝，与嘉定知县龚见面；熊汝同来吊龚太恭人，代侯家上呈家属一揭。	3
71	王楫汝	叶来	嘉定	士人	生员	无	王泰汝之弟。吊唁李氏。	1

续表

序号	姓名	字号	籍贯	社会身份	功名	官职	与侯岐曾的交往	社交频次
72	王泰际	内三	嘉定	士人	进士	无	崇祯十六年进士。以"宗人田事"拜托岐曾致信，内容不详。	2
73	王某	禹徇	不详	不详	不详	不详	两度拜访岐曾，一次被拒，一次接受。	2
74	王某	仲远	不详	不详	不详	不详	或为金坛人王启源（字仲远）。拜访岐曾，留宿四五日方被接见。	1
75	吴鵬	扶九	吴江	士人	生员	无	复社创始人之一。给岐曾寄信，出示吴易诗歌。	1
76	吴鵬	羽三	吴江	士人	举人	无	吴鵬之弟。两度致信岐曾，其中一封出示吴易诗歌。	2
77	吴自惺	玄恖	嘉定	士人	生员	无	岐曾向他寄去一信，内容不详。	1
78	夏维节	升略	华亭	士人	不详	不详	夏之旭之子。与夏平南、夏完淳数度拜访岐曾，声称清兵并未渡过钱塘江，听岐曾诉说近况，并与之商议官府追索之事。	5
79	夏某	平南	华亭	士人	不详	不详	夏之旭之子。夏完淳、夏平南多次拜访岐曾，为岐曾与清朝官府周旋，探听消息，向岐曾告知时事与"松江之变"的消息。	19
80	夏完淳	存古	华亭	士人	生员	中书舍人	夏允彝之子。多次受邀拜访岐曾并留宿，向岐曾出示自著诗文，丙戌年六月后一度寄住南翔镇，写下《与李舒章求宽侯氏书》，为侯家向李求情，吊唁李氏，与他人复闻时事传闻与"松江之变"的消息。	20

续表

序号	姓名	字号	籍贯	社会身份	功名	官职	与侯岐曾的交往	社交频次
81	谢尧文	不详	上海	士人	生员	不详	《日记》中称其为"王哨长"，应为化名。两度拜访侯曾，通报时事传闻；与侯玄潴、玄泓等人商议联络南明政权，与之交访，玄泓亲子弟亦有联络；被捕后在狱中寄信给侯曾，声称已罪可通过贿赂免除。	3
82	徐尔毂	似之	浙江嘉善	士人	生员	太仆寺少卿	登门吊唁李氏，并与玄潴见面。	1
83	徐时勉	克勤	嘉定	士人	贡士	澄县知县	复登拜访侯曾。两度拜访侯曾，均被婉绝，岐曾写信解释，后又派玄来访者侯曾，向侯曾馈赠美酒，岐曾以古玉督相报；吊唁李氏，与岐曾一面而别；给侯曾赠送食品。	7
84	徐某	盛祥	不详	不详	不详	不详	吊唁李氏。	1
85	徐某	汝馨	嘉定	士人	生员	无	侯岐曾的门生，其兄徐文蔚死于嘉定抗清运动。与岐曾拜访岐曾，获接见，岐曾向其致信一封，内容不详。	2
86	徐雍	临度	嘉定	士人	不详	不详	拜访岐曾，不知是否被接见。	1
87	许自俊	子位	嘉定	士人	举人	无	岐曾多次托其疏通漕事务，数次拜访岐曾并留宿，时而谈汤田事，岐曾亦回访；岐曾两曾读其诗；"通海案"暴露后，岐曾向其寄信复论自己对复明运动的看法，饮吊唁李氏，被岐曾谢绝。	14

附录 侯岐曾社交对象一览表 347

■ **覆巢之下：**
　　一位江南士绅的日常生活与明清鼎革

续表

序号	姓名	字号	籍贯	社会身份	功名	官职	与侯岐曾的交往	社交频次
88	颜某	羽风	嘉定	士人	不详	无	曾任乡饮宾，应是本邑耆宿。拜访病中的岐曾，表示药物不可乱投，岐曾听取了他的建议。	2
89	杨廷枢	维斗	吴县	士人	举人	兵部主事	复社名士，侯岐曾的表弟。国变后隐居邓尉山。他与岐曾信通报近况，并请求帮助（打探消息，寄送材料），他亦多次给岐曾寄信通报近况。	7
90	杨之赋	不详	湖广应山	士人	生员	嘉定知县	东林党人杨涟第三子。两度拜谒侯家，价码不断提高；因嘉定府库被焚去任。	2
91	姚宗典	文初	长洲	士人	举人	无	东林党人姚希孟之子，侯峒曾的亲家。多次拜访岐曾，与之留宿六夕日，帮助岐曾转圜籍产取得租谷，功劳甚巨，拒绝岐曾报酬；因谗言影响，与岐曾有所龃龉，后二人深谈，冰释前嫌；岐曾向其通报李氏去世的消息。	15
92	姚长君	不详	长洲	士人	不详	不详	应为姚宗典长子。两度拜访岐曾，一次被谢绝。	2
93	姚欽君	不详	长洲	士人	不详	不详	应为姚宗典次子，十一岁。陪父拜访岐曾。	1
94	严某	通甫	不详	士人	不详	不详	数次拜访岐曾，与之饮宴；为岐曾誊写书稿；前来"打脚骨"。	7
95	叶绍袁	仲韶	吴江	士人	进士	工部主事	与岐曾，玄潚有诗唱和。	1
96	殷某	不详	不详	保家	不详	无	与管科同来，岐曾托其前往吴淞。	1

序号	姓名	字号	籍贯	社会身份	功名	官职	与侯岐曾的交往	社交频次
97	郁某	桥泉	不详	医生	不详	无	前来侯家诊病，并与岐曾饮宴。	2
98	郁某	远士	不详	士人	无	无	国变前为胥吏，但通晓文墨，黄淳耀曾为其文集写序。数次拜访岐曾，岐曾在"通海案"中托其打探消息，吊唁李氏。	5
99	张采	受先	太仓	士人	进士	礼部员外郎	复社领袖之一，与张溥齐名。岐曾向他致信一封，通报自家情况，并谈及时事。	1
100	张鸿磐	子石	嘉定	士人	生员	无	岐曾请其帮忙联络钱谦益，倪长圩与戴之儁等人，数次登门拜访岐曾，并馈赠食物，因张氏族人有求于岐曾，写信。	18
101	张纪	齐方	昆山	士人	生员	锦衣卫中所正千户	其父死于奢安之乱，本人荫北京锦衣卫中所正千户，未补，国变后出家为僧。参与复明运动，联络南明政权，准备起事，拟与顾天逵一并出海。数度拜访岐曾，谈论家事。	2
102	张某	进阆	不详	士人	不详	不详	多次拜访岐曾，所谈内容不详；都从海上而来，本人染疾请诸医乔三余诊治。为岐曾延请诸医乔三余诊治。	6
103	张某	不详	不详	胥吏	无	无	向岐曾传递衙门消息，并迫其成赇行贿；岐曾请他去吴淞给李成栋处行贿。	3
104	张懋实	德符	嘉定	士人	生员	无	直言社成员。既病文贫，岐曾替他奔走，并为籍提供资助，及时通报消息，多次拜访岐曾并赠送礼物，岐曾提供资助；与岐曾子侄辈交往较密切，前来拜访似与岐曾"打脚骨"。	19

续表

序号	姓名	字号	籍贯	社会身份	功名	官职	与侯岐曾的交往	社交频次
105	张谊思	正起	嘉定	士人	生员	无	岐曾写信慰问其病，补吊李氏。	2
106	张某	子显	不详	士人	不详	不详	岐曾妻兄。其父去世，岐曾两度送上礼金，均被谢绝，赠送礼物，岐曾致信答谢。	4
107	张某	子翼	不详	士人	不详	不详	吊唁李氏；数次因徐省诬告事拜访岐曾。	4
108	赵洪范	元锡芝亭	嘉定	士人	进士	云南巡抚	向岐曾告知衙门消息。	1
109	陈锳	文扶	嘉定	士人	举人	不详	直言社成员，丙戌年在浙东鲁王处任职，岐曾希望他向鲁监国陈情，并为顾咸正递官；回嘉定后拜访岐曾；似在嘉定衙门有关系，岐曾多次请他帮忙周旋籍事，补吊李氏；与岐曾自感时局势稳后才写信给他写信报平安。	11
110	朱大经	经甫	嘉定	士人	生员	无	似请岐曾帮忙，岐曾久不回复。	1
111	朱某	茂功	不详	不详	不详	不详	两度拜访岐曾，岐曾以籍事相托。	3
112	朱某	茂昭	不详	不详	不详	不详	岐曾多以籍事相托。	10
113	朱某	明汲	不详	不详	不详	不详	多次拜访岐曾，与之饮宴，岐曾请其前任常熟，应为籍事持毛子晋书目拜访。	9
114	朱玠	行节	嘉定	士人	生员	无	吊唁李氏。	1
115	朱某	子功	不详	不详	不详	不详	岐曾多以籍事相托。	6

序号	姓名	字号	籍贯	社会身份	功名	官职	与侯岐曾的交往	社交频次
116	朱子素	九初	嘉定	士人	生员	无	侯岐曾门生。多次拜访岐曾，或与之通信，内容多不详；受岐曾之托寻访书籍，后仍补吊。	12
117	佚名	玄卿	不详	士人	不详	不详	拜访岐曾；欲吊岐曾，被岐曾谢绝，后仍补吊。	3
118	佚名	尔韬	不详	不详	不详	不详	登门拜访，岐曾叔侄有所嘱托。	1
119	佚名	仲华	不详	不详	不详	不详	拜访岐曾。	1
120	佚名	子维	不详	不详	不详	不详	与岐曾同酌。	1
121	佚名	子礼	不详	不详	不详	不详	吊唁李氏。	1
122	佚名	子若	不详	不详	不详	不详	岐曾称其为"子若婿"。与张鸿磐同来吊唁李氏。	1
123	佚名	圣评	不详	不详	不详	不详	与岐曾商量卖田事。	2
124	佚名	惠尝	不详	不详	不详	不详	致一信给岐曾，内容不详。	1
125	佚名	洽文	不详	不详	不详	不详	补吊李氏，岐曾致信一封，内容不详。	2
126	佚名	子潚	不详	不详	不详	不详	补吊李氏，拜访岐曾。	2
127	佚名	天章	不详	不详	不详	无	可能是侯岐曾的族叔，谈土地占夺事。	1
128	姚氏姑	不详	不详	不详	无	无	岐曾与诸叔在王庵探梅，受其招待。	1
129	姚璧	不详	不详	不详	不详	不详	岐曾姑招待岐曾时出席，或为其子。	1
130	张某	不详	不详	不详	不详	不详	岐曾称之为"张甥"，可能是岐曾之妻张氏的族人。拜访岐曾，曾被拒，次日再访龚太素人，一饭而去。	2

续表

序号	姓名	字号	籍贯	社会身份	功名	官职	与侯岐曾的交往	社交频次
131	吴家表姝	不详	不详	不详	无	无	忽从城中来，邀龚太亲人入舟。	1
132	氏母姨	不详	不详	不详	无	无	与吴家表姝同来。	1
133	庸氏长姑	不详	不详	不详	无	无	侯岐曾拜访大树时在场。	1
134	三叔祖母	不详	不详	不详	无	无	拜访岐曾，两人不期而会。	2
135	四叔祖母	不详	不详	不详	无	无	拜访岐曾，两人不期而会。	2

参考文献

一、史料

抱阳生:《甲申朝事小纪》,北京:书目文献出版社,1987 年。

曹家驹:《说梦》,载《四库未收书辑刊》第 10 辑第 12 册,北京:北京出版社,2000 年。

陈鼎:《东林列传》,北京:中国书店,1991 年。

陈济生:《天启崇祯两朝遗诗》,北京:中华书局,1958 年。

陈去病:《五石脂》,载《丹午笔记·吴城日记·五石脂》,南京:江苏古籍出版社,1985 年。

陈确:《陈确集》,北京:中华书局,1979 年。

陈寿著,裴松之注:《三国志》,北京:中华书局,1999 年。

陈燕翼:《思文大纪》,载《台湾文献史料丛刊》第五辑第 99 册,台北:大通书局,1987 年。

陈子龙：《皇明经世文编》，明崇祯平露堂刻本。

陈子龙：《陈子龙全集》，北京：人民文学出版社，2011年。

邓之诚：《骨董琐记全编》，北京：生活·读书·新知三联书
　　店，1955年。

董含：《三冈识略》，沈阳：辽宁教育出版社，2000年。

杜登春：《社事始末》，北京：中华书局，1991年。

范景文：《战守全书》，明崇祯间刻本。

方以智：《浮山文集》，北京：华夏出版社，2017年。

费善庆：《垂虹识小录》，扬州：广陵书社，2014年。

冯梦龙：《醒世恒言》，天津：天津古籍出版社，2004年。

冯梦龙：《冯梦龙全集》，呼和浩特：远方出版社，2005年。

葛麟：《葛中翰遗集》，载《四库未收书辑刊》第7辑第16册，
　　北京：北京出版社，2000年。

葛芝：《卧龙山人集》，清康熙九年刻本。

顾公燮：《丹午笔记》，载《丹午笔记·吴城日记·五石脂》，
　　南京：江苏古籍出版社，1985年。

管绍宁：《赐诚堂文集》，载《四库未收书辑刊》第6辑第26
　　册，北京：北京出版社，2000年。

归曾祁：《归玄恭先生年谱》，民国十四年刊本。

归庄：《归庄集》，北京：中华书局，1962年。

侯岐曾：《侯岐曾日记》，载《明清上海稀见文献五种》，北京：

人民文学出版社，2006年。

侯岐曾：《侯文节集》，中国国家图书馆藏清抄本。

侯峒曾：《侯忠节公全集》，民国二十二年铅印本。

侯玄汸：《月蝉笔露》，民国二十一年刊本。

侯震旸：《侯太常集》，中国国家图书馆藏清抄本。

黄淳耀：《陶庵全集》，载《景印文渊阁四库全书》集部第1297
　　册，台北：商务印书馆，1986年。

黄淳耀：《陶庵诗集》，清乾隆二十二年刻本。

黄淳耀：《黄忠节公甲申日记》，民国十一年留余草堂刻本。

黄渊耀：《谷帘先生遗书》，《续修四库全书》子部第1134册，
　　上海：上海古籍出版社，2002年。

计东：《改亭文集》，载《续修四库全书》集部第1408册，上
　　海：上海古籍出版社，2002年。

计六奇：《明季北略》，北京：中华书局，1984年。

计六奇：《明季南略》，北京：中华书局，1984年。

孔广陶：《岳雪楼书画录》，清光绪十五年刻本。

李日华：《味水轩日记校注》，上海：上海远东出版社，2011年。

李天根：《爝火录》，杭州：浙江古籍出版社，1986年。

李雯：《蓼斋集》，载《四库禁毁书丛刊》集部第111册，北
　　京：北京出版社，1998年。

陆宏锺等：《水东陆氏谱系》，上海图书馆藏清乾隆三十一年

抄本。

陆元辅：《陆菊隐先生文集》，载《清代诗文集汇编》第 61 册，
　　上海：上海古籍出版社，2010 年。

罗振玉辑：《史料丛刊初编》，台北：文海出版社，1964 年。

吕留良：《吕晚村先生文集》，北京：中华书局，2015 年。

冒广生编：《冒巢民先生年谱》，清如皋冒氏丛书本。

莫秉清：《傍秋庵文集》，民国二十年铅印本。

南园啸客：《平吴事略》，载《虎口余生记（外十一种）》，北京：
　　北京古籍出版社，2002 年。

潘履祥：《罗店镇志》，载《上海乡镇旧志丛书》第 11 册，上
　　海：上海社会科学院出版社，2006 年。

彭孙贻：《茗斋集》，载《清代诗文集汇编》第 51—52 册，上
　　海：上海古籍出版社，2010 年。

七峰樵道人：《七峰遗编》，载《明清史料丛书续编》第 16 册，
　　北京：国家图书馆出版社，2009 年。

祁彪佳：《祁彪佳日记》，杭州：浙江古籍出版社，2016 年。

钱澄之：《所知录》，合肥：黄山书社，2014 年。

钱大昕：《嘉定钱大昕全集》，南京：江苏古籍出版社，1997 年。

钱继登：《鍪专堂集》，载《清代诗文集珍本丛刊》第 14—16
　　册，北京：国家图书馆出版社，2017 年。

钱谦益：《牧斋初学集》，上海：上海古籍出版社，1985 年。

钱谦益：《牧斋有学集》，载《续修四库全书》集部第 1391 册，上海：上海古籍出版社，2002 年。

钱以陶：《厂头镇志》，载《上海乡镇旧志丛书》第 3 册，上海：上海社会科学院出版社，2004 年。

上海市嘉定区政协编：《嘉定抗清史料集》，上海：上海古籍出版社，2010 年。

邵廷寀：《东南纪事（外十二种）》，北京：北京古籍出版社，2002 年。

沈葵：《紫隄村志》，载《上海乡镇旧志丛书》第 13 册，上海：上海社会科学院出版社，2006 年。

沈善宝：《名媛诗话》，清光绪鸿雪楼刻本。

宋征舆：《林屋文稿》，载《清代诗文集汇编》第 58 册，上海：上海古籍出版社，2010 年。

苏瀜：《惕斋见闻录》，载《丛书集成续编》史部第 26 册，上海：上海书店出版社，1994 年。

陶煦：《周庄镇志》，载《昆山历代乡镇旧志集成》，扬州：广陵书社，2019 年。

汪琬：《尧峰文钞》，载《景印文渊阁四库全书》集部第 1315 册，台北：商务印书馆，1986 年。

汪琬：《钝翁续稿》，载《四库全书存目丛书》集部第 228 册，济南：齐鲁书社，1997 年。

汪永安：《紫隄小志》，载《上海乡镇旧志丛书》第 13 册，上海：上海社会科学院出版社，2006 年。

汪永安：《紫隄村小志》，载《上海乡镇旧志丛书》第 13 册，上海：上海社会科学院出版社，2006 年。

王辅铭：《明练音续集》，清乾隆八年飞霞阁刻本。

王辅铭：《国朝练音初集》，清乾隆八年飞霞阁刻本。

王家祯：《研堂见闻杂记》，载《台湾文献史料丛刊》第五辑第 98 册，台北：大通书局，1987 年。

王侯：《王席门先生杂记》，载《南社丛刻》第 1 册，扬州：江苏广陵古籍刻印社，1996 年。

王沄：《王义士辋川诗钞》，上海：商务印书馆，1939 年。

温睿临：《南疆逸史》，北京：中华书局，1959 年。

吴履震：《五茸志逸随笔》，载《四库未收书辑刊》第 10 辑第 12 册，北京：北京出版社，1997 年。

吴易：《吴长兴伯集》，上海：国学保存会印行，1907 年。

吴伟业：《绥寇纪略》，上海：商务印书馆，1927 年。

吴伟业：《吴梅村全集》，上海：上海古籍出版社，1990 年。

夏完淳著，白坚笺校：《夏完淳集笺校》，上海：上海古籍出版社，2016 年。

萧鱼会、赵稷思：《石冈广福合志》，载《上海乡镇旧志丛书》第 1 册，上海：上海社会科学院出版社，2004 年。

徐秉义：《明末忠烈纪实》，杭州：浙江古籍出版社，1987年。

徐枋：《居易堂集》，上海：华东师范大学出版社，2009年。

徐鼒：《小腆纪年附考》，北京：中华书局，1957年。

薛寀：《薛谐孟笔记》，民国十七年铅印本。

姚承绪：《吴趋访古录》，南京：江苏古籍出版社，1999年。

姚廷遴：《历年纪》，载《清代日记汇抄》，上海：上海人民出
　　版社，1982年。

叶梦珠：《阅世编》，上海：上海古籍出版社，1981年。

叶绍袁：《甲行日注》，长沙：岳麓书社，2016年。

张承先：《南翔镇志》，载《上海乡镇旧志丛书》第3册，上海：
　　上海社会科学院出版社，2004年

张岱：《石匮书后集》，载《台湾文献史料丛刊》第五辑第100
　　册，台北：大通书局，1987年。

张璐：《张氏医通》，太原：山西科学技术出版社，2010年。

张溥：《七录斋诗文合集》，载《续修四库全书》集部第1387
　　册，上海：上海古籍出版社，2002年。

张云章：《朴村文集》，清康熙间华希闵等刻本。

张廷玉等撰：《明史》，北京：中华书局，1974年。

章腾龙撰，陈勰增辑：《贞丰拟乘》，载《昆山历代乡镇旧志集
　　成》，扬州：广陵书社，2019年。

曾羽王：《乙酉笔记》，载《清代日记汇抄》，上海：上海人民

出版社，1982 年。

查继佐：《国寿录》，北京：中华书局，1959 年。

查继佐：《鲁春秋》，载《台湾文献史料丛刊》第六辑第 106 册，
　台北：大通书局，1987 年。

查继佐：《罪惟录》，济南：齐鲁书社，2014 年。

赵俞：《绀寒亭文集》，清康熙间刻本。

邹漪：《启祯野乘二集》，康熙十八年金阊存仁堂素政堂刻本。

朱溶：《忠义录》，载《明清遗书五种》，北京：国家图书馆出
　版社，2006 年。

朱彝尊：《明诗综》，载《景印文渊阁四库全书》集部第 1460
　册，台北：商务印书馆，1986 年。

朱之瑜：《朱舜水集》，北京：中华书局，1981 年。

朱子素：《嘉定县乙酉纪事》，载《台湾文献史料丛刊》第六辑
　第 110 册，台北：大通书局，1987 年。

佚名：《江东志》，载《上海乡镇旧志丛书》第 14 册，上海：
　上海社会科学院出版社，2006 年。

佚名：《客谐偶抄》，载《明清史料丛书续编》第 5 册，北京：
　国家图书馆出版社，2009 年。

佚名：《启祯记闻录》，载《明清史料丛书八种》第 7 册，北
　京：北京图书馆出版社，2005 年。

佚名：《苏城纪变》，载《明清史料丛书续编》第 18 册，北京：

国家图书馆出版社，2009 年。

佚名：《吴城日记》，载《丹午笔记·吴城日记·五石脂》，南
　　京：江苏古籍出版社，1985 年。

《明实录》，上海：上海书店出版社，1982 年。

《明清史料·丁编》，上海：商务印书馆，1951 年。

《明清史料·己编》，台北：台湾"中研院"历史语言研究所出
　　版，1957 年。

《明清档案》，台北：台湾"中研院"历史语言研究所出版，
　　1986 年。

《清实录》，北京：中华书局，1986 年。

《清史稿》，北京：中华书局，1977 年。

《钦定胜朝殉节诸臣录》，载《景印文渊阁四库全书》史部第
　　456 册，台北：商务印书馆，1986 年。

《大清律例》，载《景印文渊阁四库全书》史部第 673 册，台
　　北：商务印书馆，1986 年。

万历《嘉定县志》，载《上海府县旧志丛书·嘉定县卷》第 1
　　册，上海：上海古籍出版社，2012 年。

康熙《嘉定县志》，载《上海府县旧志丛书·嘉定县卷》第 1
　　册，上海：上海古籍出版社，2012 年。

康熙《嘉定县续志》，载《上海府县旧志丛书·嘉定县卷》第
　　2 册，上海：上海古籍出版社，2012 年。

雍正《江华县志》，清雍正七年刻本。

雍正《续修嘉善县志》，清雍正十二年刻本。

乾隆《宁州志》，清乾隆二年刻本。

乾隆《平湖县志》，清乾隆十年刻本。

乾隆《长洲县志》，清乾隆十八年刻本。

乾隆《巴县志》，清乾隆二十六年刻本。

乾隆《澄城县志》，清乾隆四十九年刊本。

乾隆《南昌县志》，清乾隆五十九年刻本。

乾隆《江南通志》，载《景印文渊阁四库全书》史部第 511 册，
　　台北：商务印书馆，1986 年。

嘉庆《嘉定县志》，载《上海府县旧志丛书·嘉定县卷》第 2
　　册，上海：上海古籍出版社，2012 年。

嘉庆《湘潭县志》，清嘉庆二十三年刻本。

嘉庆《直隶太仓州志》，清嘉庆七年刻本。

道光《桐城续修县志》，清道光十四年刻本。

同治《上海县志》，清同治十一年刊本。

同治《苏州府志》，清光绪九年刊本。

光绪《金山县志》，清光绪四年刊本。

光绪《华亭县志》，清光绪四年刊本。

光绪《昆新两县续修合志》，清光绪六年刊本。

民国《太仓州志》，民国八年刊本。

民国《崇明县志》，民国十九年刊本。

二、著作

常建华：《观念、史料与视野——中国社会史研究再探》，北京：北京大学出版社，2013 年。

常建华主编：《中国社会史经典精读》，北京：高等教育出版社，2014 年。

常建华主编：《中国日常生活史读本》，北京：北京大学出版社，2017 年。

曹树基、李玉尚：《鼠疫：战争与和平——中国的环境与社会变迁（1230—1960 年)》，济南：山东画报出版社，2006 年。

陈宝良：《明代社会生活史》，北京：中国社会科学出版社，2004 年。

陈宝良：《明代士大夫的精神世界》，北京：北京师范大学出版社，2017 年。

陈恒、耿相新主编：《新史学·第四辑：新文化史》，郑州：大象出版社，2005 年。

陈秀芬：《养生与修身——晚明文人的身体与摄生技术》，台北：稻乡出版社，2009 年。

陈寅恪：《柳如是别传》，北京：生活·读书·新知三联书店，

2015 年。

陈永明：《清代前期的政治认同与历史书写》，上海：上海古籍出版社，2011 年。

陈永明：《从逆寇到民族英雄：清代张煌言形象的转变》，台北：台湾大学出版中心，2017 年。

程国斌：《明清江南地区的医疗生活》，南京：东南大学出版社，2022 年。

樊铧：《政治决策与明代海运》，北京：社会科学文献出版社，2009 年。

范金民：《江南社会经济史研究入门》，上海：复旦大学出版社，2012 年。

费孝通：《乡土中国》，北京：北京大学出版社，2012 年。

冯尔康、常建华：《清人社会生活》，天津：天津人民出版社，1990 年。

冯尔康：《中国社会史概论》，北京：高等教育出版社，2004 年。

冯贤亮：《明清江南地区的环境变动与社会控制》，上海：上海人民出版社，2002 年。

冯贤亮：《太湖平原的环境刻画与城乡变迁（1368—1912）》，上海：上海人民出版社，2008 年。

冯玉荣：《明末清初松江士人与地方社会》，北京：中国社会科学出版社，2011 年。

顾诚:《南明史》,北京:光明日报出版社,2011年。

何炳棣著,徐泓译:《明清社会史论》,台北:联经出版公司,2013年。

何冠彪:《生与死:明季士大夫的抉择》,台北:联经出版公司,1997年。

何龄修:《清初复明运动》,北京:中国社会科学出版社,2016年。

何宗美:《明末清初文人结社研究》,天津:南开大学出版社,2003年。

黄光国:《人情与面子:中国人的权力游戏》,北京:中国人民大学出版社,2010年。

嵇文甫:《晚明思想史论》,北京:中华书局,2017年。

孔定芳:《清初遗民社会——满汉异质文化整合视野下的历史考察》,武汉:湖北人民出版社,2009年。

李晓方:《县志编纂与地方社会——明清〈瑞金县志〉研究》,北京:中国社会出版社,2015年。

李孝悌主编:《中国的城市生活》,北京:北京大学出版社,2013年。

梁其姿:《面对疾病:传统中国社会的医疗观念与组织》,北京:中国人民大学出版社,2012年。

梁其姿著,朱慧颖译:《麻风:一种疾病的医疗社会史》,北京：商务印书馆，2013 年。

廖可斌：《明代文学复古运动研究》，北京：商务印书馆，2008 年。

刘晓东：《明代士人生存状态研究》，长春：吉林文史出版社，2002 年。

刘永华：《程允亨的十九世纪：一个徽州乡民的生活世界及其变迁》，北京：生活·读书·新知三联书店，2024 年。

刘勇刚：《云间派文学研究》，北京：中华书局，2008 年。

刘泽华：《中国的王权主义》，上海：上海人民出版社，2000 年。

刘志伟、孙歌：《在历史中寻找中国：关于区域史研究认识论的对话》，上海：东方出版中心，2016 年。

吕妙芬：《成圣与家庭人伦：宗教对话脉络下的明清之际儒学》，台北：联经出版公司，2017 年。

吕宗力：《汉代的谣言》，杭州：浙江大学出版社，2011 年。

南炳文：《南明史》，天津：南开大学出版社，1992 年。

南炳文、汤纲：《明史》，上海：上海人民出版社，2003 年。

彭刚：《叙事的转向：当代西方史学理论的考察》，北京：北京大学出版社，2017 年。

蒲慕州主编：《台湾学者中国史研究论丛·生活与文化》，北京：中国大百科全书出版社，2005 年。

钱海岳：《南明史》，北京：中华书局，2016 年。

钱杭、承载：《十七世纪江南社会生活》，杭州：浙江人民出版社，1996 年。

宋华丽：《第一等人：一个江南家族的兴衰浮沉》，成都：四川
　　文艺出版社，2018 年。

史媛媛：《清代前中期新闻传播史》，福州：福建人民出版社，
　　2008 年。

孙立群：《中国古代的士人生活》，北京：商务印书馆，2014 年。

孙文良、李治亭：《明清战争史略》，沈阳：辽宁人民出版社，
　　1986 年。

涂丰恩：《救命：明清中国的医生与病人》，北京：商务印书
　　馆，2017 年。

万木春：《味水轩里的闲居者：万历末年嘉兴的书画世界》，杭
　　州：中国美术学院出版社，2008 年。

王成勉：《气节与变节：明末清初士人的处境与抉择》，台北：
　　黎明文化事业股份有限公司，2012 年。

王笛主编：《新史学·第十六卷：历史的尘埃——微观史学专
　　辑》，北京：社会科学文献出版社，2023 年。

王汎森：《权力的毛细管作用：清代的思想、学术与心态》，北
　　京：北京大学出版社，2015 年。

王汎森：《晚明清初思想十论》，上海：复旦大学出版社，2004 年。

王建革：《水乡生态与江南社会（9—20 世纪)》，北京：北京
　　大学出版社，2013 年。

王天有：《晚明东林党议》，上海：上海古籍出版社，1991 年。

吴缉华：《明代海运及运河的研究》，台北：台湾"中研院"历史语言研究所出版，1961 年。

吴滔：《清代江南市镇与农村关系的空间透视——以苏州地区为中心》，上海：上海古籍出版社，2010 年。

吴滔、佐藤仁史：《嘉定县事——14 至 20 世纪初江南地域社会史研究》，广州：广东人民出版社，2014 年。

吴仁安：《明清时期上海地区的著姓望族》，上海：上海人民出版社，1997 年。

巫仁恕：《品味奢华：晚明的消费社会与士大夫》，北京：中华书局，2008 年。

巫仁恕、［意］狄雅斯：《游道——明清旅游文化》，台北：三民书局，2010 年。

巫仁恕：《激变良民：传统中国城市群众集体行动之分析》，北京：北京大学出版社，2011 年。

巫仁恕：《优游坊厢——明清江南城市的休闲消费与空间变迁》，台北：台湾"中研院"近代史研究所出版，2013 年。

谢国桢：《南明史略》，上海：上海人民出版社，1957 年。

谢国桢：《明清之际党社运动考》，北京：北京出版社，2014 年。

谢国桢：《晚明史籍考》，上海：华东师大出版社，2011 年。

熊秉真著，周慧梅译：《慈航：近世中国的儿童与童年》，桂林：广西师范大学出版社，2022 年。

徐泓：《二十世纪中国的明史研究》，台北：台湾大学出版中心，2011 年。

徐林：《明代中晚期江南士人社会交往研究》，上海：上海古籍出版社，2006 年。

徐茂明：《江南士绅与江南社会（1368—1911 年）》，北京：商务印书馆，2004 年。

杨海英：《洪承畴与明清易代研究》，北京：商务印书馆，2006 年。

杨念群：《何处是江南？——清朝正统观的确立与士林精神世界的变异》，北京：生活·读书·新知三联书店，2010 年。

杨念群：《中层理论——东西方思想会通下的中国史研究》（增订本），北京：北京师范大学出版社，2016 年。

衣若兰：《史学与性别：〈明史·列女传〉与明代女性史之建构》，太原：山西出版集团；山西教育出版社，2011 年。

叶高树：《降清明将研究（1618—1683）》，台北：台湾师范大学历史研究所印行，1993 年。

余新忠：《中国家庭史（第四卷·明清时期）》，北京：人民出版社，2013 年。

余新忠：《清代江南的瘟疫与社会——一项医疗社会史的研究（修订版）》，北京：北京师范大学出版社，2014 年。

余英时：《士与中国文化》，上海：上海人民出版社，2003 年。

曾婷婷：《晚明文人日常生活美学观念研究》，广州：暨南大学
　　出版社，2017 年。

张晖：《帝国的流亡：南明诗歌与战乱》，北京：中国社会科学
　　出版社，2014 年。

张乃清：《上海乡绅侯峒曾家族》，上海：学林出版社，2015 年。

张显清主编：《明代后期社会转型研究》，北京：中国社会科学
　　出版社，2008 年。

张仲礼著，李荣昌译：《中国绅士：关于其在 19 世纪中国社会
　　中作用的研究》，上海：上海社会科学院出版社，1991 年。

赵世瑜：《小历史与大历史：区域社会史的理念、方法与实
　　践》，北京：北京大学出版社，2017 年。

赵世瑜：《在空间中理解时间：从区域社会史到历史人类学》，
　　北京：北京大学出版社，2017 年。

赵园：《明清之际士大夫研究》，北京：北京大学出版社，2014 年。

赵园：《制度·言论·心态：明清之际士大夫研究续编》，北
　　京：北京大学出版社，2015 年。

赵园：《家人父子：由人伦探访明清之际士大夫的生活世界》，
　　北京：北京大学出版社，2015 年。

郑杭生主编：《社会学概论新修（第四版）》，北京：中国人民
　　大学出版社，2013 年。

郑克晟：《明清政争与人物探实》，北京：中华书局，2021 年。

郑天挺：《清史探微》，北京：北京大学出版社，2011 年。

周绚隆：《易代：侯岐曾和他的亲友们（修订本）》，桂林：广西师范大学出版社，2021 年。

周兵：《新文化史：历史学的文化转向》，上海：复旦大学出版社，2012 年。

庄孔韶主编：《人类学通论》，北京：中国人民大学出版社，2016 年。

［法］埃马纽埃尔·勒华拉杜里著，许明龙、马胜利译：《蒙塔尤：1294—1324 年奥克西坦尼的一个山村》，北京：商务印书馆，2007 年。

［美］艾尔曼著，赵刚译：《经学、政治和宗族：中华帝国晚期常州今文学派研究》，南京：江苏人民出版社，1998 年。

［英］彼得·伯克著，蔡玉辉译：《什么是文化史》，北京：北京大学出版社，2009 年。

［英］彼得·伯克著，刘永华译：《法国史学革命：年鉴学派，1929—2014》，北京：北京大学出版社，2016 年。

［英］彼得·伯克主编，薛向君译：《历史写作的新视野》，北京：北京大学出版社，2023 年。

［加］卜正民著，张华译：《为权力祈祷：佛教与晚明中国士绅社会的形成》，南京：江苏人民出版社，2008 年。

［日］大木康著，周保雄译：《明末江南的出版文化》，上海：

上海古籍出版社，2020 年。

［美］戴福士著，解扬译：《文化中心与政治变革：豫东北与明
朝的衰亡》，北京：商务印书馆，2022 年。

［美］邓尔麟著，宋华丽译：《嘉定忠臣——十七世纪中国士大
夫之统治与社会变迁》，北京：中央编译出版社，2012 年。

［日］沟口雄三著，索介然等译：《中国前近代思想的演变》，
北京：中华书局，1997 年。

［美］凯博文著，方筱丽译：《疾痛的故事：苦难、治愈与人的
境况》，上海：上海译文出版社，2010 年。

［英］柯律格著，高昕丹、陈恒译：《长物：早期现代中国的物
质文化与社会状况》，北京：生活·读书·新知三联书店，
2015 年。

［英］柯律格著，刘宇珍等译：《雅债：文徵明的社交性艺术》，
北京：生活·读书·新知三联书店，2012 年。

［英］柯律格著，孔涛译：《蕴秀之域：中国明代园林文化》，
郑州：河南大学出版社，2019 年。

［美］柯文著，杜继东译：《历史三调：作为事件、经历和神话
的义和团》，北京：社会科学文献出版社，2015 年。

［美］孔飞力著，陈兼、刘昶译：《叫魂：1768 年中国妖术大恐
慌》，上海：上海三联书店；北京：生活·读书·新知三联
书店，2014 年。

〔美〕罗伯特·达恩顿著，吕健忠译：《屠猫狂欢——法国文化史钩沉》，北京：商务印书馆，2017年。

〔美〕罗伯特·达恩顿著，萧知纬译：《拉莫莱特之吻——有关文化史的思考》，上海：华东师范大学出版社，2011年。

〔美〕罗威廉著，李里峰等译：《红雨：一个中国县域七个世纪的暴力史》，北京：中国人民大学出版社，2014年。

〔美〕梅尔清著，萧琪、蔡松颖译：《躁动的亡魂：太平天国战争的暴力、失序与死亡》，新北：卫城出版，2020年。

〔美〕梅尔清著，朱修春译：《清初扬州文化》，上海：复旦大学出版社，2004年。

〔美〕娜塔莉·泽蒙·戴维斯著，刘永华译：《马丁·盖尔归来》，北京：北京大学出版社，2015年。

〔法〕让 诺埃尔·卡普费雷著，郑若麟译：《谣言：世界最古老的传媒》，上海：上海人民出版社，2017年。

〔日〕森正夫等编，周绍泉等译：《明清时代史的基本问题》，北京：商务印书馆，2013年。

〔英〕史怀梅著，曹流译：《忠贞不贰？——辽代的越境之举》，南京：江苏人民出版社，2015年。

〔美〕史景迁著，温洽溢译：《前朝梦忆——张岱的浮华与苍凉》，桂林：广西师范大学出版社，2010年。

〔美〕史景迁著，李孝恺译：《王氏之死：大历史背后的小人物命运》，桂林：广西师范大学出版社，2011 年。

［美］沈艾娣著，赵妍杰译：《梦醒子：一位华北乡居者的人
生》，北京：北京大学出版社，2013 年。

［加］宋怡明著，［新加坡］钟逸明译：《被统治的艺术：中华
帝国晚期的日常政治》，北京：中国华侨出版社，2019 年。

［美］司徒琳著，李荣庆等译：《南明史：1644—1662》，上海：
上海书店出版社，2007 年。

［美］司徒琳主编，赵士瑜等译：《世界时间与东亚时间中的明
清变迁》，北京：生活·读书·新知三联书店，2009 年。

［荷］田海著，赵凌云等译：《讲故事：中国历史上的巫术与替
罪》，上海：中西书局，2017 年。

［美］魏斐德著，陈苏镇、薄小莹等译：《洪业：清朝开国史
（增订版）》，北京：新星出版社，2017 年。

［韩］吴金成著，崔荣根译，薛戈校：《国法与社会惯行：明清
时代社会经济史研究》，杭州：浙江大学出版社，2020 年。

［日］小野和子著，李庆、张荣湄译：《明季党社考》，上海：
上海古籍出版社，2013 年。

［德］于尔根·科卡著，景德祥译：《社会史：理论与实践》，
上海：上海人民出版社，2006 年。

Jonathan D. Spence and John E. Willis, Jr., eds., *From Ming to
Ch'ing: Conquest, Region, and Continuity in Seventeenth*

Century China, New Haven: Yale University Press, 1979.

Lynn A. Struve, *Voices from the Ming-Qing Catalysm: China in Tigers' Jaws*, New Haven: Yale University Press, 1993.

三、论文

白坚:《夏完淳陈子龙研究的珍贵史料——读侯歧曾〈丙戌丁亥日记〉札记》,《文献》1989 年第 4 期。

白一瑾:《清初在京贰臣文人社集唱酬活动探微》,《上海大学学报（社会科学版）》2011 年第 2 期。

柏桦、刘延宇:《清代抄家案件与抄没法律》,《西南大学学报（社会科学版）》2010 年第 4 期。

蔡静平:《明清之际汾湖叶氏文学世家研究》,复旦大学博士学位论文,2003 年。

常建华:《日常生活与社会文化史——"新文化史"观照下的中国社会文化史研究》,《史学理论研究》2012 年第 1 期。

常建华:《明代日常生活史的回顾与展望》,《史学集刊》2014 年第 3 期。

常建华:《他山之石:国外和台湾地区日常生活史研究的启示》,《安徽大学学报（哲学社会科学版）》2015 年第 1 期。

陈邦贤:《疟疾史》,载陈邦贤纪念文集工作组编:《"医史研究会"百年纪念文集》，2014 年。

陈宝良：《明清易代与江南士大夫家族的衰替》，《社会科学辑
　　刊》2011 年第 3 期。

陈宝良：《明代士大夫的生死观念及其行为抉择》，《故宫学刊》
　　2013 年第 2 期。

陈宝良：《清代嘉定学派考论——以嘉定区域文化为视角》，《西
　　部史学》第 1 辑，重庆：西南师范大学出版社，2017 年。

陈宝良：《兴造讹言：明清时期的谣传与民间信息传播》，《明
　　清史评论》第 1 辑，北京：中华书局，2019 年。

陈国栋：《哭庙与焚儒服——明末清初生员层的社会性动作》，
　　《新史学》第 3 卷第 1 期，1992 年 3 月。

陈岭：《"顶级资料"：日记开发与历史研究新境》，《理论月刊》
　　2018 年第 2 期。

陈熙远：《中国夜未眠——明清时期的元宵、夜禁与狂欢》，载
　　蒲慕州主编：《台湾学者中国史研究论丛·生活与文化》，北
　　京：中国大百科全书出版社，2005 年。

陈一中：《朱门已毁攻城后：明末清初江南士大夫家族的变
　　迁》，暨南国际大学硕士学位论文，2017 年。

陈宗慧等：《上海嘉定区几种主要农业土壤的理化特征》，《上
　　海交通大学学报（农业科学版）》2003 年第 4 期。

程念祺：《明朝江南士夫的俗趣》，《史林》2002 年第 3 期。

范金民:《鼎革与变迁:明清之际江南士人行为方式的转向》,《清华大学学报(哲学社会科学版)》2010年第2期。

方良:《钱谦益丁亥年被捕事丛考》,《常熟理工学院学报》2010年第5期。

方兴:《从"苏松重赋"到"三饷"均摊》,《中国经济史研究》2010年第1期。

冯尔康:《清代的家庭结构及其人际关系》,《文史知识》1987年第11期。

冯尔康:《清史研究与政治》,《史学月刊》2005年第3期。

冯贤亮:《清初嘉定侯氏的"抗清"生活与江南社会》,《学术月刊》2011年第8期。

冯贤亮:《明清江南士绅研究疏论》,《中国高校社会科学》2014年第6期。

冯贤亮:《清初的地方社会危机与官吏活动——以〈武塘野史〉的记述为中心》,《江海学刊》2016年第1期。

冯贤亮:《清初地方士人的生活空间与场境变换——以董含与三冈董氏为例》,《学术月刊》2016年第5期。

冯贤亮:《从梅花里到半村:明末清初的士人生活》,《中国高校社会科学》2019年第2期。

高寿仙:《改革开放以来的明史研究》,《史学月刊》2010年第2期。

桂涛：《"元初—清初"的历史想象与清初北方士人对清朝入主的认识——以孙奇逢为中心的考察》，《清史研究》2013年第3期。

郭培贵：《明代科举中的座主、门生关系及其政治影响》，《中国史研究》2012年第4期。

郭英德：《明末士子的时文选评与声名传播——以张溥等〈国表〉系列书籍为中心》，《中南大学学报（社会科学版）》2018年第5期。

葛兆光：《"唐宋"抑或"宋明"——文化史和思想史研究视域变化的意义》，《历史研究》2004年第1期。

郝秉键：《西方史学界的明清"绅士论"》，《清史研究》2007年第2期。

何娅：《明末江南地方社会及其秩序变动——以祁彪佳的记载为考察中心》，西南大学硕士学位论文，2013年。

胡悦晗、谢永栋：《中国日常生活史研究述评》，《史林》2010年第5期。

黄克武：《史可法与近代中国记忆与认同的变迁》，载林丽月主编：《近代国家的应变与图新》，台北：唐山出版社，2006年。

黄一农：《正史与野史、史实与传说：夹缝中的江阴之变（1645）》，载陈永发主编：《明清帝国及其近现代转型》，台北：允晨文化公司，2011年。

黄毓栋：《明遗民家庭对出处的安排——宁都魏氏个案研究》，《汉学研究》第 22 卷第 2 期，2004 年 12 月。

阚红柳：《清初社会传闻与皇权干预》，《清史研究》2011 年第 3 期。

孔定芳：《清初明遗民的身份认同与意义寻求》，《历史档案》2006 年第 2 期。

孔定芳：《论明遗民之生计》，《中国经济史研究》2012 年第 4 期。

李经纬：《疟疾史述要》，《中医杂志》1963 年第 8 期。

李强、邓建伟、晓筝：《社会变迁与个人发展：生命历程研究的范式与方法》，《社会学研究》1999 年第 6 期。

李孝悌：《桃花扇底送南朝——断裂的逸乐》，《新史学》第 17 卷第 3 期，2006 年 9 月。

李瑄：《豪杰：明遗民群体的人格理想》，《浙江学刊》2007 年第 5 期。

李洵：《论明代江南地区士大夫势力的兴衰》，《史学集刊》1987 年第 4 期。

连玲玲：《典范抑或危机？"日常生活"在中国近代史研究的应用及其问题》，《新史学》第 17 卷第 4 期，2006 年 12 月。

林煌达：《宋代官吏籍没家产之惩处》，《淡江史学》第 25 期，2013 年 9 月。

林丽月：《故国衣冠：鼎革易服与明清之际的遗民心态》，《台湾师大历史学报》第 30 期，2002 年 6 月。

刘秉铮：《明末江南抗清义士夏之旭事迹考辨》，《贵州大学学报（社会科学版）》1992 年第 3 期。

刘文鹏：《论清代商业网络传播与国家的社会控制力——以乾隆时期的伪孙嘉淦奏稿案为中心》，《清史研究》2012 年第 1 期。

刘希洋、余新忠：《新文化史视野下家族的病因认识、疾病应对与病患叙事——以福建螺江陈氏家族为例》，《安徽史学》2014 年第 3 期。

刘希洋：《明代士大夫家庭的医护活动研究》，南开大学硕士学位论文，2015 年。

刘希洋：《制度变迁与明代官员病患叙事的演变》，《中国社会历史评论》第 17 卷，天津：天津古籍出版社，2016 年。

刘新成：《日常生活史与西欧中世纪日常生活》，《史学理论研究》2004 年第 1 期。

刘志刚：《时代感与包容度——明清易代的五种解释模式》，《清华大学学报（哲学社会科学版）》2010 年第 2 期。

罗彤华：《唐代反逆罪资财没官考论——兼论〈天圣令·狱官令〉"犯罪资财入官"条》，《台大历史学报》第 43 期，2009 年 6 月。

罗志田：《非碎无以立通：简论以碎片为基础的史学》，《近代史研究》2012 年第 4 期。

马子木：《重塑纪纲：东林与晚明士大夫政治文化研究》，中国人民大学博士学位论文，2020 年。

马子木：《时文写作与晚明政争——以东林与宣党为中心》，《史林》2022 年第 4 期。

马子木：《道艺之间：知识史视域下晚明清初时文研究的再思考》，《清史研究》2023 年第 4 期。

孟祥才、王瑞起：《"忠"的观念在我国的历史演变》，《历史教学》1984 年第 2 期。

孟昭信：《试论清初的江南政策》，《吉林大学社会科学学报》1990 年第 3 期。

宁可、蒋福亚：《中国历史上的皇权和忠君观念》，《历史研究》1994 年第 2 期。

邱仲麟：《不孝之孝——唐以来割股疗亲现象的社会史初探》，《新史学》第 6 卷第 1 期，1995 年 3 月。

邱仲麟：《黑夜与妖眚：明代社会的物怪恐慌》，《明代研究》第 10 期，2007 年 12 月。

邱仲麟：《明代的药材流通与药品价格》，《中国社会历史评论》第 9 卷，天津：天津古籍出版社，2008 年。

邱仲麟：《医资与药钱——明代的看诊文化与民众的治病负

担》，载《中国史新论·医疗史分册》，台北：台湾"中研院"、联经出版公司，2015 年。

邱仲麟：《医生与病人——明代的医病关系与医疗风习》，载余新忠、杜丽红主编：《医疗、社会与文化读本》，北京：北京大学出版社，2013 年。

邱仲麟：《明代隆庆初年的选秀女讹言与社会恐慌》，《江南社会历史评论》第 6 期，北京：商务印书馆，2014 年。

邱仲麟：《庸人自扰——清代采选秀女的讹言与社会恐慌》，《清华学报》新 44 卷第 3 期，2014 年 9 月。

沈松侨：《振大汉之天声——民族英雄系谱与晚清的国族想象》，载吕妙芬主编：《明清思想与文化》，北京：世界图书出版公司，2016 年。

孙慧敏：《天下兴亡，"匹夫"之责？——明清鼎革中的夏家妇女》，《台大历史学报》第 29 期，2002 年 6 月。

孙慧敏：《书写忠烈：明末夏允彝、夏完淳父子殉节故事的形成与流传》，《台大历史学报》第 26 期，2000 年 12 月。

孙之梅：《嘉定学派与明清学风文风转变》，《汉语言文学研究》2011 年第 1 期。

涂丰恩：《择医与择病——明清医病间的权力、责任与信任》，《中国社会历史评论》第 11 卷，天津：天津古籍出版社，2010 年。

万明：《晚明史研究七十年之回眸与再认识》，《学术月刊》2006年第10期。

王次澄：《明清文人觥政——会饮的礼仪与规范》，《汉学研究》第10卷第1期，1992年6月。

王晨燕：《明清交替之际的信息传播与社会影响——以冯梦龙的历史著述为中心》，复旦大学硕士学位论文，2014年。

王恩俊：《试论晚明复社成员的学术活动及学术修养——以时文写作与评选为考察中心》，《社会科学辑刊》2006年第5期。

王恩俊：《复社成员的家世及其影响》，《史学集刊》2007年第1期。

王笛：《新文化史、微观史和大众文化史——西方有关成果及其对中国史研究的影响》，《近代史研究》2009年第1期。

王鸿泰：《迷路的诗——明代士人的习诗情缘与人生选择》，《台湾"中研院"近代史研究所集刊》第50期，2005年12月。

王鸿泰：《明清的资讯传播、社会想象与公众社会》，《明代研究》第12期，2009年6月。

王鸿泰：《浮游群落——明清间士人的城市交游活动与文艺社交圈》，《中华文史论丛》2009年第4期。

王健：《竟为疆场：军旅、战事与明清鼎革之初松江地方社会》，《明代研究》第25期，2015年12月。

王涛锴：《明前期士大夫的医学化与医、儒互动》，《福建师范大学学报（哲学社会科学版）》2018 年第 5 期。

王玉德：《试论中国古代的孝道和医道》，《中华医史杂志》2003 年第 3 期。

伍丹戈：《明代绅衿地主的发展》，《明史研究论丛》（第二辑），南京：江苏人民出版社，1983 年。

魏良弢：《忠节的历史考察：秦汉至五代时期》，《南京大学学报（哲学社会科学版）》1995 年第 2 期。

吴晗：《晚明仕宦阶级的生活》，《大公报·史地周刊》第 31 期，1935 年 4 月 19 日。

巫仁恕：《逃离城市：明清之际江南城居士人的逃难经历》，《台湾"中研院"近代史研究所集刊》第 83 期，2014 年 3 月。

夏金华：《明末封建士大夫逃禅原因初探》，《学术月刊》1998 年第 2 期。

夏咸淳：《明清嘉定文化世家考论》，《史林》2017 年第 2 期。

肖冬平、梁臣：《社会网络研究的理论模式综述》，《广西社会科学》2003 年第 12 期。

肖瑛：《从"国家到社会"到"制度与生活"——中国社会变迁研究的视角转换》，《中国社会科学》2014 年第 9 期。

徐泓：《明代家庭的权力结构及其成员间的关系》，《辅仁历史学报》1993 年第 5 期。

徐茂明：《明清以来江南妖术恐慌的衍变及其社会根源》，《史林》2012 年第 3 期。

徐晓纬：《明清之际的"忠义"抉择——以侯峒曾家族为个案研究》，台湾"中大"硕士学位论文，2016 年。

杨海英：《隆武政权的中兴战略及其破灭——关于隆武"兵发五路"收复南京计划的研究》，《中国史研究》2000 年第 4 期。

杨丽东：《中晚明江南士人饮食养生研究》，暨南大学硕士学位论文，2010 年。

杨茜：《聚落与家族：明代紫隄村的权势演替与地域形塑》，《史林》2016 年第 2 期。

杨绪敏：《范景文与晚明时期军事史的编纂》，《鲁东大学学报（哲学社会科学版）》2015 年第 6 期。

余新忠：《清代江南瘟疫成因论略》，载《明代人口婚姻家族史论》，天津：天津古籍出版社，2002 年。

余新忠：《20 世纪以来明清疾疫史研究述评》，《中国史研究动态》2002 年第 10 期。

余新忠：《"良医良相"说源流考论——兼论宋至清医生的社会地位》，《天津社会科学》2011 年第 4 期。

余新忠：《回到人间，聚焦健康——新世纪中国医疗史研究刍议》，《历史教学》2012 年第 11 期。

余新忠、郝晓丽：《在具象而个性的日常生活中发现历史——清代日常生活史研究述评》，《中国社会科学评价》2017 年第 2 期。

余新忠、陈思言：《医学与社会文化之间——百年来清代医疗史研究述评》，《华中师范大学学报（人文社会科学版)》2017 年第 3 期。

云妍：《从数据统计再论清代的抄家》，《清史研究》2017 年第 3 期。

曾悦鸣：《明代时文选本的书籍史研究》，武汉大学硕士学位论文，2020 年。

詹佳如：《十八世纪中国的新闻与民间传播网络——作为媒介的孙嘉淦伪奏稿》，《新闻与传播研究》2015 年第 12 期。

张启龙：《明清鼎革时期广东地方武装研究》，暨南大学博士学位论文，2017 年。

张瑞：《疾病、治疗与疾痛叙事——晚清日记中的医疗文化史》，南开大学博士学位论文，2014 年。

张天杰：《吕留良时文评选中的遗民心态与朱子学思想——以〈四书讲义〉为中心》，《苏州大学学报（哲学社会科学版)》2017 年第 4 期。

张亭立：《陈子龙研究》，华东师范大学博士学位论文，2007 年。

张霞：《明清易代江南社会的多元图景再探讨》，《社会史研究》

第 15 辑，北京：社会科学文献出版社，2023 年。

张怡敏：《明清之际嘉定抗清士绅思想的传承与交流——以侯峒曾为中心》，上海外国语大学硕士学位论文，2023 年。

张显清：《论明代官绅优免冒滥之弊》，《中国经济史研究》1992 年第 4 期。

赵世瑜：《"不清不明"与"无明不清"——明清易代的区域社会史解释》，《学术月刊》2010 年第 7 期。

赵世瑜：《改革开放 40 年来的明清史研究》，《中国史研究动态》2018 年第 1 期。

赵树国、宋华丽：《王朝鼎革·民族冲突·宗族纷争——明清之际大店庄氏族人庄调之抗清的"历史"和"历史记忆"》，《中国社会历史评论》第 15 卷，天津：天津古籍出版社，2014 年。

赵轶峰：《重新思考明清鼎革——兼谈"十七世纪危机"、"大分流"、"新清史"》，《古代文明》2021 年第 1 期。

周振鹤：《从明人文集看晚明旅游风气及其与地理学的关系》，《复旦学报（社会科学版）》2005 年第 1 期。

祝平一：《宋明之际的医史与"儒医"》，《台湾"中研院"历史语言研究所集刊》第 77 本第 3 分，2006 年 9 月。

祝平一：《药医不死病，佛度有缘人：明、清的医疗市场、医学知识与医病关系》，《台湾"中研院"近代史研究所集刊》

第 68 期，2010 年 6 月。

朱亦灵：《医疗史视野下的晚明"红丸案"——以医病关系为中心的探索》，《中国社会历史评论》第 24 卷，天津：天津古籍出版社，2020 年。

朱亦灵：《"复线"的易代史：江南抗清运动研究（1645—1646）》，南开大学博士学位论文，2022 年。

朱亦灵：《易代之殇：明清之际江南地区屠城事件研究》，《清华大学学报（哲学社会科学版）》2023 年第 2 期。

朱亦灵：《党争与忠节：南明弘光朝"从逆案"探微》，《文史》2024 年第 1 辑。

朱亦灵、尹雅淇：《棱镜下的"起义"：海宁抗清运动与地方社会》，《史林》2024 年第 6 期。

［日］岸本美绪：《崇祯十七年的江南社会与关于北京的消息》，《清史研究》1999 年第 2 期。

［日］岸本美绪：《清初上海地方人士的国家观——以〈历年纪〉为例》，《第三届中日学者中国古代史论坛论文集》，北京：中国社会科学出版社，2012 年。

［日］滨岛敦俊：《明末江南乡绅的家庭经济——关于南浔镇庄氏的家规》，《明代研究》1992 年第 1 期。

［日］滨岛敦俊：《明代中后期江南士大夫的乡居和城居——从"民望"到"乡绅"》，载复旦大学历史系编：《江南与中外交

流》，上海：复旦大学出版社，2009 年。

［日］大木康：《明王朝忠烈遗孤侯涵生平考述》，载《中国文学研究》第 25 辑，上海：复旦大学出版社，2015 年。

［日］宫崎市定：《明代苏松地方的士大夫与民众》，载刘俊文主编，栾成显、南炳文译：《日本学者研究中国史论著选译》（第六卷），北京：中华书局，1993 年。

［日］谷川道雄：《中国社会构造的特质与士大夫的问题》，载刘俊文主编，高明士、邱添生、夏日新等译：《日本学者研究中国史论著选译》（第二卷），北京：中华书局，1993 年。

［法］麦穆伦：《明清鼎革之际忠君考》，载《法国汉学》第 1 辑，北京：清华大学出版社，1996 年。

［日］檀上宽：《明清乡绅论》，载刘俊文主编，高明士、邱添生、夏日新等译：《日本学者研究中国史论著选译》（第二卷），北京：中华书局，1993 年。

［日］重田德：《乡绅支配的成立与结构》，载刘俊文主编，高明士、邱添生、夏日新等译：《日本学者研究中国史论著选译》（第二卷），北京：中华书局，1993 年。

Lynn A. Struve, "Confucian PTSD: Reading Trauma in a Chinese Youngster's Memoir of 1653." *History & Memory*, 16:2 (Fall/Winter 2004).

Frederic Wakeman, Jr., "Localism and Loyalism during the Ch'ing

Conquest of Kiangnan: the Tragedy of Chiang-yin." In Frederic Wakeman, Jr., and Carolyn Grant, eds., *Conflict and Control in Late Imperial China*, Berkeley, Los Angeles, London: University of California Press, 1975.

后　记

　　本书由我 2019 年撰写的硕士论文修订而成。2018 年夏，我在选题时准备重探一批明遗民的生活世界，侯岐曾的故事随之映入眼帘。但待将《侯岐曾日记》抄录一遍，才真正意识到它的价值。即便在史料纷繁芜杂的明清之际，也很难找到这样一部内容丰富、贴近生活原貌的文献。日记主人在覆巢之下的种种心事和挣扎，对我不啻有撕开时空壁障、重返历史现场的魔力。于是立刻换题，舍弃余人，专研侯氏，就此铺排成文。

　　史学写作之美，在于简洁、平实、飞动，本不需要多余的修辞和想象。但本书的写作羼入了不少文学笔法，风格与自己的其他论文都不相同。原因在于，研究对象既为个体生命与日常生活，严守史家藩篱恐不能觅其精微，纯操社会科学的器械又不免削足适履。几番犹疑，还是决定引入文学的笔法，用意非在雕饰辞章，而是以兼具温度与节奏感的表述，融汇对史事的同情理解，重塑一个个鲜活真实的生活场景，以期将读者引入曾经存在的历史世界。俗语虽云"文史不分家"，但在史学论著中平衡文史素有相当难度，史胜于文则枯燥，文胜于史则浮薄，如何才能笔酣墨饱而不落流俗？本书的尝试是，行文遵循史学规范，论证必有所据，不发无根之谈。但注意对文句略加修饰，并以"设身处地"的原则揣摩史事、解读人物，形成"文气"，庶几贯穿全篇。理想中的史著文字，应有芷兰之馨、金石之韵，于无声处自蕴风雷。但取法乎上而多不能得其中，效果如何，则有待读者的检验。

对于笔下的嘉定侯氏，我自然怀有"温情与敬意"，但这份情感仅仅出于职业要求，并不超过对明清之际其他普通人的同情。独研侯氏而暂不着眼他人，只是因为《侯岐曾日记》的性质特殊。毕竟情感申发易而节制难，史家常年钻研一处，难免对研究对象产生认同和移情，乃至以古人之声代己之声，需要时刻自警，防微杜渐。因此，本书力求回归经验事实，对侯家史事尽量理解而不沉溺，也不愿轻作价值判断。对士大夫精心包装的历史文本，本书采取"有罪推定"的态度，绝不随声附和。但在做出判断时，又持"疑罪从无"的立场，除非证据明确，方敢出言臧否。尽管本书试图由嘉定侯氏探索一条观察明清易代史的新路径，但结论自然不能就此定谳，仅仅希望为相关研究提供一些多元性。至于运用"日常生活"这一视角，是愿以个体生命为中心融通不同领域，而非以之取代其他视角。借由小书发端的研究，如今让我开启《中国日常生活史》的授课之旅，对自己的学术前路也有了更深的体悟与展望。

书稿的写作与修订，均得到导师常建华教授的悉心提点。师恩如海，何须多言，又蒙赐序，中心感铭。回想来路，逐渐意识到常师所传不只是"知识、方法与视野"，更是质朴、包容且自由的学术灵魂，不因专业训练而丧失"地气"，不因尘世锻打而遗落本心。余新忠老师、卞利老师、张传勇老师、乔健老师、衣若兰老师、马子木老师、林旭鸣师兄对本书均有指教，谨此一并致谢。刘永华老师、倪玉平老师与张佳老师对后学的奖掖也令我不胜感怀。书稿部分内容曾发表在《清史研究》《历史教学》，审稿人的指正对后续的修订工作极具价值。中华书局孟庆媛、禹鑫二位编辑仔细校读书稿，使小书避免了不少错误，它的顺利面世离不开二位的专业精神。我的父母培养我走上习史之路，且通读书稿，并示睿见，本书也是献给他们的。贤妻雅淇与我同泛学海，共享苦乐。集中精力修订书稿之际正值隆冬，天寒地冻，漫天风雪，只有小小陋室仍存有温声笑语，氤氲着茶香和书香。

因生性孤僻疏懒，独学寡友，小书不免有闭门造车之憾。求学时草成的研究框架，如今也多有局限，虽不乏修补，毕竟无法推倒重来。这当然不是懈怠的理由，一切文责均由本人自负。作为一名同样严苛的读者，我在成书的过程中刻刻怵惕，也准备迎接任何尖锐的批评。

朱亦灵

2025 年 3 月于津南